UCHER
R DEN
ARTEN
NUTZER

Armin Lutz

Frühbeet, Folienzelt und Gewächshaus

mit 32 Farbbildern und
158 Abbildungen im Text

VEB Deutscher
Landwirtschaftsverlag
Berlin

Bildnachweis
Die Zeichnungen fertigten E. Rossa und N. Marzahn, Berlin, nach Vorlagen des Verfassers an.
Die Fotos stellte der Autor zur Verfügung.

5., überarbeitete Auflage

DDR - 1040 Berlin, Reinhardtstr. 14
Lizenznummer 101-175/55/88
LSV 4309
Lektor: Diplomgärtner Karin Rohloff
Umschlaggestaltung:
Sieghard Hawemann, Reiner Flieger
Printed in the GDR
Gesamtherstellung: Druckerei
Neues Deutschland, Berlin
Bestellnummer: 559 003 2
ISBN 3-331-00350-6
01400

Vorwort

So ziemlich jeder Gartenfreund wird eines Tages feststellen, daß seine Möglichkeiten, bestimmte Pflanzen zu kultivieren, begrenzt sind, da er auf die sehr unterschiedlichen klimatischen Bedingungen des Freilandes angewiesen ist. Der Wunsch nach besseren Voraussetzungen für das Wachstum der Kulturpflanzen verstärkt sich. Dabei gibt es verschiedene Möglichkeiten, sich mit mehr oder weniger Aufwand diese Bedingungen selbst zu schaffen. Bereits mit einem Stück Plastfolie, mit dem die Pflanzen bedeckt werden, kann ein gewisser Effekt erzielt werden. Meist werden jedoch komfortablere Lösungen angestrebt, sei es ein Frühbeet, ein Folienzelt oder gar ein Kleingewächshaus, Bau und Nutzung sind in jedem Fall mit einigem Aufwand verbunden. Es liegt deshalb nahe, daß alles getan wird, um den erwarteten Effekt auch wirklich zu erzielen.

Das vorliegende Buch soll dem Nutzer von Frühbeeten, Folienzelten und Kleingewächshäusern Kenntnisse und Erfahrungen vermitteln, die ihm als Anregung dienen können und ihn eventuell auch vor Mißerfolgen bewahren. Wer jedoch rezeptartige Anleitungen sucht, wird sie nicht finden. Dem Leser soll noch so viel Spielraum belassen werden, daß er die Darlegungen schöpferisch verarbeiten kann. Das bezieht sich auch ganz besonders auf die vorgestellten technischen Einrichtungen. Auf Bauanleitungen in dem Sinne wurde bewußt verzichtet, damit jeder seine individuellen Bedingungen berücksichtigen kann.

Bei der Erarbeitung des Buches wurde darauf Wert gelegt, daß sowohl wissenschaftliche Kenntnisse als auch die umfangreichen, guten Erfahrungen vieler Gartenfreunde genutzt werden. Inhaltlich wurde das Buch so gestaltet, daß ein möglichst großer Leserkreis angesprochen wird. Dem Anfänger soll grundlegendes Wissen vermittelt werden, aber auch solche Gartenfreunde, die schon über eine viele Jahre zählende Praxis verfügen, werden sicher eine Antwort auf viele sie interessierende Fragen finden. Sollten die vermittelten Kenntnisse und Erfahrungen dazu beitragen, daß sich mancher Gartenfreund mit dem Anbau von Frühgemüse beschäftigt oder andere einen höheren Ertrag erzielen, dann hat dieses Buch sein Ziel erreicht.

An dieser Stelle möchte ich es nicht versäumen, den vielen Gartenfreunden und Fachleuten des Gartenbaues für ihre Hinweise und Unterstützung meinen ganz besonderen Dank auszusprechen.

Der Verfasser

Inhalts-verzeichnis

Allgemeine Betrachtung zur Nutzung von Gewächshäusern, Folienzelten und Frühbeetkästen im Kleingarten

In immer stärkerem Maße geht der Gartenfreund dazu über, das unter seiner Obhut stehende Gartenland intensiver zu nutzen und sich von klimatischen Einflüssen weitgehend unabhängig zu machen. Hierbei bedient er sich technischer Hilfsmittel, die ein höheres Wissen und Können des Hobbygärtners erforderlich machen. Er muß sich darüber im klaren sein, daß er durch den Einsatz solcher Hilfsmittel und Maßnahmen in den Wachstumsprozeß der Pflanzen eingreift. Es ist deshalb notwendig, daß er sich zunächst mit dem Einfluß der Wachstumsfaktoren auf die Pflanzen beschäftigt. Erst wenn Klarheit darüber besteht, wie diese Faktoren auf das Pflanzenwachstum einwirken, kann er darangehen, bestmögliche Bedingungen zu schaffen.

Nachfolgend soll versucht werden, einige grundlegende Erkenntnisse zu vermitteln. Bevor jedoch auf die theoretischen und praktischen Fragen eingegangen wird, noch einige persönliche Bemerkungen in diesem Zusammenhang. Stellt man sich die Frage: „Wonach wollen wir streben, und welches Ziel beabsichtigen wir zu erreichen?“, so sollte man bei der Beantwortung dieser Frage die Motive betrachten, die dazu veranlassen, Pflanzen unter Glas und Plastfolie anzubauen.

Das Hauptanliegen eines Kleingärtners besteht in erster Linie darin, Freude und Entspannung zu finden. Nicht unwesentlich wird dieses Ziel von dem Aufwand bestimmt, den der einzelne betreibt. Bei einer sinnvollen Freizeitbeschäftigung ist man stolz, wenn die aufgewendete Mühe belohnt wird, wenn ein Nutzen eintritt. Bei der Bearbeitung eines Gartens mit Freilandpflanzen kann man durchaus mit relativ geringem Aufwand einen großen Nutzeffekt erzielen.

Weit größer als der wertmäßige Ertrag ist der Gewinn, der persönlich erreicht wird durch die sinnvolle, körperliche Betätigung. Die damit sich selbst auferlegte Verantwortung zwingt zu körperlicher Aktivität. So wird die Gefährdung der Gesundheit durch die tägliche, einseitige Belastung auch bei der Bewirtschaftung eines kleinen Stückes Gartenlandes verringert.

Besitzt man nun auch noch den Ehrgeiz, möglichst große Erträge zu erzielen und nicht nur den eigenen Bedarf zu decken, dann gewinnt selbst ein kleiner Garten gesellschaftliche Bedeutung. Aber gerade dieses Streben nach höheren Erträgen führt uns zu dem Ausgangspunkt unserer Betrachtung zurück.

Der Freilandanbau von Gemüse oder bestimmten Zierpflanzen ist an die jeweils herrschenden **klimatischen Bedingungen** gebunden. Die Hauptertragsperiode beginnt mit dem ausklingenden Frühjahr und zieht sich hin bis zu den ersten Herbsttagen. Selbst in diesem Zeitraum gibt es in den einzelnen Jahren Ertragsunterschiede. Trotz mühevoller Pflege der Pflanzen können ungünstige Witterungsbedingungen den Erfolg mitunter beträchtlich mindern. Es gilt also, unsere Pflanzen vor solchen Einflüssen zu schützen und Bedingungen zu schaffen, die sich besonders günstig auf das Pflanzenwachstum auswirken. Es ist notwendig, ein stabiles, den Ansprüchen der Pflanzen entsprechendes künstliches Klima zu erzeugen und es gegenüber äußeren Störfaktoren abzuschirmen.

Bedingungen, die ein optimales Pflanzenwachstum garantieren, sind nur mit hohem Aufwand zu realisieren. Deshalb ist es verständlich, wenn wir nach einer Kompromißlösung suchen, die es ermöglicht, mit annehmbarem Aufwand sichere Erträge zu erzielen. Viele Wissenschaftler beschäftigen sich mit der Frage, wie die jährliche Ertragsperiode wesentlich verfrüht und verlängert werden kann. Die Kenntnis der das Wachstum beeinflussenden Faktoren und die Züchtung solcher Sorten, die frühzeitig Erträge bringen, versetzen uns in die Lage, die jährliche Ertragsperiode zu verlängern. Dazu ist es natürlich erforderlich, daß einige technische Hilfsmittel eingesetzt werden.

Schon viele Jahre nutzt man **Glashäuser** für den witterungsunabhängigen Pflanzenanbau. In den letzten Jahren hat ein neuer Werkstoff Eingang in den Gewächshausbau gefunden, es sind die Plaste. Anfangs wurde dieses Material fälschlicherweise als Kunststoff bezeichnet. Heute sind Plaste aus unserem täglichen Gebrauch nicht mehr wegzudenken.

Mit Plastfolien lassen sich größere Flächen mit lichtdurchlässigen Überdachungen versehen. Diese **Folienzelte** ermöglichen ohne zusätzliche Beheizung eine schnellere Erwärmung des Bodens. Größere, kurzzeitige Temperaturschwankungen werden ausgeglichen. Vor eisigen Winden und übermäßigen Niederschlägen schützen Folienzelte die Bestände. Vorteile, die nicht zu übersehen sind.

Betrachtet man die geringere Lebensdauer der Folie gegenüber dem Glas und das Verhältnis von Aufwand und Nutzen, so kann man dennoch von einem wirtschaftlichen Hilfsmittel sprechen. Der höhere und frühere Ertrag macht den Verschleiß der Folie wieder wett.

Die im Gartenbau eingesetzten, großen Folien sind verhältnismäßig teuer. Im Kleingarten werden vielfach Folienreststücke verarbeitet. Die Kleingärtner überdachen damit beachtliche Flächen und erzielen so einen beträchtlichen volkswirtschaftlichen Nutzen.

Der Aufwand für den einzelnen Gartenfreund ist nicht zu hoch. Primitive Folienzelte lassen sich schnell errichten und können ihren Standort wechseln. Kleingewächshäuser mit Glasabdeckung stellen für den Kleingärtner schon eine größere Aufwendung dar. Ein solches Glashaus ist an seinen Standort gebunden, kann aber bei guter Pflege viele Jahre genutzt werden. Eine stabile Ausführung vorausgesetzend, kann eine geeignete Heizung in-

Abb. 1 Kleingarten mit Gewächshaus und typengerechter Laube

stalliert und somit die Ertragsperiode für den Hobbygärtner weiter verlängert werden.

Damit nach Möglichkeit größere Fehlschläge bei der Bewirtschaftung von Folienzelten oder Kleingewächshäusern vermieden werden können, beschäftigen wir uns in den nachfolgenden Abschnitten mit den Problemen des Anbaues von Gemüse und Zierpflanzen unter Glas und Plasten. Im wesentlichen geht es dabei um den Frühgemüseanbau und die ganzjährige Nutzung dieser Einrichtungen. Grundlage dazu sind umfangreiche wissenschaftliche Erkenntnisse. Aber besonders für die Kleingärtner sind die vielen individuellen Erfahrungen anderer Gartenfreunde von großer Bedeutung. Gerade deshalb wurden die Ergebnisse aus Wissenschaft und Forschung mit ihren praktischen Erfahrungen ergänzt. Der **Erfahrungsaustausch** ist wie überall auch hier die billigste Investition, das kann bereits schon ein Blick über den Gartenzaun sein.

Zahlreiche Kleingärtner sind organisiert in den Sparten des VKSK und erhalten hier vielfältige Möglichkeiten des Erfahrungsaustausches. Das Verbandsleben besteht aber nicht nur aus Problemdiskussionen, sondern auch im aktiven gemeinsamen Handeln. Die zielgerichtete Arbeit solcher kleinen Gemeinschaften kann durchaus große gesellschaftliche Werte schaffen.

Der Nutzen dieser gesellschaftlichen Arbeit besteht u. a. auch in der kollektiven Anwendung teurer Gartengeräte, z. B. für den Pflanzenschutz, die dadurch besser ausgelastet werden. Man könnte die gemeinsame Arbeit noch effektiver gestalten, wenn sich einzelne Gartenfreunde auf den Anbau bestimmter Pflanzenarten konzentrieren und dabei die Jungpflanzenanzucht für die gesamte Sparte übernehmen würden. Gesamtgesellschaftlich gesehen eine durchaus lobenswerte Initiative.

Was macht aber nun der Gartenfreund, der irgendwo allein ein Stückchen Gartenland bewirtschaftet? Keiner ist in unserer Gesellschaft so allein, daß er niemanden findet, den er um Rat fragen kann. Trotzdem ist manchmal guter Rat teuer, dann hilft nur noch ein Blick in ein geeignetes Nachschlagewerk. Solche Quellen der Erkenntnis sollten auch gelegentlich an unproduktiven Winterabenden ausgeschöpft werden. Es werden dabei viele neue Ideen und Vorhaben für das heranrückende Frühjahr geboren.

Grundlegendes über das Wachstum der Pflanzen

Aufbau der Pflanzen und ihrer Organe

Betrachten wir unseren Garten etwas näher, dann wird uns sicherlich auffallen, wie vielgestaltig, farbintensiv und abwechslungsreich sich die Pflanzenwelt vor unserem Auge entfaltet. Besonders augenfällig erscheint uns das Grün in vielen Nuancen. Dieser Farbstoff hat für das Wachstum der Pflanzen eine erstrangige Bedeutung.
Das **Blattgrün**, auch Chlorophyll genannt, dient der Aufnahme und Übertragung der Lichtenergie für die Assimilation. Aus dem Kohlendioxid der Luft und Wasser werden mittels dieser Lichtenergie in der Pflanze Kohlenhydrate aufgebaut, wobei Sauerstoff abgegeben wird (Photosynthese). Das Assimilationsgewebe, so bezeichnet man das Zellgewebe, das überwiegend Blattgrün enthält, befindet sich unter der Oberhaut der Blätter.
Die Blätter mit ihren vielfältigen Formen dienen darüber hinaus der Atmung und der Regulierung des Wasserhaushaltes.
Der **Gasaustausch** erfolgt durch zahlreiche, winzig kleine Spaltöffnungen an der Unterseite der Blätter. Hier können die Außenluft ins Innere der Blätter eindringen und der freiwerdende Sauerstoff entweichen. Gleichzeitig dienen diese Spaltöffnungen der Verdunstung des durch die Wurzeln aufgenommenen Wassers.
Das Entweichen des Wasserdampfes verursacht im Inneren der Pflanze einen Sog, mit dessen Hilfe die Wurzelhaare erneut Wasser aufnehmen. Die Zellen der Wurzelhaare sind angereichert mit gelösten Salzen und organischen Stoffen. Diese Lösungen haben eine wesentlich höhere Konzentration als die sie umgebende Bodenlösung. Dieser Konzentrationsunterschied erzeugt einen osmotischen Druck, so daß durch die Zellmembranen der Wurzeln Wasser angesaugt wird.
Das **Wasser** benötigt die Pflanze für den Stofftransport und für die Kohlenstoffassimilation. Der Pflanzenkörper ist aus verschiedenartigen Zellen aufgebaut. Die pflanzlichen Zellen enthalten das Protoplasma, das zum größten Teil aus Eiweiß besteht. Die Zellwände bestehen aus Zellulose, einem Kohlenhydrat. Zur ständigen Erneuerung der Zellen werden die dazu erforderlichen Nährstoffe durch ein Gefäßsystem mittels Wasser an die Verbraucher abgegeben. Die wichigsten **Nährstoffe** sind: Stickstoff, Kalium, Kalzium, Schwefel, Phosphor, Eisen und Magnesium sowie Kohlenstoff, Sauerstoff und Wasserstoff und auch bestimmte Spurenelemente. Sie haben unterschiedlichen Einfluß auf das Wachstum der Pflanze.
Die Pflanzenzelle wandelt körper-

fremde Stoffe, die sie auf diesem Wege aufnimmt, in körpereigene Substanz um. Sie ernährt sich so und wächst, bis sie teilungsfähig ist. Die Zellteilung wird durch die Teilung des Zellkerns eingeleitet. Aus einer Mutterzelle entstehen zwei Tochterzellen, die wiederum wachsen, bis eine erneute Teilung möglich wird.
Zellen sind winzige Bausteine der Pflanzen, die nur bei starker Vergrößerung durch ein Mikroskop sichtbar gemacht werden können. Das menschliche Auge erkennt die Pflanze als einheitliches Ganzes, bestehend aus mehreren Teilen. Diese sichtbaren Pflanzenorgane besitzen unterschiedliche Funktionen. Neben den Organen der Nahrungsaufnahme und Stoffumwandlung besitzen die Fortpflanzungsorgane für die jeweilige Pflanzenart große Bedeutung. Sie sorgen dafür, daß eine Pflanzenart erhalten bleibt.
Die häufigste Form der Fortpflanzung bzw. **Vermehrung** ergibt sich aus der Verbreitung des Samens. Der Samen enthält alle Stoffe für das Wachstum und die Entwicklung einer Jungpflanze. Die in den Samen gespeicherten Nährstoffe haben teilweise auch für die menschliche Ernährung Bedeutung. Das betrifft beispielsweise Getreide, Erbsen, Bohnen, aber auch solche Samen, die Würz- oder Duftstoffe enthalten. Entwickelt hat sich der Samen aus den Blüten der Pflanzen. Sie enthalten die Geschlechtsorgane, wobei die meisten Nutzpflanzen männliche und weibliche Organe in einer Blüte aufweisen. Durch die Befruchtung verwandelt sich die Blüte in die Samen enthaltende Frucht. Sie ist das vielfache Ziel unserer Bemühungen. Da die Pflanzen Früchte und Samen im Überfluß produzieren, erhalten sie so die eigene Art und liefern auch Nahrungsmittel für Mensch und Tier. Damit dieser Ertrag immer größer wird, untersuchen Wissenschaftler die Faktoren, die die Quantität und Qualität der pflanzlichen Produkte beeinflussen. Auch der Kleingärtner sollte einige Kenntnisse auf diesem Gebiet besitzen, wenn seine Arbeit von Erfolg gekrönt werden soll.

Der Einfluß des Lichtes auf das Wachstum

Das Licht, die Quelle des irdischen Lebens, entsteht durch die Temperaturstrahlung der Sonne. Allgemein gesehen ist das sichtbare Licht eine elektromagnetische Strahlung mit einer Wellenlänge von etwa 400 bis 800 nm. Wir empfinden das Sonnenlicht einfarbig weiß. Tatsächlich setzt sich dieses Licht aus verschiedenen Farben zusammen, die vom Violett über Blau, Grün, Gelb bis hin zum Rot reichen. Begrenzt wird das Spektrum mit der nicht mehr sichtbaren Strahlung von ultraviolett auf der einen und ultrarot auf der anderen Seite.
Die Pflanze benötigt das Licht als **Energiequelle** für den Wachstumsprozeß, wobei vorwiegend der Anteil des roten Lichtes verwertet wird. Die Tatsache, daß Glas den Bereich des ultravioletten Lichtes absorbiert, hat beim Anbau von Pflanzen in Glashäusern keinen spürbaren Einfluß auf das Wachstum. Für die Kohlenstoffassimilation benötigt die Pflanze eine bestimmte Lichtmenge, die sehr unterschiedlich sein kann.

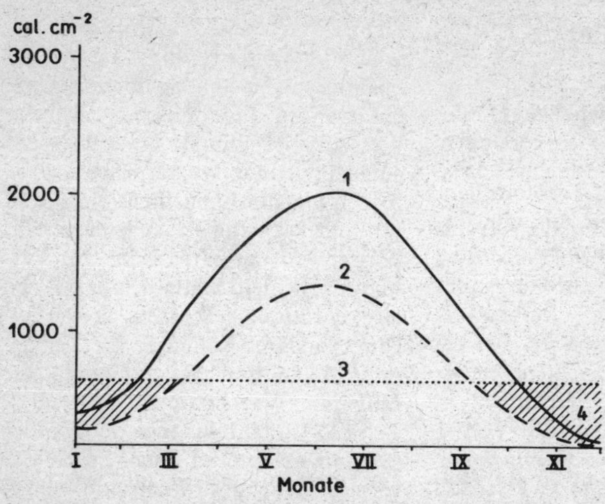

Abb. 2 Monatssumme der Globalstrahlung (direktes Sonnenlicht und Himmelsstrahlung) im Freiland und Gewächshaus (nach Vogel)
1 – Freiland,
2 – Gewächshaus,
3 – optimaler Energiebedarf,
4 – Lichtdefizit

In den jeweiligen Monaten des Jahres steht den Pflanzen im Freiland und Gewächshaus ein unterschiedliches Quantum an Licht zur Verfügung (Abb. 2). Der Wachstumsprozeß ist weitgehendst abhängig von der jeweiligen Jahreszeit, oder besser gesagt, von den jeweils herrschenden Lichtverhältnissen. Die stetig zunehmende Lichtmenge im Frühjahr veranlaßt die Pflanze zu großer Aktivität, die ihren Höhepunkt im Sommer unter optimalen Lichtbedingungen erreicht. Der Herbst dagegen, mit einer täglich abnehmenden Lichtmenge, bereitet die Pflanze auf einen Ruhezustand in den Wintermonaten vor.

Innerhalb des Wachstumsprozesses hat das Licht nicht nur Bedeutung als Energiequelle, sondern auch als Signalgeber. Der Blühzeitpunkt ist also von einer bestimmten Belichtungsdauer abhängig.

Gelingt es uns, durch gezielte Zusatzbelichtung kontinuierlich über einen größeren Zeitraum die Lichtmenge zu erhöhen, dann kann unter Berücksichtigung der anderen Wachstumsfaktoren eine Ernteverfrühung erzielt werden. Es muß in diesem Zusammenhang noch darauf verwiesen werden, daß eine zusätzliche Belichtung nur in gewissen Grenzen möglich und der Tag-Nacht-Rhythmus einzuhalten ist. Dabei ist zu beachten, daß es Kurztag- und Langtagpflanzen gibt. Von der Lichtmenge ist weiterhin abhängig, ob sich der ober- oder unterirdische Teil der Pflanze entwickelt. Unter den Lichtverhältnissen des Herbstes baut die Pflanze in den Wurzelsystemen Reservestoffe auf, die sie zum Überwintern benötigt. Hingegen entwickelt sich unter den Bedingungen des Frühjahres der oberirdische Teil besonders. Auch diese Erkenntnis kann sich der Gärtner zunutze machen. Der Zeitpunkt der Zusatzbelichtung hat demnach für den Ertrag der Kulturpflanzen große Bedeutung.

Der Wasserhaushalt der Pflanzen

Die Existenz der pflanzlichen Substanz ist an das Wasser gebunden, denn je nach Art bestehen unsere Pflanzen aus weit über 50 % Wasser. Dieses Wasser dient einmal als **Transportmittel** innerhalb der Pflanze und zum anderen zur **Gewinnung des Wasserstoffs**, der zum Aufbau der Kohlenhydrate benötigt wird. Bei der unter Mitwirkung der Lichtenergie ablaufenden Photosynthese wird das Wasser in seine Bestandteile gespalten, den Wasserstoff und den Sauerstoff. Der freiwerdende Wasserstoff verbindet sich mit dem aufgenommenen Kohlendioxid und baut organische Verbindungen auf. Der bei diesen biochemischen Vorgängen auftretende Sauerstoff wird an die Umgebung abgegeben.

Die Pflanze nimmt also Wasser und Kohlendioxid auf und erzeugt Sauerstoff, mit dem die Luft ständig angereichert wird. Der Pflanzenwelt haben wir es zu verdanken, daß der Mensch ausreichend Sauerstoff für seine Atmung zur Verfügung hat. In der Nacht fehlt die Lichtenergie, und es findet demzufolge auch keine Assimilation statt.

Der weitaus größere Teil des Wassers dient dem Stofftransport innerhalb des **Gefäßsystems** der Pflanze. Die osmotische Kraft ermöglicht die Aufnahme von Wasser über das Wurzelsystem. Eine ganze Reihe von Nährstoffen, die in gelöster Form darin enthalten sind, leitet das Wasser weiter bis in die äußersten Gewebezellen. Dort werden die Nährstoffe von der Pflanze verarbeitet, und das überschüssige Wasser verdunstet durch die Spaltöffnungen an den Blattunterseiten. Der auf diese Weise abgegebene Wasserdampf umfaßt etwa 98 % der aufgenommenen Wassermenge.

In den Gefäßbahnen fließt ein Strom von mit Nährstoffen angereichertem Wasser von der Wurzel bis zur Verwertung in den Blättern. Die Menge des verdunsteten Wassers ist von äußeren Faktoren abhängig wie Temperatur, Licht und Sättigungsgrad der Luft mit Wasserdampf. Vermindert sich die Durchflußmenge der Nährlösung, so werden die Zellen schlechter versorgt und das Wachstum eingeschränkt. Grundvoraussetzung für eine Wasserentnahme aus dem Erdreich ist das Vorhandensein ausreichender Feuchtigkeit. Das bedeutet für die unter unserer Obhut stehenden Pflanzen, daß wir bei Ausbleiben der natürlichen Feuchtigkeit zusätzlich bewässern müssen. Bewässern bedeutet aber nicht Wasser in Massen, sondern in Maßen, in richtigen Mengen und Zeitabschnitten das Wasser verabreichen.

Zuviel Bodenfeuchtigkeit vor allem bei Jungpflanzen führt zu ungenügender Entwicklung des Wurzelsystems. Von der Pflanze nicht aufgenommene Nährlösungen versickern im Boden und sind für sie verloren. Fehlendes Wasser führt andererseits zur Unterbrechung der Nährstoffzufuhr und zum Welken der Pflanze. Die richtige **Zufuhr von Wasser** ist besonders wichtig beim Anbau in Frühbeeten, Folienzelten und Kleingewächshäusern. Gerade bei dieser Anbaumethode fehlt der natürliche Niederschlag.

Die Pflanzennährstoffe

Die Pflanze als lebender Organismus benötigt ebenso wie jedes andere Lebewesen für das Wachstum und die Entwicklung Nährstoffe, die in körpereigene Substanzen umgewandelt werden.

Wesentlicher Bestandteil organischer Pflanzenstoffe wie beispielsweise des Protoplasmas ist der **Stickstoff.** Er ist deshalb für das Pflanzenwachstum unentbehrlich. Da der Stickstoff besonders auf die Entwicklung der Blattmasse wirkt, benötigen ihn auch vorrangig Gemüsearten mit großer Blattfläche. Die Stickstoffgabe sollte in engem Zusammenhang mit den Faktoren Licht, Luft, Wasser und Temperatur betrachtet werden, da die Pflanze den Stickstoff nur bei entsprechenden Voraussetzungen verarbeiten kann. Ein Überschuß an Stickstoff führt zu einer übermäßigen, einseitigen Krautentwicklung, dagegen der Mangel an diesem Nährstoff zu einer Verkümmerung der Pflanze.

Für den Aufbau junger Zellen ist die **Phosphorsäure** wesentlich. Sie wird von den Zellkernen aufgenommen, wirkt auf die Bildung von Eiweißkörpern und begünstigt damit die Zellteilung. Die Pflanze wird zur Blüten- und Fruchtbildung angeregt.

Unterschiedliche Bedeutung für die Pflanzen besitzt der **Kalk.** Es gibt Pflanzen, die Kalk lieben, und solche, die Kalk nicht vertragen, obwohl sie nicht ganz ohne ihn auskommen. Kalk bindet die beim Stoffwechsel entstehenden organischen Säuren, die sich auf das Pflanzenwachstum schädlich auswirken können. Auf den Stoffwechselprozeß wirkt er regulierend und ist am Aufbau der Zellwände sowie am Wurzelwachstum beteiligt. Von der richtigen Kalkversorgung wird das gesunde Gedeihen der Pflanzenbestände beeinflußt.

Ebenso auf die Gesunderhaltung der Pflanzen wirkt **Kalium.** Es handelt sich hierbei weniger um einen Nähr-, sondern um einen Wirkstoff. Kalium beeinflußt wesentlich den Nährstofftransport innerhalb der Pflanze und den Stoffwechsel. Es ist bei der Bildung der Kohlenhydrate, der Eiweiße beteiligt und bewirkt eine Steigerung der Assimilation.

Viele Gemüsearten sind besonders kalibedürftig. Stickstoffüberschuß kann mit einer kräftigen Kalidüngung kompensiert werden.

Eisen vermittelt die Bildung von Chlorophyll, ist aber in den Farbstoffkörpern selbst nicht enthalten. Fehlt Eisen in der Nährstoffzufuhr, dann unterbleibt die Bildung des für die Kohlenstoffassimilation notwendigen Blattgrüns. Eisenmangel wird auftreten, wenn es im Erdreich unlösliche Verbindungen eingeht. Kalküberschuß kann eine solche Folge verursachen. Eine ähnliche Wirkung zeigt das **Magnesium.** Es ist wesentlicher Bestandteil des Blattgrüns und begünstigt die Assimilation.

Mangelerscheinungen an Magnesium erkennt man an hellen Flecken auf den Blättern.

In geringeren Mengen ist der **Schwefel** am Aufbau der Pflanzensubstanz beteiligt. Sein Vorhandensein ist ebenso wichtig wie Phosphor und Stickstoff für die Bildung der Blattmasse. Schwefel ist in Verbindungen von Düngesalzen enthalten und muß deshalb nicht gesondert zugeführt werden.

Neben diesen wichtigen Nährstoffen gibt es eine ganze Reihe von **Spurenelementen**, die mehr oder weniger Einfluß auf das Pflanzenwachstum haben. Das Fehlen bestimmter Spurenelemente verursacht Wachstumsstörungen.

Die **Aufnahme der Nährstoffe** erfolgt durch das Wurzelsystem. Durch die im Boden lebenden Organismen werden die organisch gebundenen Nährstoffe mineralisiert. Mit dem im Erdreich vorhandenen Wasser gehen sie eine Lösung ein und sind somit für das Wurzelsystem aufnahmefähig. Den Transport innerhalb der Pflanze übernimmt das Wasser.

Der Einfluß der Temperatur

Der Stoffwechselprozeß der Pflanzen ist weitgehend von der Temperatur im Zusammenspiel mit den anderen Wachstumsfaktoren abhängig. Wachstum und Entwicklung vollziehen sich nur in einem bestimmten **Temperaturbereich.** Die Aktivität der Pflanzen beginnt etwa bei 5 bis 15 °C und verstärkt sich bis zu einer Temperatur von etwa 25 bis 35 °C. Darüber hinaus bis maximal 55 °C verzögern sich die Stoffwechselprozesse und werden schließlich beendet.

Die **Nachttemperaturen** sind im allgemeinen etwas niedriger als die des Tages. Damit steht die Temperatur in gewisser Abhängigkeit von der Einwirkung des Lichtes. Temperaturänderungen in Verbindung mit Veränderungen der Lichteinwirkung wirken in bestimmter Weise auf das jeweilige Entwicklungsstadium. Hohe Wärmegrade teilweise in Verbindung mit Zusatzbelichtung wendet man für die Jungpflanzenanzucht an. Schneller Temperaturwechsel sollte dabei vermieden werden, da sich die Pflanzen „erkälten“, wobei schwere Wachstumsstörungen auftreten können.

Wird die untere **Temperaturgrenze** unterschritten, sterben einige Pflanzen ab, besonders solche aus wärmeren Heimatgebieten, Tomaten und Dahlien beispielsweise bei Temperaturen unter 0 °C. Gurken- und Kürbispflanzen erfrieren bereits bei +2 bis +3 °C und Bohnen bei etwa +1,5 °C.

Unter Berücksichtigung der Temperaturgrenzen ist es möglich, unter Glas und Folie solche Bedingungen zu schaffen, die frühzeitige Erträge sichern. Deshalb ist die Erkenntnis über die Zusammenhänge sowie die Abhängigkeit der Photosynthese und der Atmung von der Temperatur und der Lichteinwirkung besonders wichtig.

Die **Atmung** hat einen wesentlichen Einfluß auf die Stoffproduktion der Pflanze. Sie ist temperaturabhängig und benötigt bestimmte Lichtverhältnisse. In der Abbildung 3 sind die Beziehungen zwischen Atmung und Photosynthese schematisch dargestellt. Bereits bei niedrigen Temperaturen beginnt die Photosynthese und steigt mit zunehmender Temperatur an. Einen nicht so steilen Anstieg zeigt die Atmung, deren Kurve in Abhängigkeit von der Temperatur flacher verläuft. Im zeitigen Frühjahr ist unter guten Lichtverhältnissen und bei noch niedrigeren Temperaturen eine verhältnismäßig hohe **Stoffproduktion**

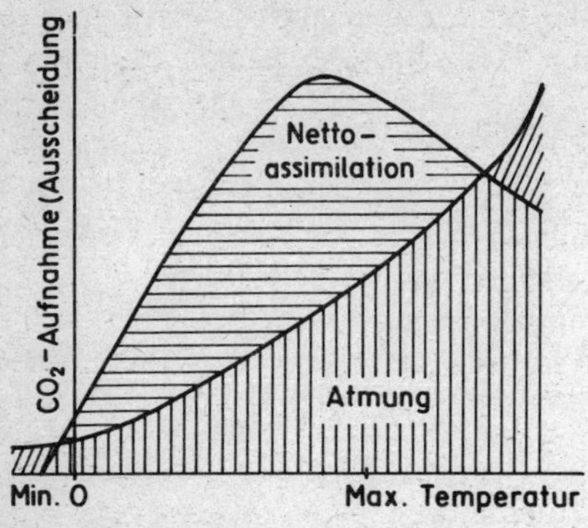

Abb. 3 Schematische Darstellung der Beziehungen zwischen Atmung und Photosynthese bei steigender Temperatur (nach Vogel)

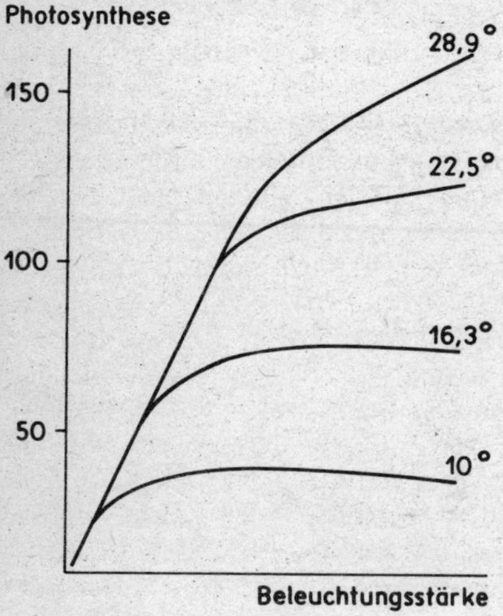

Abb. 4 Licht-Photosynthesekurve bei verschiedenen Temperaturen (nach Vogel)

zu erreichen (Abb. 4). Die günstigste Temperatur für die Photosynthese liegt für unsere Gemüsepflanzen etwa zwischen 20 und 25 °C. Wird der Lichteinfall wesentlich erhöht, verschiebt sich dieses Temperaturoptimum auf etwa 30 bis 35 °C. Man achte jedoch darauf, daß z. B. bei Tomaten schon oberhalb 27 °C Blütenrieseln auftritt.

Die **Wasseraufnahme** der Pflanzen ist ebenfalls abhängig von der Temperatur. Mit sinkender Temperatur wird auch die Wasseraufnahme geringer und beeinflußt damit die Stoffproduktion innerhalb der Pflanze.

Abschließend sollte noch erwähnt werden, daß die **Bodentemperatur** mindestens die Höhe der Lufttemperatur aufweisen sollte. Besser und erfolgversprechender ist eine höhere Bodentemperatur, besonders für die Jungpflanzenanzucht im zeitigen Frühjahr.

Realisierung der Wachstumsfaktoren

Nachdem wir erkannt haben, welche Faktoren auf das Wachstum unserer Kulturpflanzen einwirken und in welcher Abhängigkeit sie zueinander stehen, können wir darangehen, die günstigsten Bedingungen zu schaffen. Da es für Freilandpflanzen nur begrenzt möglich ist, diese Faktoren zu beeinflussen, wird es erforderlich, daß wir unsere Pflanzen in einem nach allen Seiten abgegrenzten Raum unterbringen. Lichtdurchlässige Wand- und Deckenelemente ermöglichen in den meisten Fällen einen noch ausreichenden Lichteinfall. Zusätzliche Beleuchtung wird besonders in den lichtschwachen Jahreszeiten erforderlich.

Bereits das Bedecken mit Glas oder Folie erhöht die Temperatur der die Pflanze umgebenden Luft und verhindert, daß kalte Zugluft einwirken kann. Diese Wirkung läßt sich schon erzielen beim Einsatz von Frostschutzhauben aus Plastfolie. Will man kälteempfindliche Pflanzen frühzeitig anbauen, so wird es teilweise erforderlich, daß kurzzeitige Kälteeinbrüche durch zusätzliche Wärmezuführung überbrückt werden. Dazu gibt es viele Möglichkeiten und verschiedene Energiequellen. Oft genügt es schon, wenn über Nacht bei Temperaturen um den Gefrierpunkt ein größerer Wasserbehälter in das Folienzelt oder Glashaus gestellt wird und die Pflanzen mit Tüten aus Zeitungspapier abgedeckt werden.

Sollen noch frühere Erträge erzielt werden, so müssen die Pflanzen in einer Jahreszeit angebaut werden, in der auch tagsüber Kältegrade auftreten. Eine regelrechte Heizung ist in diesem Fall unumgänglich.

Wasser muß dem Bedarf der Pflanzen entsprechend durch Bewässerungsanlagen zugeführt werden. Die Wasserzufuhr kann mit einer Nährstoffgabe verbunden werden. Da in Gewächshäusern der Boden viel intensiver genutzt wird, ist die Düngung von großer Bedeutung für den Erfolg unserer Bemühungen.

Nicht allein die technischen Möglichkeiten zur Realisierung der Wachstumsfaktoren sind ausschlaggebend, sondern vor allem auch die Kenntnis der damit zusammenhängenden Prozesse bei den einzelnen Pflanzen.

Der Bau von Frühbeeten, Folienzelten und Gewächshäusern

Gartenplanung und Standortfragen

Eine Gartenplanung ist eng verknüpft mit Standortfragen, was auch für Einrichtungen zum Anbau von Pflanzen unter Glas und Folie zutrifft. Relativ unkompliziert ist die Einordnung von Frühbeeten in einen vorhandenen Kleingarten. Durch ihre flache Bauweise beeinträchtigen sie kaum die Gesamtansicht des Gartens. Eine saubere Bauausführung vorausgesetzt, fügen sie sich in die üblichen Gartentypen ein.

Anders verhält es sich mit Kleingewächshäusern und Folienzelten. Hierbei sind verschiedene Gesichtspunkte zu betrachten. Einmal sind das die geltenden gesetzlichen Bestimmungen und zum anderen ästhetische sowie funktionelle Fragen.

Eine Zustimmung vom zuständigen Rat der Stadt oder Rat der Gemeinde ist für die Errichtung und Veränderung von Bauwerken über 5 m² Grundfläche erforderlich. In den meisten Fällen übersteigt die Größe der zu nutzenden Kleingewächshäuser die genannte Grundfläche. Deshalb müssen wir uns noch vor Baubeginn diese **Genehmigung einholen.** Wesentlich sind auch die Eigentumsverhältnisse am jeweiligen Grundstück, wobei Besitz und Nutzung eines Gartens keine von der Gesellschaft losgelöste Privatsache sind, sondern sie müssen auch den Interessen der gesamten Gesellschaft dienen. Die Gartenflächen sind ein Teil des für die Gesellschaft verfügbaren Bodens und gehören damit zu einem unserer kostbarsten Naturreichtümer (siehe auch Verfassung der DDR, Artikel 15). Der größte Teil unserer Kleingärten ist in Kleingartenanlagen zusammengefaßt. Damit erzielt man günstige Bedingungen für eine effektive Nutzung des Bodens. Solche Kleingartenanlagen bieten die Gewähr dafür, daß ein möglichst hoher Ertrag an Obst und Gemüse erzielt wird und daß sie der Erholung der Werktätigen dienen. Das Äußere dieser Gärten muß diesen Bedingungen angepaßt sein.

Im Interesse einer intensiven Nutzung des Bodens wird es in der Gemeinschaft keine gegenteiligen Meinungen zum Bau von Folienzelten und Kleingewächshäusern geben, wobei die Kleingartenordnung des VKSK zu beachten ist. In Gartenanlagen des VKSK wird entsprechend der Kleingartenordnung der Bau eines Kleingewächshauses bis zu einer Größe von 20 m² Grundfläche zugelassen. Dabei darf die Höhe 2,50 m nicht überschreiten, ein Grenzabstand von mindestens 2 m ist einzuhalten. Einige Gestaltungsfragen sollten vor Baubeginn abgesprochen werden. Das Gesamtbild der Anlage darf nicht durch

Abb. 5 Durch Witterungseinflüsse zerstörtes Folienzelt

ungefälliges Aussehen und schlechte Bauausführung von Primitivgewächshäusern oder Folienzelten verunstaltet werden. Leider stößt man immer wieder auf solche Anblicke, die ein sonst gepflegtes Grundstück verunzieren. Besonders augenfällig sind im zeitigen Frühjahr, wenn die ersten Sonnenstrahlen Spaziergänger herauslokken, überwinterte Folienzelte. Durch die Kälte brüchig geworden und vom Wind zerfetzt, bieten sie einen unschönen Anblick (Abb. 5).

Der Bau eines Kleingewächshauses oder eines Folienzeltes sollte auf jeden Fall die jeweiligen Standortbedingungen berücksichtigen. Auch in **Wochenendgärten** ist es möglich, sehr geschmackvoll Kleingewächshäuser einzuordnen. Dazu gibt es verschiedene Möglichkeiten. Bereits beim Bau des Wochenendhauses kann eine solche Einrichtung als Bestandteil des Hauses vorgesehen werden. Ein Wintergarten oder großes Blumenfenster kann durchaus viel Freude bereiten und dem Haus eine besondere Note verleihen. Aber auch im Grundstück selbst gibt es viele passende Lösungsvarianten, die sich in den Charakter des Wochenendgartens einfügen. An dieser Stelle sei bemerkt, daß gerade die Besitzer von Wochenendgrundstücken auch daran denken sollten, wie kostbar der Grund und Boden für unsere Gesellschaft ist. Vielfach sind diese Gärten nur zur Zierde angelegt und weisen somit nur unbedeutenden allgemeinen Nutzen auf. Die Ursachen liegen oft in einer unbegründeten Scheu vor der Gartenarbeit. Mit der Nutzung von Kleingewächshäusern kann man sehr schnell Freude daran gewinnen. Der Mittagstisch und das Abendessen im Wochenendgrundstück können mit frischem Gemüse aus eigener Ernte wesentlich bereichert werden.

In den **Haus- und Siedlergärten** steht die sinnvolle Nutzung des Gartenlandes stärker im Vordergrund. Hier findet man die verschiedensten Varianten zur Verfrühung der Gemüseernte, aber auch teilweise den Anbau anspruchsvoller Zierpflanzen. Am meisten verbreitet ist der Anbau von Gurken und Tomaten im Glas- oder Folienhaus.

In den folgenden Abschnitten sollen einige Hinweise vermittelt werden, wie auch andere Gemüsearten angebaut werden können. Vorher nun noch einige Worte zur Gartenplanung. Gehen wir bei dieser Betrachtung von einem Nutzgarten aus, wie er in den Sparten des VKSK bewirtschaftet wird. Als Zielstellung geben wir uns vor, daß möglichst lange Zeit, über das Jahr verteilt, Erträge erzielt wer-

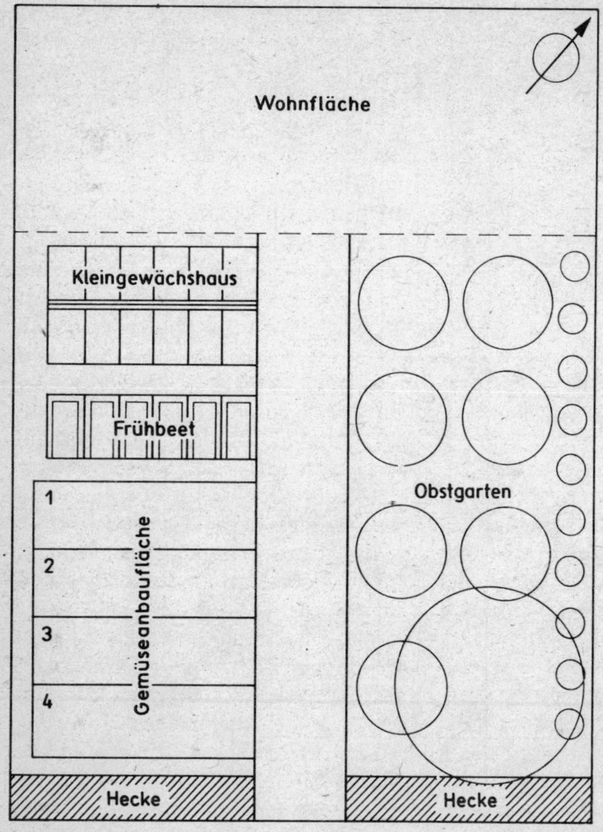

Abb. 6 Lageplan des Gartens

den sollen. Dabei ist genau zu überlegen, welche Pflanzen im Freiland und welche unter Glas und Folie angebaut werden sollen.

Grundlage für die **Gartenplanung** muß zunächst eine Bestandsaufnahme des Grund und Bodens sein. Am besten fertigen wir uns einen **Lageplan** auf Transparentpapier an. Diese maßstabsgerechte Lageskizze läßt sich durch Lichtpausen vervielfältigen, und wir können diesen Plan mehrere Jahre nutzen und auch verschiedene Varianten erarbeiten. In diesen Plan wird eingezeichnet, auf welcher Fläche welche Kulturen und zu welchem Zeitpunkt angebaut werden können. Dieser Plan besitzt nicht nur Bedeutung für eine planmäßige Anbauweise, sondern auch für die rechtzeitige Beschaffung der Samen und Jungpflanzen. Aus diesem Grund ist es sinnvoll, bereits im Spätherbst für das kommende Jahr die Gartenplanung vorzunehmen.

Mit dem Anbau unter Glas und Folie

Abb. 7 Die Verträglichkeit der Gemüsearten in der Fruchtfolge (nach Reinhold)

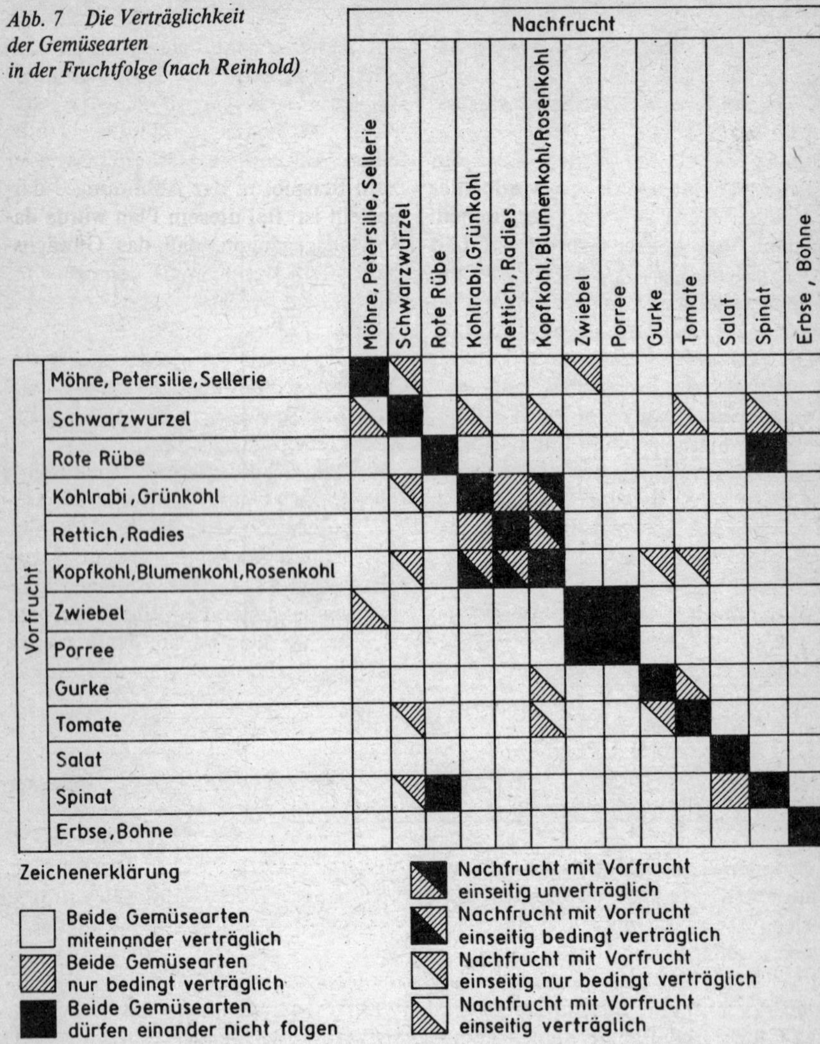

soll die jahreszeitlich bedingte Versorgungslücke an Gemüse in den kälteren Monaten geschlossen werden. In unserem Gartenplan werden deshalb diese Einrichtungen besonders berücksichtigt. Ein Kleingewächshaus kann das gesamte Jahr genutzt werden, sofern die kalte Jahreszeit mit einer geeigneten Heizung überbrückt wird. In diesem Fall ist das Beachten der Fruchtfolge eine wichtige Voraussetzung. Ihre Bedeutung wird an anderer Stelle erläutert.

Die Abbildung 6 zeigt den Lageplan eines Kleingartens, wie wir ihn in Gartenanlagen finden können. Etwa ein Drittel der Gesamtfläche wurde hier für den Gemüseanbau vorgesehen. Neben vier Gemüsebeeten enthält diese Fläche ein Frühbeet und ein Kleingewächshaus. Falls erforderlich, kann zusätzlich ein transportables Folienzelt in die Planung des Gemüseanbaus einbezogen werden. Diese verschiedenen Anbaumöglichkeiten optimal zu nutzen, erfordert eine gründliche und gewissenhafte Planung. Wir müssen dabei berücksichtigen, daß die jeweiligen Gemüsearten zu unterschiedlichen Zeitpunkten gesät bzw. gepflanzt und geerntet werden.

Die Anforderungen an Nährstoffe, Temperatur, Feuchtigkeit und Lichtverhältnisse sind ebenfalls sehr unterschiedlich. Die Abbildung 7 zeigt die Verträglichkeit der Gemüsearten untereinander und die Stellung in der Fruchtfolge. Wenn wir alle diese Bedingungen beachten, können wir uns einen **Anbauplan** erarbeiten, wie er zum Beispiel in der Abbildung 8 dargestellt ist. Bei diesem Plan wurde davon ausgegangen, daß das Gewächshaus nicht durchgängig geheizt wird, was in den meisten Kleingärten mit Schwierigkeiten verbunden ist, denn diese Gärten befinden sich überwiegend am Rande der Ortschaften, und der Garten wäre mehrmals täglich zum Heizen aufzusuchen.

Haus- und Siedlergärten können günstiger mit einem beheizbaren Gewächshaus ausgerüstet werden. Für die in dem Beispiel gezeigte Jungpflanzenanzucht im Kleingewächshaus eignet sich eine örtlich begrenzte elektrische oder andere Heizung. Je nach Außentemperaturen wird sie zu-

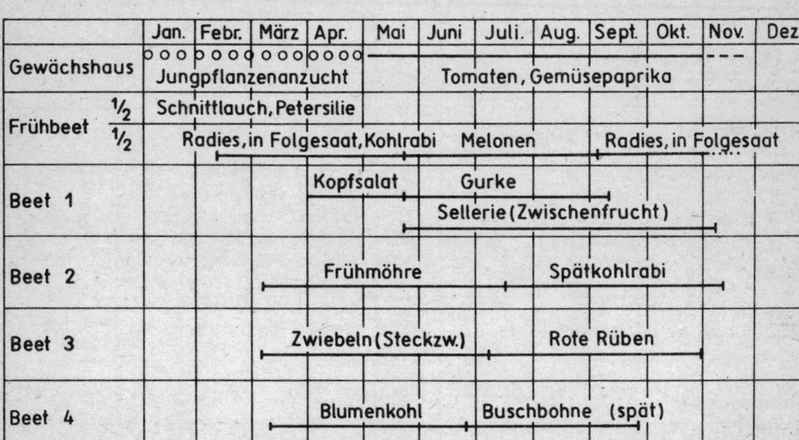

Bis 15. Mai ist mit Spätfrösten zu rechnen, deshalb bei frostempfindlichen Arten Frostschutz

Abb. 8 Anbauplan in einem Gemüsegarten mit Gewächshaus und Frühbeet (s. Abb. 6)

oder abgeschaltet. Die Anzuchtgefäße stehen auf Stellagen und können zusätzlich mit Folie abgedeckt werden, um einen besseren Temperaturverlauf zu gewährleisten.

Der in Abbildung 8 gezeigte Anbauplan gibt einen Überblick über die anzubauenden Gemüsearten und die Flächenausnutzung. Aus der grafischen Darstellung sind gleichzeitig Zeitpunkt und Dauer des Anbaus der einzelnen Arten ersichtlich. In Ergänzung zum Anbauplan können wir uns eine Übersicht anfertigen, aus der die

Gemüseart/Sorte	Fläche	Samenmenge	Aussaattermin	Pflanztermin	Jungpflanzen-anzucht	Anbau im Freiland	Anbau im Frühbeet	Anbau im Gewächshaus	
Blumenkohl 'Delfter Markt'	4 m^2	0,2 g			×	×			Frost-schutz
Buschbohnen 'Dilana'	4 m^2	60 g				×			
Gurke 'Dukara'	4 m^2	1,6 g			×	×			
Kohlrabi 'Ideal'	2 m^2	0,3 g	20.3.	15.4.	×		×		
'Speck Blauer'	4 m^2	0,4 g	15.7.			×			
Kopfsalat 'Mona'	4 m^2	0,2 g							
Radies 'Korund'	2 m^2	20 g					×		Folgesaat
Petersilie 'Gärtnerstolz'	1 m^2	0,6 g					×		
Rote Rübe 'Rote Kugel'	4 m^2	8 g	5.7.			×			
Schnittlauch 'Welta'	1 m^2	2 g					×		
Sellerie 'Apia'	4 m^2	0,03 g				×			Zwischen-frucht
Tomaten 'Harzfeuer'	6 m^2	0,07 g	20.3.	5.5.	×			×	
Zwiebeln (Steckzw.) 'Stuttgarter Riesen'	4 m^2	1 kg	—	10.3.		×			

Abb. 9 Übersicht zum Anbauplan

jeweilige Sorte und die Saatgutmenge hervorgehen. Diese Übersicht kann mit Aussaattermin und weiteren Hinweisen ergänzt werden. Die Abbildung 9 ist hierzu ein Beispiel.
Solche Hilfsmittel erleichtern wesentlich die planmäßige Nutzung von Gewächshäusern oder anderen Gartenflächen. Vor dem Bau eines Gewächshauses sollte man sich darüber im klaren sein, wie eine solche mit gewissen Aufwendungen verbundene Einrichtung über einen längeren Zeitraum genutzt und wie sie in die Gartenkonzeption eingeordnet werden kann. Bei der **Auswahl des Standortes** im Garten spielen diese Fragen bereits eine Rolle und sollten Berücksichtigung finden. Im Vordergrund steht dabei die Frage, daß unser Gewächshaus nicht durch Baum- und Strauchwuchs sowie Bauten beschattet wird und somit nicht in den vollen Lichtgenuß kommen kann.
Um die Abkühlung im Haus etwas einzuschränken, muß darauf geachtet werden, daß die Aufstellung windgeschützt erfolgt. Die sich um das Haus durch Abstrahlung bildende wärmere Luftschicht wirkt isolierend und wird durch Wind zerstört. Damit erhöht sich ziemlich rasch die Abkühlung im Raum. Temperaturen um den Gefrierpunkt sind bei starker Luftbewegung gefährlicher als leichter bis mäßiger Frost an ruhigen Tagen. Starker Wind muß aber auch berücksichtigt werden, wenn wir uns mit der Konstruktion des Gewächshauses beschäftigen, ebenso wie die im Winter auftretende Schneelast. Diese beiden Einflußfaktoren sind vom jeweiligen Standort abhängig.

Baumaterialien und deren Verwendung

Glas

Für den Bau von Gewächshäusern und Frühbeeten wird ein lichtdurchlässiger Werkstoff benötigt, der gleichzeitig den Einfluß von klimatischen Störfaktoren vermindert. Eines der ältesten Materialien ist das Glas. Es wird in einem Schmelzverfahren aus Siliziumdioxid unter Beimengung anderer Stoffe wie Natriumkarbonat, Kalziumoxid, Magnesiumoxid und anderen anorganischen Stoffen hergestellt. In Schmelzöfen erfolgt bei einer genauen Dosierung der feinkörnigen Rohstoffe und einer Schmelztemperatur von etwa 1400 °C das Schmelzen des Gemenges zu einer blasenreichen, inhomogenen Masse. Die entstandene Glasmasse wird geläutert und nach Abstehen auf tiefere Arbeitstemperaturen durch Blasen, Pressen, Ziehen, Walzen oder Gießen weiterverarbeitet. Mit diesen Technologien entstehen verschiedene Halb- und Fertigerzeugnisse.
Uns interessiert das im Walzverfahren hergestellte **Flachglas.** Dieses Glaserzeugnis kann im Gewächshausbau als Klarglas oder Blankglas Verwendung finden. Auch im Kleingarten wird für den Bau von Kleingewächshäusern Glas verwendet. Da der Einsatz von Glas mit einem entsprechenden finanziellen Aufwand verbunden ist, wird der Gartenfreund sicherlich versuchen, zunächst Materialreserven zu nutzen. Dabei können ihm unterschiedliche Flachglasarten zur Verfügung stehen.
Klarglas erkennt man an der leicht

welligen Oberfläche. Es ist durchscheinend und erzeugt diffuses Licht. Der Lichtdurchgang des sichtbaren Lichtes beträgt in Abhängigkeit von der Glasstärke bis zu 93 %. Die Durchlässigkeit für die einzelnen Wellenlängen ist jedoch unterschiedlich. Die infraroten Lichtwellen werden bei Klarglas wesentlich besser durchgelassen und beeinflussen somit den Temperaturverlauf innerhalb des Gewächshauses. Die ultraviolette Strahlung wird vom Glas stärker absorbiert. Klarglas ist nicht im Handel und kann nur aus Materialreserven (Abriß u. ä.) genutzt werden.

Blankglas hat eine glatte Oberfläche und ist durchsichtig. Die Lichtdurchlässigkeit liegt etwa in der Größenordnung des Klarglases mit einer etwas veränderten Verteilung über den Spektralbereich. Die Annahme, daß Blankglas mehr Licht durchläßt, trifft nicht zu, da ein Teil der auftreffenden Lichtwellen von der glatten Oberfläche reflektiert wird, im Gegensatz zum durchscheinenden Klarglas, bei dem die Oberfläche so angelegt ist, daß nur eine geringfügige Reflexion eintritt. Die Lichteinwirkung auf die Pflanzen verläuft beim Blankglas gradlinig gerichtet, so daß eine Brennwirkung viel eher auftreten kann als bei diffusem Lichteinfall. Gewächshäuser mit Klarglas benötigen deshalb nicht so viel Beschattung wie solche mit Blankglas.

Beabsichtigt der Gartenfreund, für den Bau seines Gewächshauses **Drahtglas** einzusetzen, dann muß er auf Grund der Beschaffenheit des Glases mit einer Verminderung des Lichteinfalls rechnen. Die Oberfläche ist ebenfalls leicht wellig und erzeugt dadurch diffuses Licht im Gewächshaus. Das in diesem Glas eingeschmolzene Drahtgewebe ist die Ursache für die Reduzierung des Lichteinfalls. Der Vorteil ist die größere Stabilität des Glases.

Die **mechanische Festigkeit** hat für den Bau eines Gewächshauses eine große Bedeutung. Die Glasscheiben, die Schneelasten und Sturm ausgesetzt werden, müssen die dementsprechende Stabilität aufweisen. Sie ist abhängig von der Größe der Scheiben und der Materialstärke. Breiten bis zu 740 mm bei einer Stärke des Glases von 4 mm sind allgemein üblich. Die Länge der Scheiben hat nur wenig Einfluß auf die Tragfähigkeit. Scheibenlängen von 1500 mm bis 2000 mm sind bei größeren Häusern durchaus einsetzbar. Der Gartenfreund wird sicher schon mit kleineren Abmessungen auskommen. Bei Verwendung von Reststücken werden meist Scheibenüberlagen unvermeidlich sein. Sie erweisen sich als nachteilig, da sich zwischen den Scheiben Schmutz ansammelt und eine Reinigung nur schwer möglich ist. Diese Überlagen ergeben nicht nur einen unschönen Anblick, sondern vermindern auch den Lichteinfall. Wenn es also möglich ist, sollten wir Scheibenlängen wählen, die der Länge der Dachschrägen entsprechen. Als Kleingärtner sind wir darauf bedacht, unseren Pflanzen einen maximal möglichen Lichtgenuß zu verschaffen. Können wir nicht auf ausreichende Glasreserven zurückgreifen, dann kann geeignetes Gärtnerglas in den einschlägigen Fachgeschäften käuflich erworben werden.

Bei Rekonstruktionen von Altbauten werden meist die Fenster erneuert. Die ausgewechselten Fenster verrichten mitunter noch gute Dienste bei einer entsprechenden Konstruktion für ein Gewächshaus. Sollten die Rahmen nicht mehr verwendbar sein, dann ist es immer noch möglich, vorsichtig die Scheiben zu demontieren, um sie für unser Gewächshaus zurechtzuschneiden. Die Verwendung der Fenster mit Rahmen wird in einem späteren Abschnitt besprochen. Für die Dachverglasung eignen sich solche Fenster kaum. Es muß gewährleistet werden, daß das Regenwasser jederzeit ablaufen kann. Als Seitenteile kann man sie durchaus verwenden.

Die tragende Konstruktion darf nicht zu massiv ausgelegt werden, muß aber das Eigengewicht des Glasdaches und die Schnee- sowie Windlast mit Sicherheit tragen. 1 m^2 Glas mit einer Materialstärke von 3 mm wiegt etwa 7,5 kp. Würden wir ein Gewächshaus mit einer Glasfläche von 20 m^2 errichten, so belasten wir die tragende Konstruktion mit einer Last von 150 kp Eigengewicht des Glases. Dieses Eigengewicht muß bei statischen Berechnungen eingesetzt werden.

Bei der Berechnung der Konstruktion muß auch berücksichtigt werden, daß sich die verwendeten Materialien unterschiedlich ausdehnen. Gewächshäuser sind mitunter extremen Temperaturschwankungen ausgesetzt. Kommt es dabei zu unterschiedlichen **Ausdehnungen** und die Scheiben sind **Spannungen** ausgesetzt, dann können sie auf Grund ihrer spröden Materialstruktur zu Bruch gehen. Bei der Verarbeitung kann das zum Teil schon berücksichtigt werden, indem die Verglasung so erfolgt, daß die eingesetzten Scheiben genügend Spielraum besitzen. Das Abdichten sollte dann mit einem elastischen Kitt erfolgen. Auf

Tabelle 1 Mechanische und thermische Kennwerte von Tafelglas (nach Angaben des VEB Flachglaskombinat Torgau)

Kennwerte	Einheit	Wert
Dichte	kg/m^3	∅ 2 500
Härte nach Mohs	–	6–7
Druckfestigkeit	N/mm^2	880–930
Zugfestigkeit	N/mm^2	50–90
Biegefestigkeit	N/mm^2	30–45
Schlagfestigkeit (4 mm dick)	Nm/mm^2	0,012
Schlagfestigkeit (6 mm dick)	Nm/mm^2	0,042
Elastizitätsmodul	N/mm^2	70 000–75 000
Lichtdurchlässigkeit	%	90–92
Durchlässigkeit für Wärmestrahlen	%	80–82
Wärmeleitzahl	W/m · K	0,76
Wärmedehnung	mm/m · K	0,006–0,009
Spezifische Wärme	W · s/kg · K	0,23
Schalldämmaß (abhängig von der Dicke)	dB	18–33

diese Weise können sich Scheibe und Rahmen unterschiedlich ausdehnen und die Dichtheit des Gewächshauses wird trotzdem gewährleistet.
Sehr gut läßt sich hierbei **Leinölfirniskitt** verwenden, der aus feiner Schlämmkreide und Leinölfirnis besteht. Voraussetzung für die Verarbeitung des gut gekneteten Kittes sind trockene Scheiben und Rahmen. Am besten werden die Rahmen vorher mit Leinölfirnis oder Halböl gestrichen, um eine gute Haftung des Kittes zu erzielen. Industriell hergestellte Gewächshäuser besitzen meist eine kittlose Verglasung. Entsprechendes Dichtungsmaterial garantiert gute Auflage und guten Sitz der Scheiben.
Können mechanische Beschädigungen ausgeschlossen werden, dann sind Gewächshausscheiben nahezu unbegrenzt haltbar. Die Lichtdurchlässigkeit vermindert sich nicht, wenn die Scheiben öfter gereinigt werden.
Die mechanischen und thermischen Kennwerte von Glas sind in Tabelle 1 dargestellt.

Plast

Plast ist ein Werkstoff, der noch bis vor wenigen Jahren als Ersatzwerkstoff galt. Heute kann sich keiner mehr vorstellen, ohne diese vielseitig einsetzbaren Materialien auskommen zu müssen. „Plaste sind makromolekulare organische Verbindungen, die synthetisch oder durch Umwandlung von Naturprodukten entstanden und sich durch plastisches Verhalten innerhalb eines bestimmten Temperaturbereichs auszeichnen.“[1] Entsprechend ihrem Verhalten beim Erhitzen unterscheidet man Duroplaste und Thermoplaste. **Duroplaste** lassen sich durch Erhitzen nicht mehr in der ursprünglichen Form verändern, dagegen ist es bei **Thermoplasten** möglich, diese einzuschmelzen und ihnen eine neue Form zu geben. Besondere Eigenschaften der Plastwerkstoffe sind deren geringes Eigengewicht und die Korrosionsbeständigkeit, die keine zusätzliche Oberflächenbehandlung erforderlich macht. Ebenso günstige Eigenschaften sind ihre Isolationswerte bei Wärmeübertragung und gegenüber dem elektrischen Strom. Im allgemeinen erfolgt die Verarbeitung durch spanlose Formgebung. Eine nachträgliche spanende Bearbeitung bietet dem Anwender vielseitige Möglichkeiten. Trotz der vielen positiven Eigenschaften sind auch gewisse Grenzen der Nutzungsmöglichkeiten vorhanden. Das ist vor allem begründet durch die niedrige Wärmebeständigkeit, wobei die meisten Thermoplaste nur bis zu einer Temperatur von 100 °C einsetzbar sind. Duroplaste vertragen zum Teil auch Temperaturen darüber. Daraus resultiert eine weitere negative Eigenschaft, das ist ihre meist leichte Brennbarkeit. Nicht brennbare Plastwerkstoffe werden bei hohen Temperaturen durch Gasentwicklung oder andere freiwerdende Substanzen gefährlich. Temperatureinwirkung hat auch eine hohe Wärmeausdehnung zur Folge (gegenüber Stahl 5- bis 25fach). Bei Verwendung der Plastwerkstoffe außerhalb geschlossener Räume sollte beachtet

[1] Zit.: Schrader; Franke: Kleiner Wissensspeicher Plaste.

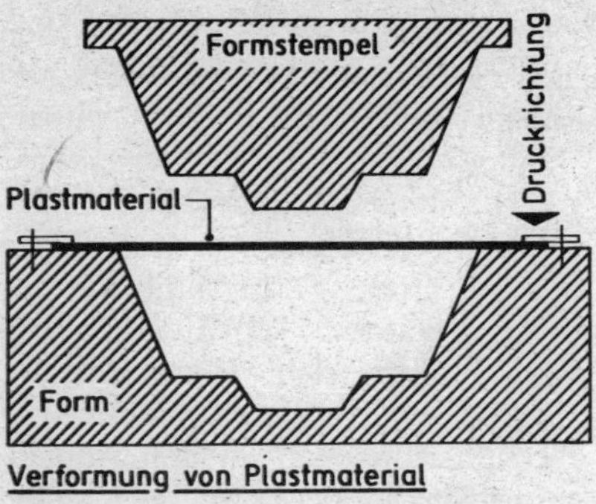

Abb. 10 Verformung von Plastmaterial

werden, daß durch Witterungseinflüsse eine Alterung eintritt und damit die Gebrauchsfähigkeit in Grenzen gehalten wird. Durch das Auftreffen von UV-Strahlen werden die molekularen organischen Verbindungen abgebaut. Deutlich wird diese Erscheinung durch eine verminderte Festigkeit, Veränderung der Oberflächenstruktur sowie durch eine Verringerung der Lichtdurchlässigkeit bei Plastfolien. Für den Anwender der Plastwerkstoffe ist die Kenntnis der Eigenschaften und die begrenzte Gebrauchsfähigkeit von großer Bedeutung.

Vielfach ist es erforderlich, **Plasthalbzeuge zu verformen.** Diese Technologie hat große praktische Bedeutung und ist mit geringem Aufwand anwendbar. Selbst der Kleingärtner kann sich mit diesem Verfahren viele kleine Hilfsmittel herstellen. Das können beispielsweise Saatgefäße, Klemmvorrichtungen, Aufhängungen und viele andere Dinge sein. Geeignete Formen lassen sich leicht aus Holz, Gips oder anderen Materialien anfertigen. Etwas schwieriger ist die Fertigung des dazu passenden Stempels, der das erwärmte Plastmaterial in die Form drücken soll. Zwischen Stempel und Formen muß noch so viel Zwischenraum bleiben, wie die Materialstärke des Werkstückes beträgt. In Abbildung 10 wurde im Schnitt eine solche Form dargestellt. Neben der Verformung von Plastwerkstücken besteht oft die Notwendigkeit, solche **Teile miteinander zu verbinden.** Der Kleingärtner, der sich mit dem Bau von Folienzelten beschäftigt, wird mit dem Problem konfrontiert, Plastfolienstücken miteinander zu verbinden. Aber auch Plastrohre und andere Werkstücke müssen für die unterschiedlichen Zwecke verbunden werden. Die Fügetechnik für Plastmaterialien ist sehr vielseitig und vom jeweiligen Anwendungsfall abhängig. Plastteile können genietet und verschraubt sowie geklemmt, geklebt und verschweißt werden. Durch die geringe Kerbfestigkeit der Plastwerkstoffe ist die Verbindung mittels Schrauben und Nieten nur relativ mechanisch belastbar. Bei Verwendung geeigneter Klebstoffe erzielt man eine gute Festigkeit der Verbindungen. Zu beachten ist auf jeden Fall, daß für den jeweiligen Plastwerkstoff der jeweils dafür entwickelte Kleber eingesetzt wird.

Für die gebräuchlichsten Materialien sind diese Kleber im Fachhandel erhältlich. Empfehlenswert ist eine entsprechende Beratung durch den Fachverkäufer. Die Gebrauchsanweisung sollte unbedingt im Interesse einer guten Haltbarkeit eingehalten werden. Bei Zweikomponentenkleber ist das richtige Mischungsverhältnis von ausschlaggebender Bedeutung. Polyäthylenfolie wird im Kleingarten am häu-

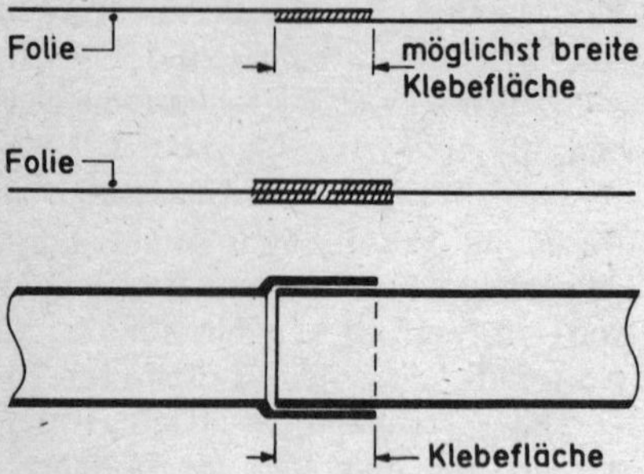

Abb. 11 Kleben von Folie und Plastrohren

figsten angewendet. Das Fügen von Folienstücken in Klebetechnik bringt nicht die erforderliche Haltbarkeit für Folienzelte. Wird diese Technologie dennoch angewendet, so sollte auf jeden Fall darauf geachtet werden, daß die Klebefläche gesäubert wird. Der Kleber wird gleichmäßig aufgetragen, und die Folienstücke werden ohne Falten gleichmäßig aufeinandergelegt und fest zusammengedrückt (Abb. 11). Plastmaterialien lassen sich nicht nur untereinander verkleben, sie sind auch Grundstoff für Klebstoffe selbst. Mit solchen Klebern können kompli-

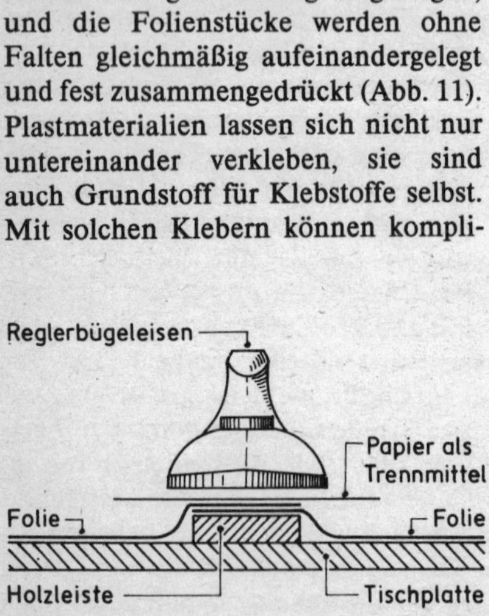

Abb. 12 Schweißen von Folie mit Reglerbügeleisen

zierteste Klebeverbindungen zwischen den verschiedensten Werkstoffen hergestellt werden. Eine sehr haltbare Verbindung wird erzielt, wenn Werkstücke oder Folien aus Thermoplastmaterial miteinander verschmolzen werden. Diese Fügetechnik ist das **Plastschweißen.** Verschiedene Verfahren lassen sich hier einordnen. Hierzu gehören beispielsweise das Heißluftschweißen, Wärmekontaktschweißen, Hochfrequenzschweißen sowie das Ultraschallschweißen und verschiedene andere Technologien. Die Anwendung für den Gartenfreund kann sich selbstverständlich nur auf ein solches Verfahren beschränken, welches seinen Möglichkeiten entspricht. Für das Heißluftschweißen wird ein Gerät benötigt, das die Heißluft erzeugt. Ein geübter Bastler findet sicher eine Möglichkeit, beispielsweise die Luft aus einem Staubsaugergebläse so zu erwärmen, daß sie, durch eine Düse mit Handgriff geblasen, die zu verschweißenden Plastteile miteinander verschmilzt. Die Düse sollte die Form der gebogenen Spitze eines elektrischen Lötkolbens besitzen, um eine leichte Handhabung zu gewährleisten. Bedeutungsvoller für den Kleingärtner ist das Wärmekontaktschweißen von Plastfolie. In der Abbildung 12 ist eine einfache Methode des **Wärmekontaktverfahrens** dargestellt. Entsprechend der Breite der Schweißnaht und ihrer Länge wird eine Holzleiste zugeschnitten und gehobelt. Diese Leiste wird auf die Mitte eines Tisches gelegt und befestigt. Die zu verschweißenden Folien werden so auf der Leiste übereinandergelegt, wie sie miteinander verschmelzen sollen.

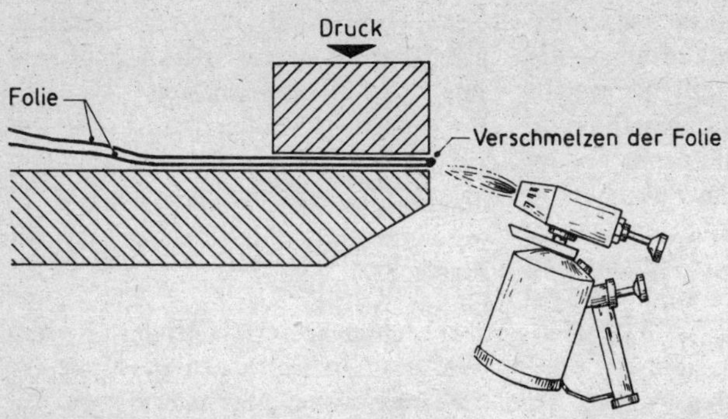

Abb. 13 Schweißen von Folie durch Verschmelzen

Damit beim Schmelzen der Plastwerkstoff nicht am Reglerbügeleisen anklebt, wird ein Trennmittel benötigt. Ein Bogen Papier verrichtet diesen Zweck in ausreichendem Maße.
Die günstigste Temperatur des Bügeleisens muß vorher ermittelt werden. Der Schweißvorgang ist abgeschlossen, wenn die Plastfolien so miteinander verschmolzen sind, daß sie sich nicht voneinander abziehen lassen. Das als Trennmittel verwendete Papier klebt an der Plastfolie fest und sollte mit Wasser abgeweicht werden. Bei zu niedriger Temperatur verklebt der Plastwerkstoff und läßt sich ohne großen Kraftaufwand wieder lösen.
Ein ebenso einfaches Schweißverfahren ist das **Abschmelzschweißen.** In Abbildung 13 wird die Wirkungsweise dargestellt. Die beiden Folien werden glatt übereinandergelegt, so daß die zu verschweißende Längsseite an der Tischkante nur leicht übersteht. Bündig mit der Tischkante wird eine Leiste aufgelegt. Zwischen Tischkante und Leistenkante steht die Folie nur wenige Millimeter hervor. Mit einer offenen Flamme (Vorsicht, Brandschutz beachten!) wird die überstehende Folie abgeschmolzen. An dieser Stelle entsteht längs eine schwache Wulst, die sich aus dem Verschmelzen der beiden Folienlängsseiten ergibt. Aus Sicherheitsgründen sollte die Arbeit unbedingt im Freien ausgeführt werden.
Die Anwendung und Verarbeitung von Plastmaterialien bringt viele Vorteile mit sich. Auch im Kleingarten gibt es eine ganze Reihe von Möglichkeiten für den **Einsatz von Plasten.** Die Palette reicht vom Plastwasserschlauch über Wasserhähne, Wasserrohre, Gießkannen, Klammern und Klemmbügel, Plastringe, Blumentöpfe, Plastfolie für Frühbeete und Mulchfolie bis hin zum vielseitigen Einsatz von Schaumpolystyrol, das sowohl als Isoliermaterial dienen kann als auch für die Nutzung von Schaumpolystyrolverpackungsmaterial als Saat- und Pflanzgefäße.
Der Einsatz von Plastmaterialien bringt aber auch Probleme mit sich. Da es bei diesen Materialien zu keiner stärkeren Zersetzung und Verrottung kommt, ergibt sich die Frage, was wird mit den Plastabfällen? Aus diesem Grund sollte gerade der Kleingärtner bemüht sein, eine **Mehrfachnutzung** anzustreben. Dieser Gedanke liegt

auch im Interesse eines sparsamen Umganges mit den Materialien, die aus hochwertigem Erdöl hergestellt werden. Gerade für die Nutzung im Gewächshaus lassen sich sehr gut im Haushalt anfallende Plastflaschen und -becher als Pflanz- und Saatgefäße verwenden. Folienreste können zu Pflanzcontainern verschweißt oder genäht werden. Geschnitzelte Plastabfälle dem Erdreich beigemengt, ergeben eine lockere Bodenstruktur. Besonders eignen sich dafür Schaumpolystyrolabfälle, die sich auch gut zerkleinern lassen. Im Boden verhalten sich diese Abfälle neutral und beeinflussen nicht die Bodenreaktion. Das Verbrennen von Plastabfällen ist nicht ratsam, da dabei Schadstoffe frei werden, die die Umwelt belasten und sich gesundheitsschädlich für den Menschen auswirken können.

Zusammenfassend soll erwähnt werden, daß die Kenntnis der wichtigsten Plastwerkstoffe für deren Einsatz von großer Bedeutung ist, und deshalb sollen nachstehend die Eigenschaften genannt werden.

Polyäthylen

Physiologisch unbedenklich, beständig gegen schwache Säuren, schwache und starke Laugen, Ester und Alkohole;
bedingt beständig gegen Benzin und starke Säuren;
unbeständig gegen Äther, Anilin, Benzol, Chlor, Zyklohexanol, Dichloräthylen, Formaldehyd, Kampferöl, pflanzliche und tierische Öle, Phenol, Trichloräthylen, Trikresylphosphat.
Polyäthylen ist brennbar, zuerst mit blauer Flamme, die kurz danach gelblich wird. Nach kurzem Brennen schmilzt das Material und tropft ab. Die Tropfen brennen weiter. Geruch der Rauchschwaden nach Paraffin (verlöschende Kerze).

Die Wärmeleitfähigkeit beträgt

$$1{,}25 \frac{kJ}{m\ h\ grd}.$$

Der Kleingärtner begegnet diesem Werkstoff in Form von Plastfolie für Foliengewächshäuser sowie von Eimern, Gießkannen und vielen anderen Dingen.

Polyester mit Füllstoff (z. B. Glasfaser)

Beständig gegen Salzsäure, Schwefelsäure (bis 30 %), Soda- und Seifenlauge, Glykole, Meerwasser;
unbeständig gegen konzentrierte Schwefelsäure und Salpetersäure, Natronlauge, Lösungsmittel wie Azeton, Methylenchlorid. Die Polyesterharze können durch Zusätze flammensicher gemacht werden, meist liegt aber Brennbarkeit vor. Der Werkstoff brennt langsam mit gelber rußender Flamme, Rauchschwaden riechen süßlich. Die Wärmeleitfähigkeit beträgt

$$0{,}84 \frac{kJ}{m\ h\ grd}.$$

Eingesetzt wird Polyester als transparenter Baustoff und damit auch für die Herstellung von Gewächshäusern in selbsttragender Konstruktion. Wellplatten aus Polyester können für Überdachungen eingesetzt werden. Vielfache Anwendungsmöglichkeiten bieten sich für die Herstellung von Behältern und Sportgeräten.

Polystyrol

Beständig gegen schwache und starke Säuren (außer Salpetersäure) sowie Alkalien. Unbeständig gegen die meisten Lösungsmittel. Physiologisch unbedenkliche Typen sind herstellbar und handelsüblich. Polystyrol ist brennbar; Flamme leuchtend gelb und stark rußend; Geruch der Rauchschwaden nach Benzol, blumig, süßlich.

Polystyrol wird vorwiegend für die Herstellung von Massenartikeln eingesetzt. Als Schaumstoff wird Polystyrol für Wärmeisolation und für Verpakkungszwecke verwendet. Saat- und Pflanzgefäße werden ebenfalls aus diesem Material hergestellt. Vielfach verwendet dafür der Kleingärtner ausgediente Schaumpolystyrolverpackungen.

Polyvinylchlorid (PVC)

PVC wird in unterschiedlicher Härte hergestellt.

PVC-hart ist physiologisch unbedenklich; beständig gegen die meisten konzentrierten Säuren und Laugen; gegen wäßrige Säuren und Laugen nur bis kurz über 40 °C beständig;
unbeständig gegen Lösungsmittel.

PVC-weich ist nicht geruchs- und geschmacksfrei und damit nicht physiologisch einwandfrei. Die Beständigkeit liegt niedriger als bei den harten Typen.

Bei der Verbrennung von PVC-Materialien wird Salzsäure frei. Die Flamme ist grünlich gefärbt, die Rauchschwaden riechen stechend nach Salzsäure, wobei der eingesetzte Weichmacher den Geruch beeinflussen kann.

PVC ist ein Thermoplast, der in fast allen Zweigen der Industrie und Wirtschaft eingesetzt wird. Wir begegnen diesem Werkstoff in Form von Rohrleitungen, Dachrinnen, Folien, Profilen und vielen anderen Dingen.

Holz

Für den Kleingärtner hat der Werkstoff Holz immer noch große Bedeutung. Er findet vielfache Anwendung als Baustoff sowie für die Herstellung von Hilfsmitteln, die dem Gartenfreund unentbehrlich sind.

Mit einigen Bemerkungen sollen die vielfältigen Nutzungsmöglichkeiten dieses Naturproduktes angedeutet werden. Die scheinbare Unerschöpflichkeit der Natur hat uns gezeigt, daß sie auch Grenzen besitzt. Der jahrelange Raubbau an dem begehrten Werkstoff Holz zeigt uns heute die daraus gewachsenen Probleme mit unserer Umwelt. Ein sparsamer Umgang mit Holz sei uns deshalb oberstes Gebot.

Tabelle 2 enthält die verschiedenen einheimischen Holzarten, deren Eigenschaften und Verwendungsfähigkeit. Neben diesen Rohstoffen sind eine Reihe holzähnlicher und holzhaltiger Materialien entwickelt worden.

Da es sich bei Holz um ein Naturprodukt handelt, sind bei dessen **Verarbeitung** einige wichtige Hinweise zu beachten. Kein anderer Werkstoff ist in seinem Verhalten wohl so von der Feuchtigkeit abhängig wie Holz. Frisches Schnittholz schwindet während der Trocknung in der Länge bis zu 2 % und in der Breite bis zu 10 %. Bäume, die im Wachstumsprozeß eine Dre-

Tabelle 2 Holzarten, ihre Eigenschaften und Verwendungsmöglichkeiten (nach Binkowski)

Holzart	Eigenschaften	Verwendung
Kiefer	harzreich, mittelschwer, mittelhart, relativ wetterfest, spaltet leicht, mäßig biegsam und elastisch	Bauholz, Fußböden, Möbel, Türen, Fenster
Fichte, Tanne	weicher und leichter als Kiefer, elastischer und harzärmer; fäulnisanfällig, leicht splitternd und spaltend	Fußböden, Türen, Fenster, Treppen
Lärche	harzreicher, aber härter als Kiefer, elastisch, leicht, witterungsbeständig, härtestes und dauerhaftestes Nadelholz	Bauholz, für Möbel- und Bautischlerei
Eiche	hart, schwer und zäh; sehr beständig auch unter Einwirkung von Nässe; farbempfindlich gegen Metalle und deren Oxide	Parkett- und Stabfußböden, Türen, Türschwellen, Möbel, Furniere, Wasserbauten
Esche	schwer, hart und zäh; dauerhaft elastischer als Eiche, fäulnisfest	Werkzeugstiele, Sportgeräte
Rüster	der Eiche ähnlich, aber elastischer	Gestellteile an Sitz- und Liegemöbeln, Konstruktionsteile bei Tischlerarbeiten, Parkett- und Stabfußböden
Buche	festes, schweres und hartes Holz, arbeitet stark, wenig elastisch	Werkzeugstiele oder Werkzeuggriffe, Kleinteile in der Möbelindustrie
Pappel, Birke, Erle	weiches und leichtes Holz, witterungsunbeständig	Tapezierbretter, Zeichenbretter, Kisten, Schnittholz

Tabelle 3 Mechanische Kennwerte einiger wichtiger Holzarten (nach Vogel)

Holz	Dichte bei 15 % Feuchtigkeit kg/dm³	Härte MN/m²	Zugfestigkeit bei 12 % Feuchtigkeit MN/m²	Druckfestigkeit bei 12 % Feuchtigkeit MN/m²	Biegefestigkeit bei 12 % Feuchtigkeit MN/m²
Kiefer	0,52	39,2	102,0	53,9	98,0
Fichte	0,47	31,4	88,2	49,0	76,5
Pappel	0,45	33,2	75,5	34,3	63,7
Buche	0,72	70,6	132,4	60,8	122,5
Eiche	0,69	64,7	88,2	61,8	98,0
Erle	0,45	37,3	98,0	46,1	83,3

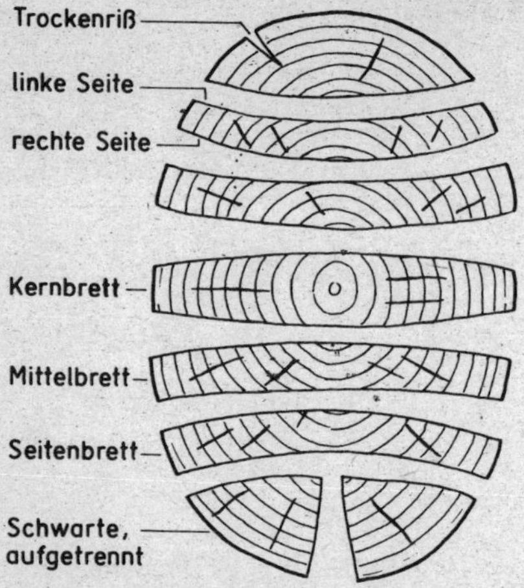

Abb. 14 Schwindrichtungen des Holzes an einem aufgeschnittenen Stamm (nach „Praktikus")

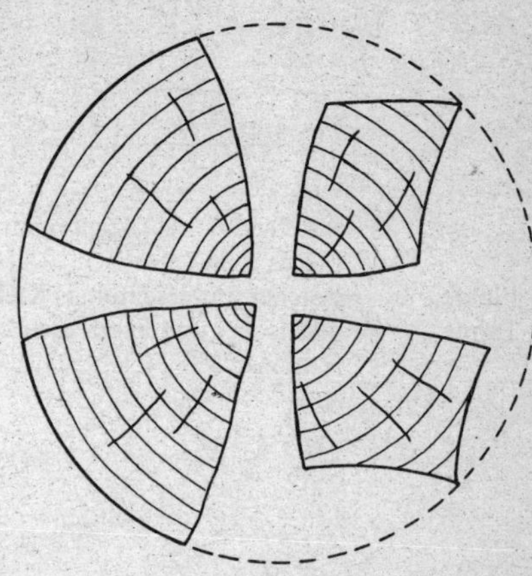

Abb. 15 Schwindrichtungen des Holzes beim Kreuzschnitt (nach „Praktikus")

hung vollzogen haben, vollführen diese Drehung ebenfalls bei der Trocknung des daraus geschnittenen Nutzholzes. Die Abbildung 14 zeigt, wie sich aus frischem Holz geschnittene Bretter nach dem Trocknen verwerfen. Durch Kreuzschnitt hergestellte Kanthölzer verhalten sich wie in Abbildung 15 dargestellt.

Bei der Verarbeitung dieses biologischen Werkstoffes muß deshalb beachtet werden, daß er genügend Spielraum erhält, um sich entsprechend den jeweils unterschiedlichen Bedingungen verhalten zu können. Holz im Kleingarten eingesetzt, unterliegt teilweise sehr extremen Witterungseinflüssen. Der Gartenfreund sollte sich deshalb darüber im klaren sein, daß beim Einsatz von Holz ein regelmäßiger Pflegeaufwand notwendig wird. Die leichte Verarbeitung ist es, die diesen Werkstoff im Garten unentbehrlich macht. Werkzeuge wie Säge, Hobel und Stemmeisen sind meist in jedem Garten vorhanden und ermöglichen bereits einfache Arbeiten mit diesem Werkstoff. Voraussetzung dafür ist, daß sie gut angeschliffen bzw. geschärft sind.

Sollen Einzelteile aus Holz zusammengefügt werden, so eignen sich dazu Nägel, Schrauben oder Leim je nach Verwendungszweck. Eine alte Methode besteht in der Verbindung der Holzteile mittels Holznägeln. Sie wird gegenwärtig noch dort genutzt, wo die Holzteile hoher Feuchtigkeit ausgesetzt sind.

Für den Bau von Frühbeeten, Folienzelten und Kleingewächshäusern sowie deren Ausrüstung sind relativ einfache Holzkonstruktionen anzufertigen. Es handelt sich dabei meist um Holzrahmen, Kisten oder Stellagen. Die hierzu notwendigen Verbindun-

Abb. 16 Verbinden von Holzteilen

gen von Holzeinzelteilen können wie in Abbildung 16 hergestellt werden. Eine nähere Beschreibung dieser Bauvorhaben erfolgt in den entsprechenden Kapiteln.

Ein wichtiges Problem bei der Verarbeitung und Anwendung von Holz sei noch erwähnt. Der Einsatz dieses Materials erfordert einen umfassenden Schutz vor schädlichen Bakterien, Pilzen oder Insekten. Ganz besonders im Garten ist die Gefahr einer Schädigung oder Zerstörung gegeben.

Zunächst muß unterschieden werden, ob es sich um bekämpfende oder vorbeugende Maßnahmen handelt. Die Methode der Bekämpfung kann sich natürlich in erster Linie nur auf Insekten beziehen. In Fäulnis übergegangenes Holz kann nicht mehr gerettet werden. Deshalb soll unser Augenmerk ganz besonders dem **vorbeugenden Holzschutz** gelten.

Frisches Schnittholz wird gewöhnlich nicht gleich verarbeitet, sondern zunächst zum Trocknen aufgestapelt. Hierbei wird vorausgesetzt, daß keine Reste von Borke und Bast am Holz verblieben sind. Kleine Mengen können zum Trocknen im Schuppen oder in ähnlichen, trockenen Räumen untergebracht werden. Größere Mengen Schnittholz sollten am besten im Freien gestapelt werden.

Der **Stapelplatz** sollte so ausgewählt werden, daß eine waagerechte Lagerung, die allseitig einer Luftbewegung ausgesetzt ist, gewährleistet werden kann. Hohe Bodenfeuchtigkeit soll nach Möglichkeit vermieden werden. Damit kein Spritzwasser das Holz beeinträchtigen kann, ist der Stapel mit einem Unterbau zu versehen (etwa 40 cm hoch). Er kann aus Steinen oder ähnlichen stabilen Materialien bestehen. Bretter werden so gestapelt, daß sie auf dem Unterbau vollkommen gerade aufliegen. Die Auflage auf dem Unterbau erfolgt in solchen Abständen, daß die Bretter nicht durch ihr Eigengewicht durchhängen. Je zwei Lagen werden durch Stapelhölzer

voneinander getrennt. Es ist dabei darauf zu achten, daß die Stapelhölzer immer übereinander aufgelegt werden. Die zu stapelnden Bretter sollten nach Möglichkeit keine großen Längenunterschiede aufweisen. Eine Stirnseite des Stapels wird auf jeden Fall bündig gehalten. Nach der letzten Lage wird eine Überdachung angebracht, die ein Eindringen der Feuchtigkeit von oben verhindert.
Frisch geschlagenes Holz benötigt mindestens ein Jahr, bis es eine brauchbare Holzfeuchte unter 30% aufweist. Hartholz trocknet wesentlich langsamer. Nach dem Trocknen können die Hölzer entsprechend ihrem Verwendungszweck verarbeitet werden. Sind die Einzelteile der Holzkonstruktion zugeschnitten, sollten wir eine holzschützende Oberflächenbehandlung vorsehen.
Holzschutzmittel sind ölige oder wasserlösliche chemische Erzeugnisse. Ölige Schutzmittel werden verarbeitungsfähig geliefert. Holzschutzsalze müssen vor der Verarbeitung in Wasser gelöst und nach Vorschrift verdünnt werden. Die Wirkung dieser Schutzmittel ist verschieden. Einige Holzschutzmittel besitzen eine komplexe Wirkung, d. h., sie schützen nicht nur vor holzzerstörenden Insekten, sondern geben Pilzen keinen Nährboden und wirken oft auch feuerhemmend. Viele Schutzmittel sind giftig und in die entsprechenden Giftabteilungen eingeordnet. In den Fachgeschäften, die mit solchen chemischen Erzeugnissen handeln,. kann sich der Gartenfreund beraten lassen. Die Behandlung des Holzes kann einmal im Tränkeverfahren und zum anderen durch Einstreichen erfolgen. Wichtig ist, daß das jeweilige Schutzmittel möglichst tief in das Holz eindringen kann. Eine vollständige Durchdringung kann nicht erzielt werden. Es ist deshalb zu beachten, daß Holz, welches nach der Holzschutzbehandlung bearbeitet wird, ungeschützte Stellen aufweist. Diese Angriffspunkte für Holzschädlinge müssen nachträglich behandelt werden, besser ist jedoch eine vollständige Behandlung nach vollendeter Verarbeitung. Holzschutz sollte nicht nur im eigenen Interesse durchgeführt werden, sondern er dient auch einem sparsamen Umgang mit diesem biologischen Grundstoff und liegt damit im volkswirtschaftlichen Interesse.

Metall

Die im Garten gebräuchlichsten Metalle sind Eisen bzw. Stahl und Aluminium. Ihre hohe Festigkeit räumt ihnen im Garten einen festen Platz ein. Die Palette der Anwendungsbeispiele reicht vom Gartengerät bis zur Stahlkonstruktion für ein Kleingewächshaus. Gegenüber den bisher genannten Werkstoffen erfordern die metallischen Materialien bei der Verarbeitung solche Werkzeuge, die der höheren Festigkeit entsprechen.
Die Festigkeitseigenschaften der **Baustähle** werden im wesentlichen von den Eisenbegleitern Kohlenstoff, Silizium, Mangan, Phosphor und Schwefel bestimmt.
Handelsüblich sind diese Materialien in Form von Walzstahlblech und verschiedenen Stahlprofilen (Abb. 17).
Profilmaterial ist besonders geeignet für Stahlleichtbaukonstruktionen. Die

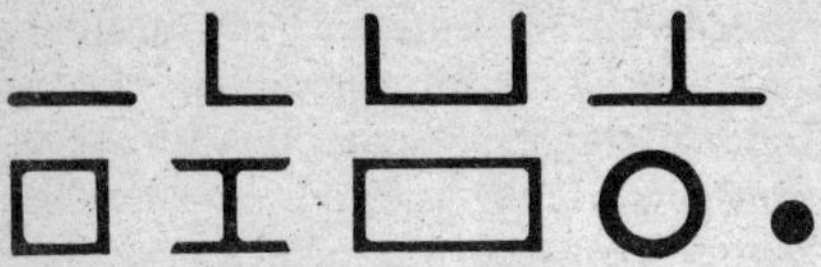

Abb. 17 Metallprofile

Rahmenkonstruktion für Kleingewächshäuser kann in einer solchen Bauweise hergestellt werden. Die einzelnen Bauteile können auf verschiedene Weise miteinander verbunden werden. Eine sehr feste Verbindung entsteht durch Verschweißen. Diese Methode hat den Nachteil, daß einmal nicht jeder die Möglichkeit besitzt, Schweißarbeiten auszuführen und zum anderen die so verbundenen Einzelteile nicht wieder gelöst werden können. Gute Verbindungen werden durch Verschrauben und Nieten erzielt. Auch Spezialkleber können verwendet werden.

Besonderes Augenmerk gilt auf Grund der Korrosion in Gewächshäusern der **Oberflächenvergütung.** Ein mehr oder weniger zeitlich begrenzter Schutz wird durch Feuerverzinken, Farbanstriche oder einen Plastüberzug erzielt. Für die Anwendung im Kleingarten müssen wir uns vor allem mit **Farbanstrichen** helfen. Da diese Oberflächenbearbeitung nicht sehr dauerhaft ist, machen sich regelmäßige Pflegearbeiten notwendig. Metallteile werden selten blank verarbeitet, und deshalb sollte vorher der anhaftende Rost gebunden werden. Dazu verwendet man am besten ein Penetriermittel, wobei blätternder Rost zu entfernen ist. Nach Trocknung dieser ersten Farbschicht können dann die folgenden Schichten Rostschutzfarbe und Lack aufgetragen werden. Penetriermittel ist kein Farbanstrich, der ohne weitere Farbüberzüge einen Oberflächenschutz gewährleistet.

Gegenüber Holz ist die hohe Festigkeit des Werkstoffes Stahl ausschlaggebend. Negativ wirkt sich dagegen die höhere Wärmeleitfähigkeit von Eisen aus. Die Kälte der Außenluft dringt schneller ein. An kalten Eisenteilen schlägt sich die Feuchtigkeit der Raumluft nieder. Diese Stellen sind dadurch besonders korrosionsgefährdet. Gegenüber von Stahlleichtbaukonstruktionen lassen sich aus **Aluminiumprofilen** in entsprechender Materialstärke ebensolche Konstruktionen herstellen. Sie haben den Vorteil, daß sich bei diesem Material die Korrosion nicht so stark auswirkt. Farbanstriche können entfallen bzw. einfach gehalten werden. Aus Aluminium werden ebensolche Profile hergestellt wie aus Stahl. Durch die leichtere Verarbeitung können weitaus kompliziertere Profile im Strangpreßverfahren gefertigt werden. Mit verschiedenen Legierungen erzielt man unterschiedliche Eigenschaften. Besonders wirkt sich das auf den Härtegrad und die Festigkeit des Materials aus.

Der Einsatz von Aluminiumprofilen beschränkt sich nicht nur auf Leichtbaukonstruktion für Gewächshäuser. Aus Aluminium-Rundprofilen können stabile Gerüste für transportable Folienzelte gefertigt werden. Bleche aus Aluminium werden für Traufkanten und ähnliche Verwendungszwecke verarbeitet. Auch Kleinteile stellt man aus Aluminiumguß her. Aus ökonomischen Erwägungen heraus wird Aluminium nur dort eingesetzt, wo es den Eigenschaften entsprechend sinnvoll ist. Der Ausgangsstoff für die Aluminiumherstellung ist das Bauxit, eine Aluminiumverbindung. Unter hohem Energieaufwand wird daraus das Reinaluminium gewonnen. Die relativ gute Korrosionsbeständigkeit ergibt sich dadurch, daß sich das Aluminium sofort mit einer Oxidschicht umgibt und diese einen guten Schutz vor weiterer Korrosion bietet.

Für die **Bearbeitung von Metallen** wird eine Mindestausrüstung an Werkzeug benötigt. Zum Trennen dieser Werkstücke wird eine Eisensäge verwendet. Das Sägeblatt ist gehärtet und kann selbst Stahl mittels Muskelkraft zersägen. Grobe und feine Feilen dienen der spanenden Formgebung, d. h., man kann damit Metallflächen bearbeiten. Werkstücke mit unebener oder gekümmter Fläche werden mit einer Feile paßgerecht gearbeitet. Scharfe Kanten werden mit diesem Werkzeug entgratet. Bei Aluminium oder anderen weichen Werkstücken ist darauf zu achten, daß Feilen mit großer Hiebweite verwendet werden, da sie sich sonst zusetzen würden. Es ist auch ratsam, die Feilen, wenn es erforderlich wird, mit einer Drahtbürste zu reinigen.

Sollen Metallteile miteinander verbunden werden, so geschieht das meist mit einer Schraub- oder einer Nietverbindung. Dazu ist es erforderlich, daß Bohrungen angebracht werden. Verfügt der Kleingärtner nicht über eine elektrische Handbohrmaschine, so genügt meist auch eine einfache Bohrmaschine mit Handbetrieb. Metallbohrer sollten in einem entsprechenden Sortiment vorhanden sein. Eine Schleifscheibe mit Hand- oder Elektroantrieb ist erforderlich, um die Bohrer bei Bedarf anzuschleifen. Sie wird auch für das Schärfen der Werkzeuge zur Holzbearbeitung benötigt.

Das Verschrauben von Werkstücken erfordert weitere Werkzeuge. Für Schrauben mit Schlitzkopf werden Schraubendreher (Schraubenzieher) in mehreren Größen benötigt. Muttern und Schrauben mit einem Sechskantkopf betätigt man mit einem Schraubenschlüssel in der jeweiligen Abmessung. Es ist sinnvoll, einen handelsüblichen Satz Maulschlüssel dem Werkzeugbestand hinzuzufügen. Neben diesen Schlüsseln mit feststehenden Schlüsselweiten sollte auch noch ein verstellbarer Schraubenschlüssel vorhanden sein.

Da es sich bei den Metallarbeiten meist um Arbeiten handelt, zu denen beide Hände benötigt werden, sollte eine Vorrichtung vorhanden sein, mit der das Werkstück festgehalten werden kann. Ein kleiner bis mittlerer Schraubstock ist für diesen Zweck ausreichend. Ist aus Platzgründen keine Werkbank vorhanden, so wird sicher ein Tisch oder eine andere Möglichkeit gefunden, um den Schraubstock zu befestigen.

Zum Betätigen von Rohrschraubverbindungen wird eine Rohrzange benötigt. Im Werkzeugbestand sollten neben einer Rohrzange weitere verschiedene Zangen enthalten sein.

Voraussetzung für genaues Arbeiten sind geeignete Meßmittel. Neben Gliedermaßstab, Stahlmaß und Meßschieber werden Reißnadel und Stechzirkel zum genauen Anzeichnen benötigt. Die Werkzeuge, besonders die Meßmittel, müssen vor Feuchtigkeit geschützt untergebracht werden. Bei guter Pflege kann eine lange Nutzungszeit erzielt werden.

Steine und Beton

Steine sind Baustoffe, die dem Erdreich am nächsten stehen. Wo sich im Garten der Einsatz von Steinen anbietet, sollte man sie auch verwenden. Voraussetzung ist natürlich, daß sie in der näheren Umgebung zu beschaffen sind und kein hoher Transportaufwand notwendig wird. Die verschiedenen Arten von **Natursteinen** sollten zweckentsprechend verwendet werden. Für den Garten eignen sich z. B. Sandstein, Granit, Gneis, Porphyr, Quarzfels und Kalkstein.

Vielfach werden Natursteine als Gestaltungsmittel im Garten eingesetzt. Mauern, die Teile des Gartens voneinander trennen, können sowohl mit Zementmörtel aufgesetzt und verfugt als auch trocken übereinander aufgebaut werden. Die Fugen der Trockenmauer bepflanzt man am besten mit dafür geeigneten Steingartenpflanzen. Eine solche Mauer erhält dadurch ein lebendiges Aussehen.

Für den Bau von Kleingewächshäusern und anderen Garteneinrichtungen werden ebenfalls Steine benötigt. In erster Linie verarbeitet man sie in der Grundmauer, um somit dem Bauwerk die nötige Festigkeit zu geben. Sie verhindern auch, daß sich die Grundmauer mit Feuchtigkeit vollsaugt und der Frost sie zerstören kann. Oft wird eine Giebelseite des Gewächshauses gemauert. Hierzu wird man selten Natursteine verwenden, es sei denn, es handelt sich um einen Wintergarten oder eine mit Glas überdachte Terrasse. Besser geeignet sind **Ziegel** oder andere künstlich hergestellte Steine. Die Vielfalt dieser Baumaterialien ist groß. Ihre Palette reicht vom einfachen Ziegel aus gebranntem Lehm über Kalksteinziegel, Gasbetonsteine und Hohlblockziegel aus einem Gemisch von Schlacke und Zement bis hin zu Schmucksteinen, denen zur Oberflächenvergütung Plastmaterialien beigemengt sind.

Der Einsatz dieser Baumaterialien richtet sich weitgehendst nach dem jeweiligen Bauobjekt. Eine Trennwand, die auch nur diese Funktion besitzt, kann mit Bausteinen geringerer Festigkeit ausgeführt werden. Dagegen bedarf der Bau eines Schornsteines oder einer Heizungsanlage der Verwendung von Steinen, die den Temperaturanforderungen gerecht werden. Tragende Wände werden im eingeschossigen Bau im Kleingarten nur insofern vorkommen, daß Dachkonstruktionen aufliegen. Hier sollte auch auf eine höhere Festigkeit der Bausteine geachtet werden.

Besonders für Mauergiebel in Gewächshäusern können auch **Glasziegel** eingesetzt werden. Sie besitzen die notwendige Festigkeit und sind gleichzeitig lichtdurchlässig. Sie können ebenso mit Mörtel verarbeitet werden wie alle übrigen Bausteine. Damit innerhalb des Mauerwerkes der Ziegelverband nicht gestört wird, werden diese Glassteine auch in halben Größen im Handel angeboten.

Kunststeine werden nicht nur als

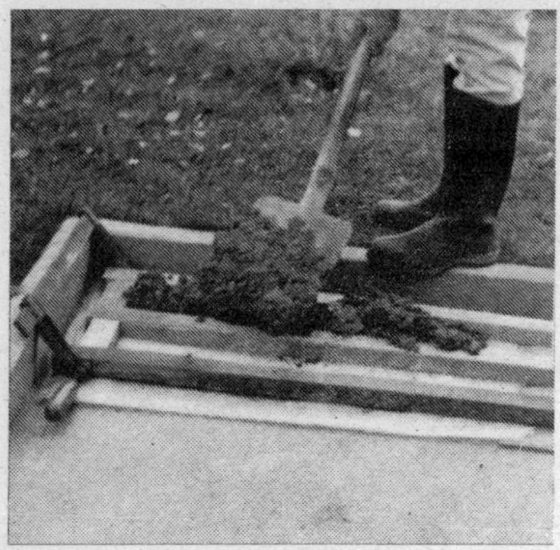

Abb. 18 Füllen der Form mit Stampfbeton

Abb. 19 Abziehen der Oberfläche mit einem Reibebrett

Mauersteine angeboten. Es werden auch **Platten** in verschiedenen Abmessungen hergestellt, die unter anderem als Gehwegplatten oder Bordsteine Verwendung finden können. Im Gewächshaus ist es sinnvoll, mit solchen Platten einen schmalen Weg auszulegen, um ein sauberes Arbeiten zu ermöglichen. Wenn diese Platten nicht fest verlegt sind, dann können sie für die Bodenbearbeitung herausgenommen werden.

Die Verwendung von geschliffenen Kunststeinplatten ist sinnvoll, wenn sie fest in einem Mörtelbett verlegt werden. Ein solcher Weg, der noch von schmalen Bordplatten begrenzt ist, läßt sich gut sauberhalten.

Betonplatten für den Gehweg oder als Seitenteile eines Frühbeetes können mit geringem Aufwand selbst hergestellt werden. Am besten wird dazu eine Holzform in den jeweiligen Abmessungen gefertigt, die mit **Stampfbeton** gefüllt werden kann. Sie muß eine solche Stabilität aufweisen, daß sie sich durch den Beton nicht auseinanderdrücken läßt. Stampfbeton wird nur feucht gemischt und anschließend in der Form gestampft. Die Oberfläche zieht man mit einem Brett ab und verreibt diese mit dem Reibebrett.

Die Betonmischung sollte für hohe Ansprüche in einem Verhältnis von 1:3 hergestellt werden. Das bedeutet, für drei Teile Sand oder Kies wird ein Teil Zement benötigt. Eine fettigere Mischung weist keine höhere Festigkeit auf. Mit weniger Zement wird bis zu einem Verhältnis von 1:8 noch Festigkeit erzielt. Im Interesse der Sparsamkeit soll das Mischungsverhältnis nur soviel Zement enthalten, wie unbedingt notwendig. Für freitragende, armierte Betonteile ist ein Gemisch zu wählen, welches fettiger ist als 1:5. Neben dem Zement selbst spielt auch der Sand in seiner Qualität eine große Rolle. Sand wird mit verschiedener Körnung im Handel angeboten. Je nach Einsatz sollte die richtige Körnung gewählt werden. Es ist beim

Tabelle 4 Übersicht der Mischungsverhältnisse (nach „Praktikus")

Mörtelart	Zuschlagstoffe Teile	Bindemittel Teile	Anwendungsbereich
Kalkmörtel	4 Sand	1 Kalk	einfaches Mauerwerk
Kalkmörtel	2–3 Sand	1 Kalk	Putz
Kalkgipsmörtel	4–6 Sand	1,5 Kalk 0,5 Gips	Deckenputz
Zementmörtel	4–6 Sand	1 Kalk 1 Zement	Pfeiler Schornsteinköpfe
Zementmörtel	3 Sand	1 Zement	wasserdichte Bauteile, stark belastete Teile
Zementmörtel	2–3 Sand	1 Zement	Fugen, stark wetterbelasteter Außenputz
Kalkzementmörtel	8 Sand	2 Kalk 1 Zement	einfache Fundamente
Kalkzementmörtel	8–10 Sand	1 Kalk 1 Zement	Außenunterputz

Sand auch darauf zu achten, daß dieser sauber ist und vor allem keine erdigen oder organischen Verunreinigungen aufweist. Auf Grund gleicher Ausdehnungskoeffizienten kann zur weiteren Erhöhung der Festigkeit im Beton Eisen eingelassen werden.

Sonstige Materialien und Hilfsmittel

In den vorangegangenen Abschnitten wurden die wichtigsten Baumaterialien beschrieben, die allgemein im Garten und speziell für den Bau und die Nutzung von Frühbeeten, Folienzelten und Gewächshäusern benötigt werden. Darüber hinaus gibt es noch eine ganze Reihe anderer Materialien und Hilfsmittel, die in dem einen oder anderen Fall verwendet werden. Einen besonderen Platz nehmen dabei die **Lacke** und **Farben** ein. Ohne sie ist jedes Bauwerk und jede Konstruktion unvollkommen. Die Oberflächen werden damit veredelt und erhalten ein angenehmes Äußeres. Wie angenehm die äußere Gestaltung wird, hängt natürlich sehr von dem persönlichen Empfinden und Geschmack des Gartenfreundes ab. Wir wollen uns in unserem Garten wohl fühlen und Freude an unserer Arbeit empfinden. Farben tragen wesentlich dazu bei und beeinflussen unser Empfinden. Eine harmonische Abstimmung der Farben sollte vor Beginn unserer Bautätigkeit eine Überlegung wert sein.

Aber nicht nur die Farben selbst sind es, die uns interessieren. Die Haltbarkeit der Farbanstriche ist auch wesentlich von der Zusammensetzung der Farben abhängig. Bedeutung haben dabei insbesondere die Bindemittel. Seit vielen Jahren wird Öl, besonders Leinöl, für diesen Zweck eingesetzt. In den letzten Jahren wurden neue Farbanstriche für die verschiedenen

Einsatzgebiete entwickelt. Die derzeit bekanntesten Anstrichstoffe sind die Alkydharz- und Nitrofarben. Außerdem gehören auch die Latexfarben auf PVAC-Basis dazu. In letzter Zeit wurden weitere Anstrichstoffe mit hohem Gebrauchswert entwickelt. Neben den schon seit einiger Zeit bekannten Polyurethanfarben, mit denen hochwertige Oberflächenveredlungen erzielt werden können, wurden neue Korrosionsschutzfarben entwikkelt. Diese CPVC-Farben gewährleisten einen guten Korrosionsschutz für Eisen- und Stahlteile. Sie trocknen sehr schnell und lassen sich leicht verarbeiten.

Auf der Verpackung wird darauf hingewiesen, ob die jeweilige Farbe für Außen- oder Innenanstriche geeignet ist. Bei verschiedenen Farben ist darauf zu achten, daß die Farbe in mehreren Schichten aufgetragen wird. Dazu wird eine speziell dafür hergestellte Grundfarbe verwendet, die man nach dem Abtrocknen mit einer Lackschicht überzieht. Bei Außenanstrichen auf Eisen oder Stahl ist zuvor ein Rostschutzmittel zu verwenden. Der Untergrund ist in jedem Fall gründlich vorzubereiten. Rost ist zu entfernen. Metallisch blanker Untergrund ist eine gute Voraussetzung für die Haltbarkeit. Sind die Metallteile angerostet (kein Blätterrost), dann kann der Rost auch mit einem Penetriermittel chemisch gebunden werden. Der weitere Aufbau der Farbschichten erfolgt in der gleichen Reihenfolge wie bisher.

CPVC-Korrosionsschutzfarbe wird auf trockenen, sauberen, fett- und wachsfreien, eventuell angeschliffenen Untergrund aufgetragen. Öl- oder Alkydharz-Anstriche sowie Penetriermittel können erst nach einem Jahr überstrichen werden. Rostiger Untergrund wird nach Entfernen des Blätterrostes mit Ferrodit E24 behandelt.

Holz ist vor einem Farbanstrich ebenfalls vorzubereiten. Außer bei Verwendung von Latex-Farben muß das Holz gut getrocknet sein. Die Haltbarkeit von Holz- oder Kunstharzanstrichstoffen wird durch eine Vorbehandlung mit Halböl oder Leinölfirnis erhöht. Je tiefer das Öl eindringt, um so haltbarer wird der Farbanstrich. Besonders wichtig ist diese Behandlung dann, wenn farblose Lacke verwendet werden, um die Holztönung zu erhalten. Im Handel werden eine Reihe verschiedener Holzschutzmittel und Lasuren angeboten, mit denen ein noch besserer Effekt erzielt werden kann. Es ist empfehlenswert, sich für den jeweiligen Anwendungsfall und Werkstoff vom Fachmann beraten zu lassen.

Für das Gelingen der Malerarbeiten ist nicht nur die Farbe ausschlaggebend, sondern auch das **Werkzeug**, mit dem die Farbe aufgetragen wird. Der Pinsel ist wohl das wichtigste Werkzeug für den Maler. Da Pinsel in verschiedenen Formen und Größen hergestellt werden, suchen wir uns je nach Arbeitsaufgabe den richtigen Pinsel aus. Für große Flächen wird ein Ringpinsel oder eine Streichbürste verwendet. Schmale Kanten oder Ecken werden am besten mit einem Flachpinsel gestrichen. Für schwer zugängliche Stellen ist ein Winkel- oder Heizkörperpinsel gut geeignet. Größere Flächen können auch mit etwas Geschick mit

einer Malerrolle bearbeitet werden. Verfügt ein Gartenfreund über einen Kompressor mit Farbspritzpistole, dann lassen sich besonders gute Oberflächen erzielen.
Bei der Arbeit mit PUR-Farben ist darauf zu achten, daß der Spritznebel nicht eingeatmet wird. Die Spritzpistole und auch die übrigen Malerwerkzeuge sind gründlich zu reinigen. PUR-Farbe läßt sich, nachdem sie ausgehärtet ist, nicht wieder lösen. So verunreinigte Werkzeuge sind dann unbrauchbar geworden. Beim Umgang mit Lösungsmitteln ist Vorsicht geboten. Sie sind meist feuergefährlich und beeinträchtigen die Gesundheit, wenn sie in bestimmter Konzentration eingeatmet werden.
Das trifft auch auf andere chemische Erzeugnisse zu, zum Beispiel Holzschutzmittel oder verschiedene Kleber. Holzschutzmittel enthalten teilweise neben Lösungsmitteln Wirk- und Giftstoffe, die sich bei unsachgemäßer Handhabung ebenfalls gesundheitsschädlich auswirken können. Ängstlich braucht man jedoch nicht zu sein, wenn die Gebrauchsanweisung eingehalten wird.
Leim und **Kleber** sind in verschiedenen Zusammensetzungen und für unterschiedliche Anwendungsfälle entwickelt worden. Die meisten Klebstoffe werden auf Basis verschiedener Plastgrundstoffe hergestellt. Für einige Plastmaterialien ist der dazu passende Kleber im Angebot.
Für Holz und holzartige Materialien sind Holzkaltleime auf PVAC-Basis erhältlich. Sie sind wie Latex-Farben mit Wasser verdünnbar, lassen sich aber, nachdem sie ausgehärtet sind, nicht wieder mit Wasser lösen oder auswaschen. Vorteilhaft ist hierbei, daß das Holz nicht unbedingt trocken sein muß. Will man schmale Bretter an den Schmalseiten zusammenleimen, dann kann dieser Kaltleim Verwendung finden. Voraussetzung ist natürlich, daß die Bretter glatt gehobelt sind und gut zusammenpassen. Holz kann aber auch mit Tischlerleim, den man vorher im Wasserbad erhitzen muß, verarbeitet werden. Im Handel ist er als Perlleim erhältlich.
Weitere Kleber ermöglichen das Kleben von Metallteilen, Keramik, Glas und anderen Materialien.
Neben diesen Hilfsmitteln benötigen wir für die Einrichtung unseres Gewächshauses **Installationsmaterial** für den Elektro- und Wasseranschluß. Sinnvoll ist auch die Beschaffung von zwei kleinen **Gerüstböcken**, die etwa eine Höhe von einem Meter haben sollten. Sie können für den Gewächshausbau, mit Gerüstbohlen versehen, eine sichere Arbeitsfläche ergeben. Aber auch als Arbeitstisch sind sie geeignet, da meist im Garten die eigene Werkstatt fehlt.
In Kleingartenanlagen ist es nicht unbedingt erforderlich, daß jeder Gartenfreund über einen umfangreichen Werkzeugbestand verfügt. Hier kann innerhalb der Sparte eine zentrale Werkstatt mit Werkzeugausleihe aufgebaut werden. Die Werkzeuge, die nicht so oft benötigt werden, oder solche, die einen höheren Wert besitzen, sollten für die zentrale Ausleihe vorgesehen werden. Da in einer Kleingartensparte sicher auch Mitglieder sind, die in den verschiedenen Gewerken tätig sind, kann die Gemeinschaftsar-

beit weiter ausgebaut werden. Es können Vorträge organisiert werden, die den übrigen Mitgliedern der Sparte Hinweise für ihre Bautätigkeit geben, und es kann auch gegenseitige praktische Hilfeleistung vereinbart werden.

Das Frühbeet

Konstruktive Ausführung und Bau stationärer Frühbeete

Frühbeete werden genutzt, um die Vegetationsperiode von Gemüse zu verlängern, d. h., es wird darin Frühgemüse angebaut, es werden Jungpflanzen für das Freiland herangezogen, und im Spätherbst kann die Erntezeit verlängert werden. Verschiedene Gemüsearten oder Kräuter überwintern und können teilweise auch im Winter geerntet werden.
Das Wichtigste am Frühbeet ist die **lichtdurchlässige Abdeckung** des Pflanzenbestandes, die meist aus Glas besteht. Demzufolge wäre bereits ein rechteckig ringsherum aufgeworfener Erdwall, dessen Innenfläche mit einer Glasscheibe abgedeckt wird, ein einfaches Frühbeet.
Wer sich dazu entschließt, ein Frühbeet in seinem Garten aufzustellen, der muß sich darüber im klaren sein, daß gegenüber dem Freilandanbau zusätzliche, teilweise täglich notwendige Arbeiten erforderlich werden. Es sind unbedingt die Zeiten für das Gießen, Lüften und bei großer Sonneneinstrahlung das Schattieren einzuhalten. Können diese Arbeiten nicht in vollem Umfang erledigt werden, so muß man auch mit einem geschmälerten Ergebnis rechnen. Sind diese Voraussetzungen gegeben, können wir uns überlegen, welcher Bauform wir den Vorzug geben.
Wie einfach ein Frühbeet sein kann, wurde bereits gesagt. Wir wollen uns zunächst jedoch mit der etwas stabileren Ausführung beschäftigen. Da es sich um ein stationäres Frühbeet handelt, d. h., der **Standort** wird für mehrere Jahre beibehalten, müssen wir uns gründlich überlegen, an welcher Stelle im Garten der Platz dafür vorgesehen werden soll. Eine Grundvoraussetzung ist, daß der ausgewählte Platz nicht durch Bäume, Sträucher oder Bauwerke beschattet wird. Niedrige Gehölze sollen nach Möglichkeit etwa 3 bis 4 m entfernt sein. Die Nordseite sollte eventuell durch eine Hecke oder ähnliche Bepflanzung Windschutz erhalten. Die Südseite einer Laube, eines Schuppens oder eines Wohnhauses kann ebenfalls eine solche Schutzmöglichkeit darstellen, wenn die Sonneneinstrahlung nicht beeinträchtigt wird.
Das Frühbeet selbst hat meist die Form eines Rechtecks, und die Glasabdeckung ist nach einer Seite geneigt. Diese Form der Frühbeete wird am besten mit den Längsseiten in Ost-West-Richtung und der Fensterneigung nach Süd aufgestellt. Das Doppelfrühbeet, oder auch Doppelkasten genannt, besitzt zwei Scheiben mit entgegengesetzter Neigung. Diese Kästen werden am günstigsten mit dem Mittelholm in Nord-Süd-Richtung aufgestellt. Die Fensterneigung zeigt dabei jeweils nach Ost und nach West. Bei Hanglagen ist der Südhang für einen Doppelkasten günstig. Nordlage vermindert die Sonneneinstrahlung durch den flacheren Einstrahlungs-

Abb. 20 Stationäres Frühbeet aus Betonfertigteilen

winkel. Ein einfacher Kasten mit Glasneigung nach Süden erfüllt in diesem Fall eher die Anforderungen der Pflanzen an die Sonneneinstrahlung.

Die Lage im Garten sollte außerdem zweckmäßig sein, und das Frühbeet muß sich in die übrige Gestaltung des Gartens einfügen. Eine richtige Gartenplanung ist demzufolge sinnvoll.

An den Boden im Frühbeet werden hohe Anforderungen gestellt, da er intensiv genutzt wird. Es sind deshalb unbedingt Bodenverbesserungsmaßnahmen notwendig. Beachtenswert ist der Stand des Grundwasserspiegels. Liegt er höher als 1 m, so besteht die Gefahr, daß er nach hohen Niederschlägen steigt und besonders im Winter und Frühjahr eine zusätzliche Abkühlung für das Frühbeet bringt. Werden Pflanzen in solchen Frühbeeten überwintert, so kann sich die hohe Bodenfeuchtigkeit nachteilig auswirken.

Liegt der Standort des Frühbeetes fest, muß über seine Größe entschieden werden und darüber, ob wir einen **einfachen** oder einen **Doppelkasten** bevorzugen. Sind die Fenster zum Abdecken vorhanden, dann richtet sich die Breite des Frühbeetes nach der Länge und die Kastenlänge nach der Anzahl der vorhandenen Fenster. Eine günstige Flächennutzung ermöglicht ein Doppelkasten. Dazu benötigt man dementsprechend die doppelte Anzahl Fenster, erzielt aber eine größere Arbeitsbreite im Beet selbst. Bei der Bearbeitung kann es natürlich dann auch vorkommen, daß es nur schwer möglich ist, den mittleren Streifen zu erreichen. Hier kann man sich helfen, indem man ein Laufbrett hineinlegt, von dem aus bequem die gesamte Fläche erreichbar ist. Beim Bepflanzen kann auf diesem Brett auch gekniet werden.

Sind **Holländerfenster** vorhanden, so bedecken diese eine Fläche von 150 cm × 80 cm. Sie bestehen aus einer gerahmten Scheibe und bieten

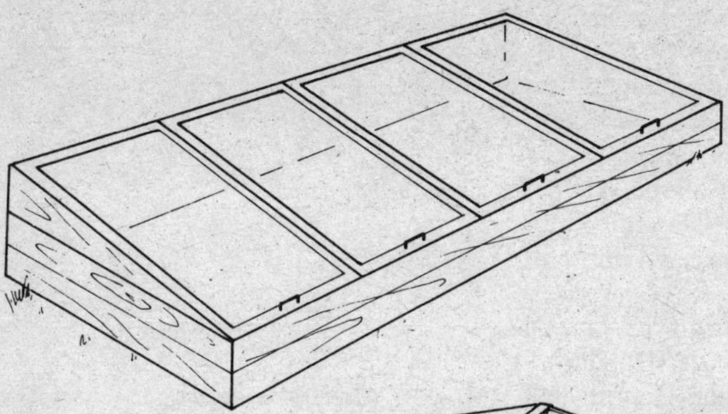

Abb. 21 Einfacher Frühbeetkasten

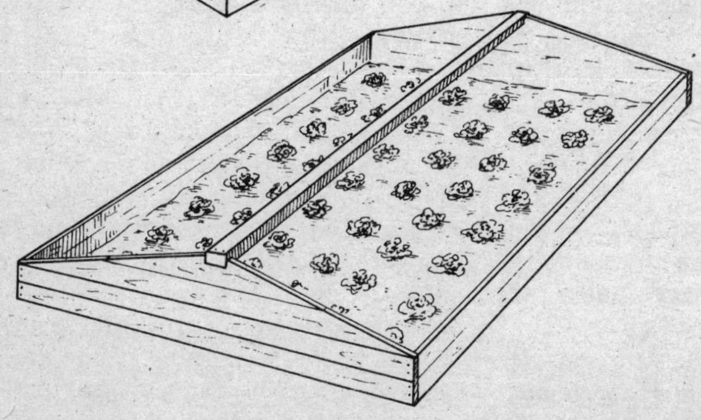

Abb. 22 Doppelkasten

den Pflanzen gute Lichtverhältnisse. Teilweise werden auch andere Fenstertypen für Frühbeete verwendet. Sie besitzen andere Abmessungen, und die Scheiben sind mit Sprossen geteilt. Hierzu werden nur kleine Scheiben verwendet, und es können beim Verglasen auch Reststücke verarbeitet werden. Der Vorteil besteht darin, daß bei Glasbruch keine großen Scheiben ausgewechselt werden müssen.

Vielfach verfügt der Gartenfreund über Fenster, die bei der Modernisierung von Wohngebäuden angefallen sind. Da diese Fenster für einen ursprünglich anderen Zweck hergestellt wurden, bereitet es uns zunächst einige Schwierigkeiten, sie für unsere Belange umzuarbeiten. Sie waren bisher senkrecht eingebaut, und das Regenwasser konnte über den Wetterschenkel gut ablaufen. In der Schräglage darf sich das Wasser am Wetterschenkel nicht stauen. Man sollte überprüfen, ob der Wetterschenkel nicht völlig entfernt werden kann, damit das Wasser über die verbleibende Kante abfließen kann. Ist das nicht möglich, dann müssen Bohrungen angebracht werden, die den Wasserstau verhindern. Werden komplette Fenster mit Rahmen verwendet, dann wird, die Innenseite nach oben, der äußere Rahmen am besten fest mit dem Kasten verbunden. Damit kann der Kasten dicht verschlossen werden.

Zum Lüften öffnen wir die Fenster wie in einem Wohnraum.
Sind keine Fenster vorhanden, so müssen wir uns diese selbst herstellen. Bei Einscheiben-Verglasung sollte die Glasstärke größer sein als bei kleineren Flächen. Es kann Glas mit einer Stärke von 2,5 mm bis etwa 4 mm eingesetzt werden.
Günstig ist es, wenn wir uns große Scheiben in der Größe der Holländerfenster kaufen können. Hierzu läßt sich relativ einfach ein **Rahmen** selbst herstellen. Man verwendet dazu am besten stark harzhaltiges Holz. Latten aus Kiefernholz dürften sich sehr gut für diesen Zweck eignen. Latten mit einem Querschnitt von etwa 40 × 40 mm bis 50 × 50 mm werden für diese Fensterrahmen verarbeitet. Daraus schneidet man jeweils zwei Längen von 150 cm und 80 cm.
Die eine Schmalseite wird in der Stärke um etwa 12 mm abgehobelt, oder es wird gleich eine dementsprechend schwächere Leiste verwendet. Die übrigen drei Kanthölzer werden für die Glasaufnahme mit einer Nut versehen, wie das in Abb. 23 dargestellt ist. Um diese Arbeit ausführen zu können, benötigt man einen Nutfräser. Der Gartenfreund, der nicht diese maschinelle Bearbeitung ausführen kann, hilft sich, indem er dünne

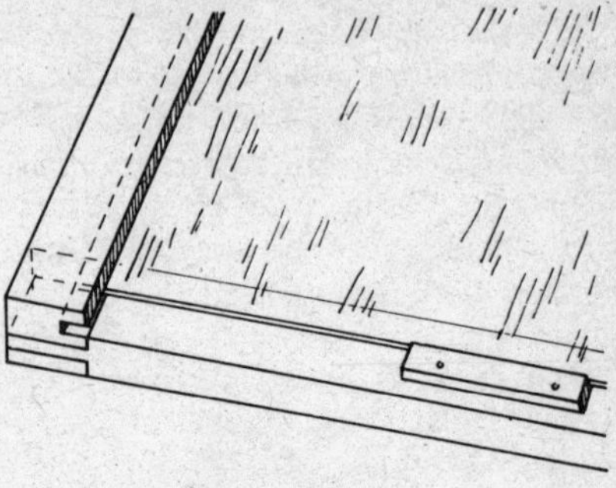

Abb. 23 Eckverbindung und Scheibensicherung

Leisten übereinander leimt, wie das die Abb. 24 im Querschnitt zeigt. Alle 30 cm kann die Haltbarkeit der Leimstellen mit einem Nagel unterstützt werden. Das Leimen selbst bereitet wenig Schwierigkeiten. Holzkaltleim auf PVAC-Basis wird gleichmäßig auf die Leimstelle aufgetragen. Die erste Leiste wird leicht angedrückt und der Leim für die nächste aufgetragen. Liegen die Leisten ordentlich übereinander, dann können sie mit zwei bis drei Schraubzwingen zusammengedrückt werden. Es ist dabei darauf zu achten, daß in der Nut kein Leim hervorquillt und die Nut versetzt.
Zur Herstellung stabiler **Eckverbindungen** des Rahmens ist es am günstigsten, wenn die Leisten verzapft werden. Dazu schneidet man an den

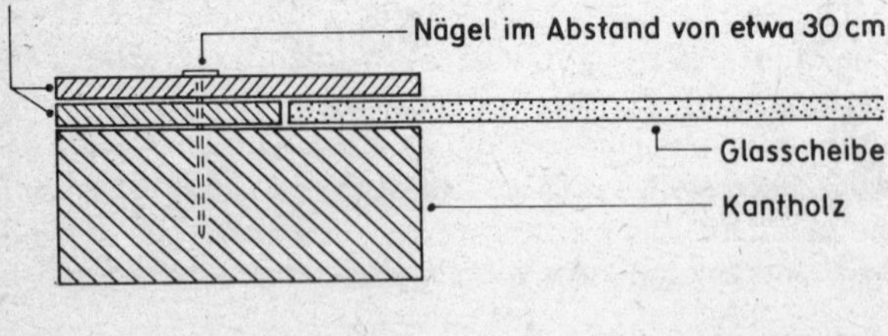

Abb. 24 Behelfsmäßige Herstellung der Nut zur Scheibenaufnahme

kurzen Latten beidseitig Zapfen, und die Längslatten erhalten die passenden Schlitze. Diese Verbindung muß sehr sauber ausgeführt werden. Erst wenn alle Teile zurechtgeschnitten und entsprechend vorbereitet sind, können die Ecken verleimt werden.

Die Latten legt man dazu auf einen Tisch, streicht die zu verleimenden Stellen mit Holzkaltleim ein und schiebt sie zusammen. Es muß jetzt darauf geachtet werden, daß die Latten alle im rechten Winkel zueinander stehen. Sind die Diagonalen gleich lang, so sind alle Winkel gleich. Nun können die Ecken mit Schraubzwingen fest an den Tisch gedrückt werden. Die Winkel dürfen sich dabei nicht verschieben. Nach 24 Stunden sind die Klebestellen ausgehärtet und können belastet werden.

Mit einem Glasschneider wird das Glas so zugeschnitten, daß es sich bequem in den mit einer beidseitigen Nut versehenen Rahmen einschieben läßt. Günstig ist, wenn man etwas Spielraum zwischen Glas und Holz einrechnet. Da dieser Rahmen nach unten hin keine Nut besitzt, muß ein Herausrutschen der Scheibe mit einer Sicherung verhindert werden. Wie die Abb. 23 zeigt, genügt es, wenn ein Stück Leiste aufgenagelt wird.

Zu beachten wäre noch, daß das für die Herstellung der Frühbeetfenster verwendete Holz gut gelagert ist. Verwerfungen des Holzes spielen bei den Frühbeetfenstern eine große Rolle, sie können durch gute Auswahl der Holzleisten gering gehalten werden.

Wenden wir uns nun dem eigentlichen Kasten zu. Die Überlegung, welchem Material der Vorzug gegeben wird, ist im wesentlichen davon abhängig, welche Fertigkeiten der Gartenfreund besitzt bzw. was beschaffbar ist. Sehr einfach ist eine Ausführung aus harzreichem Holz. Die Stärke der Bretter müßte etwa 30 mm betragen.

Die Breite der Bretter richtet sich nach der Art des Frühbeetes. Beabsichtigen wir, einen kalten Kasten zu bauen, dann genügt es, wenn der Ka-

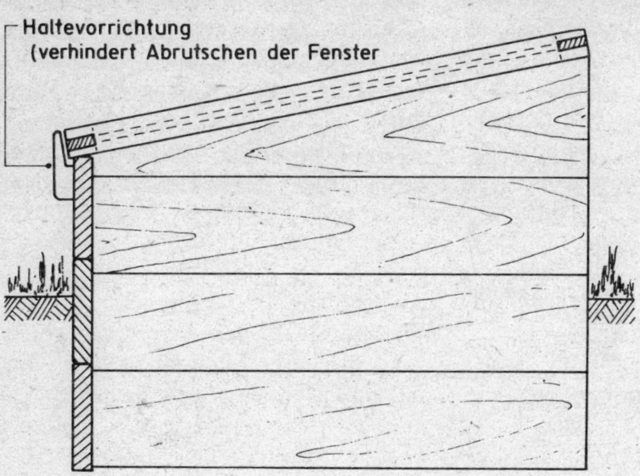

Abb. 25 Frühbeetkasten mit aufgelegtem Fenster und Haltevorrichtung

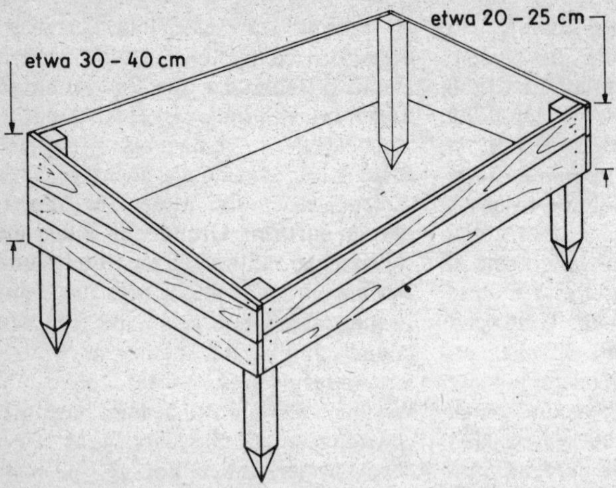

Abb. 26 Eckverbindung beim Frühbeetkasten aus Holz

sten auf dem Erdreich aufsitzt und lediglich an den Ecken eine Verankerung angebracht wird. Bei einem gepackten Mistbeet ist es dagegen erforderlich, daß für den Kasten eine Tiefe von etwa 50 cm ausgeschachtet wird. Die Bretter des Kastens brauchen nicht so breit zu sein, es sollte aber bedacht werden, daß eine angemessene Breite unliebsamen Besuchern in der Erde den Weg versperrt. Über dem Erdreich sollte die nach Süden gerichtete Seite etwa 20 bis 25 cm und die gegenüberliegende Längsseite etwa 30 bis 40 cm breit sein. Die Schmalseiten verbinden bündig die beiden unterschiedlichen Höhen der Längsseiten. Die Länge und Breite der Bretter muß gewährleisten, daß die vorhandenen Fenster vollständig die Öffnung des Kastens abdecken und möglichst dicht schließen.

Die gewünschte Brettbreite erzielt man durch das Zusammenfügen einzelner gefugter Bretter. Die Ecken werden mit senkrecht in die Erde geschlagenen Kanthölzern verbunden (Abb. 26). Es empfiehlt sich, wenn alle 1 bis 1,5 m an den Längsseiten ebenfalls solche Kanthölzer eingeschlagen werden. Sie geben dem Kasten eine zusätzliche Stabilität.

Alle Holzteile müssen gründlich imprägniert werden. Es dürfen aber nur solche Holzschutzmittel Anwendung finden, die für die Pflanzen völlig unschädlich sind. Der Schutz sollte sich in erster Linie gegen die Einwirkung von Feuchtigkeit und den Angriff schädlicher Pilze richten. Das Schutzmittel läßt man am besten in einem Trog, in den die Hölzer gelegt werden, in das Holz einwirken. Die vom Herstellerwerk beigelegte Verarbeitungsvorschrift ist unbedingt einzuhalten.

Anstelle von Holz kann auch sehr gut **Welleternit** für den Kasten verwendet werden. Dieses Material hat den Vorteil, daß es durch das Profil in sich bei geringer Materialstärke eine ausreichende Stabilität besitzt und gegenüber Feuchtigkeit und biologischen Einflüssen beständig ist. Die zurechtgeschnittenen Eternitplatten werden etwa 40 bis 50 cm tief eingegraben. Die über dem Erdreich verbleibende Höhe der Platten sollte der des Holzkastens entsprechen. Die Schmalseiten müssen ebenso schräg geschnitten werden. In die Ecken setzt man in gleicher Weise, wie es beim Holzkasten beschrieben wurde, Pflöcke aus Holz ein. Günstig ist es, wenn die Platten vorher mit Bohrungen versehen wurden und nun durch diese Löcher mit Schrauben an den Holzpflökken befestigt werden. Der obere Rand des Kastens muß für eine gute Auflage der Fenster einen Abschluß aus Holz bekommen. Dieser Holzrahmen kann ebenfalls mit den in die Erde eingeschlagenen Pflöcken verbunden werden.

Neben diesen beiden leicht zu verarbeitenden Materialien können auch stabilere Frühbeete gebaut werden. Das hierzu benötigte Material ist **Mauerwerk aus Ziegeln** und **Beton.** Zunächst muß der Grundriß abgesteckt werden. Es ist dabei darauf zu achten, daß die Seiten im rechten Winkel zueinander stehen. Entlang der Längsseiten wird eine Schnur gespannt, die sauberes Schachten ermöglicht. Mit einem Spaten wird entlang der Schnur das Erdreich abgestochen. Die Schnur kann nun entfernt und die kleine Baugrube für unser Frühbeet ausgehoben werden. Es wird in den meisten Fällen ausreichen, wenn sie etwa 50 bis 60 cm tief angelegt wird. Der Boden wird so abgetragen, daß er eine ebene, waagerechte Fläche ergibt. Die Außenmaße der Grube richten sich danach, wieviel Platz benötigt wird, um das Mauerwerk zu verputzen. Der Abstand zum Mauerwerk sollte etwa 30 bis 40 cm betragen. Innerhalb der Baugrube wird nun das Fundament angelegt. Dazu werden die Maße des Mauerwerks auf den Grund der Baugrube übertragen. Etwa 20 cm breit und ebenso tief wird das Fundament ausgeschachtet. Mit schmalen Brettern wird eine Schalung entlang dem Fundamentgraben aufgestellt. Innen- und Außenseiten sollten in gleicher Höhe enden. Am besten wird mit einer Wasserwaage die Höhe festgelegt. Damit ist es möglich, daß der eingebrachte Stampfbeton mit einem Brett abgezogen werden kann und sich eine gerade und waagerechte Fläche für das Mauerwerk ergibt. Wenn sauber geschachtet wurde, kann auch auf die Schalung verzichtet werden. Der Beton wird 1:4 gemischt und erdfeucht gestampft. Damit wir möglichst wenig Material aufwenden müssen, werden saubere Steine bis zu einer Größe von etwa 150 mm beigemischt. Der Beton sollte die Steine vollständig umschließen und die Hohlräume zwischen den Steinen ausfüllen. Nach einigen Tagen kann das Fundament mit einer Lage Dachpappe isoliert werden. Durch diese Maßnahme soll verhindert werden, daß Feuchtigkeit von unten in das Mauerwerk zieht. Mit hartgebrannten Ziegeln oder eventuell vorhandenen Natursteinen wird nun der Frühbeetkasten vollfugig aufgemauert. Die Höhe des Kastens kann wie beim Holzkasten angenommen werden. Als Abschluß für das Ziegelmauerwerk wird eine etwa 5 cm starke

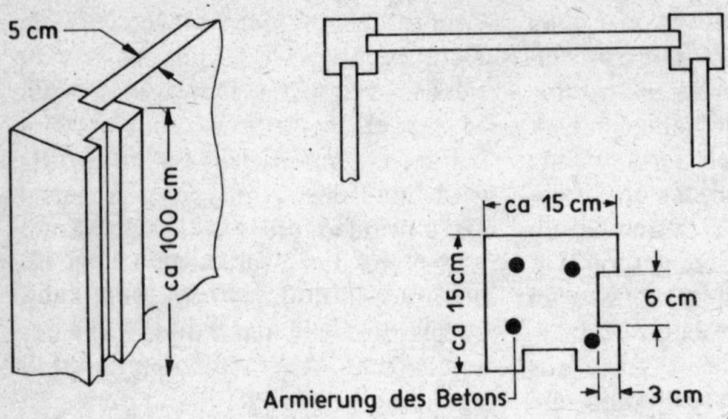

Abb. 27 Eckverbindung für Frühbeete aus Betonfertigteilen

Betonschicht aufgebracht. Der Teil des Kastens, der sich im Erdreich befindet, wird mit Zementmörtel verputzt und mit einem Bitumenanstrich versehen. Die Innenseiten des Kastens werden am besten vollständig geputzt und ebenso isoliert.

Der Bau eines solchen Frühbeetes ist sehr arbeitsaufwendig. Vorteilhaft ist aber, daß Restmaterialien verarbeitet werden können.

Ein sehr stabiles Frühbeet kann man aus **Betonfertigteilen** herstellen. Solche Frühbeete werden im Handel angeboten. Der Gartenfreund, der mit Betonarbeiten vertraut ist, kann sich auch Fertigteile selbst herstellen. Die Platten für die Seitenteile lassen sich ziemlich einfach anfertigen. Entsprechend der Größe der Platten wird ein Holzrahmen von 5 bis 6 cm Stärke auf eine ebene Unterlage gelegt. Der Beton wird 1:3 gemischt, wobei darauf geachtet werden sollte, daß der Zement nicht überlagert ist und der Betonkies die notwendige Qualität besitzt.

Das feuchte Material wird in der Form gleichmäßig verteilt und festgestampft. Der Beton verdichtet sich und verringert sein Volumen. Es kann nun weiteres Gemisch in die Form gegeben werden bis diese vollständig ausgefüllt ist. Mit einem geraden Brett zieht man den Rest des Betons von der Form ab. Damit erzielt man eine glatte Oberfläche und gleiche Stärke der Platten. Zur Erhöhung der Festigkeit können Rundeisen in Längsrichtung der Platten eingelassen werden. Nach etwa 3 bis 4 Tagen können die Fertigteile ohne Belastung montiert werden. Sie dürfen nur hochkant getragen werden, da sie sonst brechen.

Schwieriger ist die Anfertigung der **Verbindungsteile**, in die die Betonplatten eingeschoben werden. Aus Holz wird eine Form hergestellt, deren Querschnitt dem der Verbindungssäulen entspricht (Abb. 27). Der Beton wird in gleicher Weise gemischt wie für die Platten und erdfeucht in die Form gestampft, wobei zwei bis drei Rundeisen, etwa 8 mm stark, einbetoniert werden. Die Verbindung der Platten kann aber auch anders hergestellt werden. Die Betonplatten werden so eingegraben, daß sie stumpf zusammenstoßen. Damit sie nicht seitlich abkippen, müssen innen und

außen jeweils an den Enden der Platten kräftige Holzpflöcke oder Eisenstangen eingeschlagen werden. Eine andere Möglichkeit besteht darin, daß man U-Profil-Eisen senkrecht einbetoniert, um darin die Betonplatten einschieben zu können. Man kann natürlich auch in die Betonsäulen Bretter einschieben. Es muß in beiden Fällen darauf geachtet werden, daß keine Spalten entstehen, die Zugluft hindurchlassen. Großporige Oberflächen der Betonteile bieten Schädlingen Unterschlupf und sollten deshalb mit einem Gemisch aus feinem Putzsand und Zement verschlossen werden.
Im Kleingarten reicht meist ein Frühbeetkasten mit drei oder vier Fenstern aus. Beabsichtigt der Gartenfreund, sich eine größere Frühbeetanlage einzurichten, sollte er überlegen, ob nicht der Bau eines **Doppelkastens** besser wäre. Mit einem solchen Kasten wird der Platz im Kleingarten bei geringerem Materialeinsatz besser ausgenutzt. Der Bau eines Doppelkastens weicht nicht von dem der vorher beschriebenen Kästen ab. Die Giebelseiten sind in diesem Fall doppelt so lang und in der Mitte am höchsten. Ein Kantholz wird längs aufgelegt und befestigt. Es verbindet beide Giebel und ermöglicht die Auflage der Fenster. Damit sich dieser First nicht durchbiegt, wird er im Abstand von etwa einem Meter mit senkrechten Stützen unterstützt. Es ist darauf zu achten, daß sich die Stützen nicht im Boden senken können und daß sie in gleicher Höhe eingegraben werden. Als Material kann Holz verwendet werden, wobei auch Stützen aus Beton möglich sind.
Der günstigste Zeitpunkt für das Errichten von Frühbeetanlagen liegt im Spätsommer und Herbst. Man kann bereits im folgenden Frühjahr mit der Nutzung beginnen.

Abb. 28 Längsverbindung der Betonplatten für Frühbeete aus Fertigteilen

Der Wanderkasten

Wanderkästen sind leichte, transportable Frühbeete, worauf der Name schon hindeutet. Sie dienen dazu, um kurzfristig Pflanzenbeständen einen Frostschutz zu gewähren, und ermöglichen eine frühere Ernte im Freiland. Da Freilandgemüse auch zu unterschiedlichen Zeitpunkten angebaut wird, ist es möglich, mit einem Kasten den Pflanzen auf mehreren Beeten nacheinander günstige Wachstumsbedingungen zu bieten. Wird diese Anbaumethode planmäßig angewendet, dann ist es möglich, auch im Freiland zu früheren und größeren Erträgen zu kommen.
Wie soll ein solcher Wanderkasten aussehen, und was wird dazu benötigt? Als kleinsten Wanderkasten kann man die Frostschutzhauben aus Plastfolie betrachten. Mit ihnen ist es in sehr kurzer Zeit möglich, Pflanzenbestände abzudecken, wobei der Nachteil darin besteht, daß jede Pflanze einzeln mit einer solchen Haube versehen werden muß. Für die Anwendung bei nur wenigen Pflanzen ist diese Methode durchaus erfolgreich und verursacht nur geringen Aufwand. Für ein ganzes Beet lohnt es sich je-

doch, die ganze Fläche zu überdachen. Eine sehr einfache Möglichkeit bei niedrigem Pflanzenwuchs besteht darin, daß ringsherum ein kleiner Erdwall aufgeschüttet und mit Glas abgedeckt wird. Damit eine gute Auflage der Frühbeetfenster erzielt wird, legt man auf den Erdwall Kanthölzer. Die Nordseite sollte wie beim stationären Frühbeet etwas höher sein. Als Abdekkung können die im vorhergehenden Abschnitt beschriebenen Fenster verwendet werden. Der Erdwall sollte ordentlich festgestampft werden, damit Regen und Schmelzwasser unser provisorisches Frühbeet nicht zerstören können. Bei lockerem Boden stellt man innen Ziegelsteine auf und erhöht damit die Stabilität des Erdwalles. Die Fenster werden in der üblichen Weise aufgelegt. Es ist natürlich auch möglich, anstelle der Fenster eine Plastfolie über dieses Frühbeet zu decken. Sie wird nach allen Seiten glattgezogen und mit Steinen oder Erde beschwert. Wickelt man die überstehenden Enden auf eine Latte auf, so läßt sich die Folie damit besser spannen und am Boden befestigen. Zum Lüften wird die Folie von einer Seite beginnend aufgewickelt. Damit wird ein Teil des Frühbeetes geöffnet, und der eingetretene Wärmestau kann entweichen.

Stabilere Ausführungen von Wanderkästen werden meist aus Holz angefertigt. Ein solcher **Holzkasten** mit seinen vier Seitenteilen entspricht etwa einem stationären Frühbeet. Der Unterschied besteht darin, daß der Wanderkasten leichter gebaut ist und nur auf das Erdreich aufgesetzt wird. Werden die Seitenteile an den Ecken fest miteinander verbunden, so sollte der Kasten nur so groß sein, daß ihn zwei Personen bequem tragen können. An den Giebelseiten werden Griffe angebracht, mit denen man den Kasten anheben kann. Er kann so leicht von einem Beet auf das andere gesetzt werden.

Vielfach ist der Gartenfreund bei seiner Gartenarbeit allein. In diesem Fall ist es besser, sich einen Wanderkasten zu bauen, der sich auseinandernehmen läßt. Die Einzelteile können von einer Person transportiert werden. Es genügt schon, wenn sich der Kasten in seine vier Seitenteile zerlegen läßt. Für die **Eckverbindung** gibt es verschiedene Möglichkeiten. Die einfachste Methode ist ein stumpfes Zusammenstoßen der Seitenteile, die mit Pflöcken gesichert werden. Bringt man an den Enden der Längsseiten senkrecht jeweils zwei Leisten im Abstand der Brettstärke an, so können die Giebelseiten darin eingeschoben werden. In diesem Fall braucht man nur noch außen die Längsseiten mit Pflöcken zu sichern. Läßt man dabei an der Südseite (Schmalseite des Kastens) die Pflöcke etwas überstehen, so ergibt sich damit gleichzeitig eine Halterung, die das Abrutschen der Fenster verhindert. Eine weitere Möglichkeit der Eckverbindung ergibt sich, wenn die Teile mit Haken und Ösen versehen werden. Die Verankerung muß dabei so straff sein, daß keine Spalten entstehen. Es ist auch möglich, an den Ecken Scharniere anzubringen. Ein solcher Kasten läßt sich bei Bedarf schnell zusammenklappen und ebenso schnell wieder aufstellen. Seine Aufbewahrung ist platzsparend. Auch hier

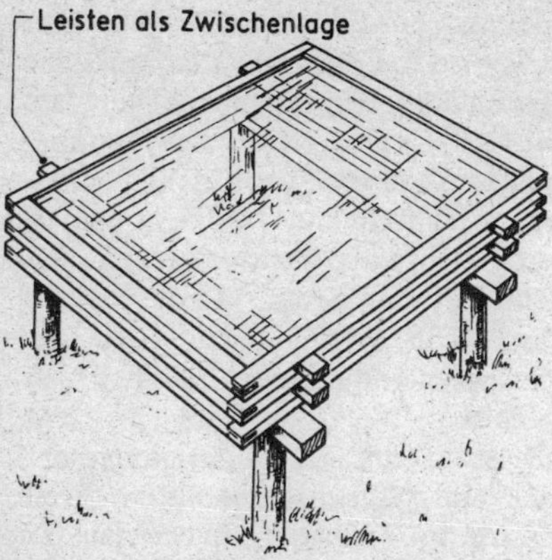

Abb. 29 Ablagegestell für Frühbeetfenster

Abb. 30 Wanderkasten mit Folienbespannung

sollte berücksichtigt werden, daß eine Person diese Teile tragen kann. Zur Ausführung der **Seitenteile** des Wanderkastens gilt das bereits beim stationären Frühbeet Gesagte. Die Brettbreite ergibt sich aus der gewünschten Höhe des Frühbeetes über dem Erdreich, da ein solcher Kasten nicht eingegraben wird. Eine Höhe von 30 bis 40 cm reicht in den meisten Fällen aus. Beim Aufstellen wird er lediglich ringsherum etwas mit Erde angehäufelt.

Das Umsetzen des Wanderkastens erfordert, daß die Fenster zunächst heruntergenommen und so abgelegt werden, daß sie nicht zu Bruch gehen können. Am besten baut man sich ein Gestell aus Kanthölzern, auf das die Frühbeetfenster sicher abgelegt werden. Dieses Gestell kann man auch für die Ablage der Fenster im Sommer nutzen. Legt man Leisten dazwischen, dann können die Fenster gut austrocknen. Es ist natürlich darauf zu achten, daß nichts auf die waagerecht liegenden Fenster fallen kann.

Die bis jetzt beschriebenen Wanderkästen waren für eine normale Beetgröße ausgelegt. Man kann sich aber auch **transportable Kleinfrühbeetkästen** bauen, die einschließlich Inhalt ihren Standort verändern können. Einen solchen Kasten kann man sich auf eine Bank oder auf die Terrasse stellen. Es ist auch möglich, diesen Kasten auf dem Balkon einer Neubauwohnung aufzustellen. Er kann dazu genutzt werden, im zeitigen Frühjahr kleine Mengen Frühgemüse heranzuziehen, ist aber auch gut geeignet für die Anzucht von Jungpflanzen für die Frühgemüseproduktion.

Dieses transportable Frühbeet hat den Vorteil, daß auf eine Heizung verzichtet werden kann. Der Kasten sollte deshalb so groß sein, daß er bei Nachtfrostgefahr leicht in einem festen Gebäude untergebracht werden kann. Die Sonneneinstrahlung tagsüber

reicht meist aus, um die richtige Temperatur im Frühbeet zu erreichen.
Wie können wir uns nun einen solchen Kasten selbst bauen? Er entspricht in seinem Äußeren einem üblichen Frühbeetkasten, besitzt aber einen festen Boden. Mit kleinen Holzklötzen können an diesem Boden auch noch Füße angebracht werden. Die Öffnung nach oben hin verläuft ebenso schräg wie bei einem einfachen Frühbeetkasten. Da dieser Kasten in seiner Größe eine Miniausführung darstellt, müssen wir auch ein entsprechend kleines Fenster selbst herstellen. Es ist günstig, wenn das Fenster mit Scharnieren an der Schmalseite des Kastens befestigt wird. Beim Lüften kann das Fenster dann leicht angehoben und ein Holzstück dazwischengeklemmt werden. Die Innenseiten des Kastens müssen gegen Feuchtigkeit geschützt werden. Am besten setzt man eine tiefe Plasteschale oder -wanne aus PVC oder anderem wasserundurchlässigem Material ein.
Ein solches Frühbeet sollten sich vor allem solche Gartenfreunde bauen, die ihren Garten nicht jeden Tag im zeitigen Frühjahr aufsuchen können. Damit ergibt sich die Möglichkeit, bei guter Überwachung die ersten Jungpflanzen für den Frühgemüseanbau selbst heranzuziehen.

Erwärmung im Frühbeet

Wie der Name es schon sagt, sollen im Frühbeet Gemüsepflanzen sehr zeitig angebaut werden. Es kann aber auch in anderen Jahreszeiten sinnvoll genutzt werden. Das Grundprinzip der Verfrühung im Kasten besteht darin, daß sich der Boden und die Luft unter Glas oder Folie schneller erwärmen und damit den Pflanzen bei ausreichenden Lichtverhältnissen günstige Entwicklungsmöglichkeiten bieten. Für empfindliche Pflanzen und bei sehr zeitigem Anbau ist eine zusätzliche Zuführung von Wärme erforderlich. Die Energiequelle sollte sich nach den vorhandenen Möglichkeiten richten.
Die Nutzung der **Sonnenenergie** ist die einfachste Methode, eine Erwärmung im Frühbeet zu erzielen. Die Abdeckung mit Glas bewirkt nicht nur, daß die Pflanzen mit ausreichend Licht versorgt werden, sondern ermöglicht auch das Eindringen der Wärmestrahlen. Das Erdreich nimmt diese Energie auf und speichert sie. Die Lufthülle erwärmt sich langsamer in gleicher Weise, gibt aber durch den direkten Kontakt mit dem Glas auf diesem Weg auch Wärmeenergie an die Außenluft ab. Die Erwärmung erfolgt nur tagsüber, nachts kühlt sich dieser Kasten sehr schnell wieder ab. Er wird **kalter Kasten** genannt, weil er sich ausschließlich durch die Sonnenenergie erwärmt. Mit guter Isolation und dicht schließendem Fenster kann man die nächtliche Abkühlung in Grenzen halten und so zu große Energieverluste vermeiden. Es ist sinnvoll, die Kastenwände von außen mit einer Laubpackung zu versehen. Innen können an die Seitenteile Schaumpolystyrolplatten angeklebt werden. Auf Holz, Beton und glattem Putz wird dafür Dispersionskleber verwendet. In den Ecken sollen die Platten gut zusammenstoßen. Dieses Isolationsmaterial eignet sich gut für kalte Kästen

und ist gegenüber Erdreich und Feuchtigkeit unempfindlich. Bei Holzschutz und Schädlingsbekämpfung sollte darauf geachtet werden, daß dieses Material nicht mit benzolhaltigen Lösungsmitteln in Berührung kommt. Heizungen dürfen nicht in unmittelbarer Nähe der Isolation installiert werden.

Die Glasabdeckung wird nachts ebenfalls mit einem Isolationsmaterial versehen. Dazu eignen sich sehr gut Schilfrohrmatten oder ähnliches Material. Sind die Seitenwände nicht isoliert, so ist es besser, wenn die Matten an den Seiten herunterhängen. Werden mehrere Matten verwendet, so sollten sie sich überlappen. Zu beachten wäre noch, daß der Wind keine Angriffsfläche bekommt und die Matten abdecken kann. Das Zu- und Abdecken muß zum richtigen Zeitpunkt erfolgen. Der Gartenfreund sollte sich dabei nach der Temperatur im Frühbeet und der Sonneneinstrahlung richten.

Eine sehr rationelle Energiequelle, mit der die Wärmestrahlung der Sonne ergänzt werden kann, ist die **biologische Wärme.** Diese Wärme entsteht bei der Zersetzung organischer Stoffe. Frühbeete, bei denen diese Wärmequelle genutzt wird, bezeichnet man als **warmen Kasten** oder Mistbeet. Als organischer Stoff wird Mist verwendet. Am besten eignet sich Pferdemist, der bei der Zersetzung höhere Temperaturen entwikkeln kann. Leider wissen wir allzu gut, daß Pferdemist nicht mehr so leicht zu beschaffen ist. Deshalb kann dieses organische Material auch gestreckt werden. Man verwendet dazu trockenes Laub bis zu einem Verhältnis von 1:1.

Das Frühbeet wird etwa 40 cm tief ausgeschachtet. Den Winter über muß darauf geachtet werden, daß der Boden im Frühbeet nicht gefrieren kann. Das erreicht man, wenn eine Schicht trockenes Laub im Herbst in das Frühbeet geschüttet wird. Die Fenster werden aufgelegt und mit Frostschutzmitteln abgedeckt. Um den Kasten herum kann man ebenfalls eine Schutzpackung anbringen. Je nach Beginn der geplanten Nutzung wird das Frühbeet mit der Mistpackung versehen. Die Stärke der Schicht richtet sich nach dem Zeitpunkt des Pakkens. Im Januar gepackte Beete müssen eine stärkere Schicht erhalten als im März gepackte. Die Sonneneinstrahlung ist im März bereits viel intensiver und liefert zusätzliche Wärmeenergie.

Wie muß nun ein solches Frühbeet gepackt werden? Betrachten wir uns zunächst das organische Material, den Mist. Seine Beschaffenheit ist dafür ausschlaggebend, wie fest gepackt wird, denn die Erwärmung ist abhängig von einer bestimmten Sauerstoffzufuhr. Es muß deshalb nasser und stroharmer Mist lockerer gepackt werden als strohiger, der wesentlich mehr verdichtet werden kann. Zu trockener Mist sollte angefeuchtet werden. Die Feuchtigkeit stellt man am besten fest, indem man eine Handvoll zusammendrückt. Er sollte sich feucht anfühlen, aber er darf nicht so naß sein, das Wasser herausläuft.

Beim Packen wird zunächst das als Frostschutz verwendete Laub entfernt und durch eine Schicht (etwa 5 bis

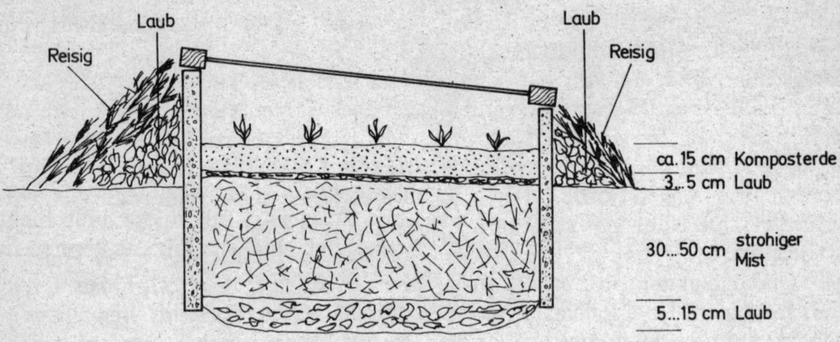

Abb. 31 Gepacktes Frühbeet im Schnitt

15 cm) frisches Laub ersetzt. Darauf kann nun der Mist geschüttet werden. Es ist dabei darauf zu achten, daß eine gleichmäßige Substratstruktur erreicht wird. Klumpen im Mist erzeugen eine ungleichmäßige Verrottung, und es entstehen in der Deckerde Unebenheiten, die sich beim Gießen negativ auswirken. Der eingebrachte Mist wird gleichmäßig festgetreten und an der Oberfläche geglättet. Günstig ist es, wenn das Packen schichtweise vorgenommen wird. Mit einer dünnen Schutzschicht versehen, bleibt der Kasten abgedeckt stehen, bis er sich erwärmt hat. Man kann die Erwärmung mit einem Bodenthermometer feststellen. Die Erde, die nun aufgefüllt werden soll, muß frostfreie, gesiebte Komposterde sein. Auf die Verwendung von Erden bestimmter Zusammensetzungen wird später eingegangen. Je nach Nutzung wird eine bestimmte Schichtstärke aufgetragen. Für Pflanzen, die keine tiefen Wurzeln besitzen, genügen etwa 10 bis 15 cm. Andere Pflanzen benötigen eine höhere Erdschicht. Nach einigen Tagen ist auch diese Erdschicht erwärmt, und der Kasten kann bepflanzt werden.

Bei der Erwärmung durch den Verrottungsvorgang entweicht Kohlendioxid, das sich fördernd auf die Assimilation der Pflanzen auswirkt.

Die **Erwärmung** ist auch **mit** verschiedenen **technischen Hilfsmitteln** möglich, jedoch sollte vor der Installation unbedingt überlegt werden, ob der Energieeinsatz gerechtfertigt ist. Geeignet sind elektrische Heizkabel und Heizungsanlagen für feste, flüssige und gasförmige Brennstoffe. Elektrische Heizkabel reichen in den meisten Fällen für die erforderliche Temperaturerhöhung im Frühbeet aus. Diese Kabel bestehen aus einem etwa 1,5 cm starken Aluminiummantel. Sie sind mit einer keramischen Masse gefüllt, die die Heizspirale umschließt und das Verlegen im Bogen ermöglicht. Die Länge beträgt bis zu 10 m. Im Handel werden auch kürzere Längen angeboten. Ein Meter entspricht einer Heizleistung von etwa 120 W bei einer Spannung von 220 V. Die keramische Isolierung der Heizkabel ist so gut, daß selbst große Feuchtigkeit

oder Nässe keine Gefahr für den Menschen darstellen.
Der elektrische Anschluß ist relativ unkompliziert. Notwendig ist eine Steckdose für 220 V in Feuchtraumausführung in unmittelbarer Nähe. Das Heizkabel wird über einen Schukostecker mit diesem Netzanschluß verbunden. Sind größere Entfernungen zu überbrücken, müssen vorschriftsmäßige Verlängerungskabel verwendet werden.
In diesem Zusammenhang muß unbedingt darauf hingewiesen werden, daß Feuchtrauminstallationen nur vom Fachmann ausgeführt werden dürfen. Die Heizkabel können sowohl als Bodenheizung als auch für eine Heizung des Luftraumes im Frühbeet genutzt werden. Bei der Bodenheizung sollte darauf geachtet werden, daß die Heizung nicht unmittelbar mit dem Erdreich in Berührung kommt. Das Erdreich würde an dieser Stelle stark austrocknen, und das Wachstum der Pflanzen würde gestört. Am besten verwendet man Drainagerohre, durch die die Heizung geführt wird. Damit erzielt man eine gleichmäßigere Verteilung der Wärme im Boden.
Für das Beheizen des Luftraumes werden die Heizschlangen innen an den Seitenteilen des Frühbeetes mit Halterungen befestigt. Wird eine solche Heizungsschlange ringsherum angebracht, dann ist die erzeugte Wärmemenge ausreichend, um selbst bei starken Nachtfrösten die Temperaturen über dem Gefrierpunkt zu halten. Selbstverständlich wird dabei vorausgesetzt, daß unser Frühbeet gut isoliert ist und über Nacht auch mit Frostschutzmatten abgedeckt wird.
Das Zu- und Abschalten der Heizung kann über ein Kontaktthermometer geregelt werden. Auf diese Weise erzielt man gleichbleibende Temperaturen und spart Elektroenergie. Diese Sparmaßnahme kann unterstützt werden durch eine zusätzliche Packung des Frühbeetes mit einer Laubschicht. Mit einer solchen Heizung können im Frühbeet sehr zeitige Erträge erzielt werden. Leider verfügt nicht jeder Gartenfreund über einen elektrischen Netzanschluß. In diesem Fall muß er sich anders behelfen. Für stationäre Frühbeete können mit etwas Geschick Heizungen für feste Brennstoffe selbst hergestellt werden. Sie besitzen aber den Nachteil, daß sie ständig überwacht werden müssen. Solche Heizungen sind für den Hausgarten besser geeignet. Der Gartenfreund hat hier die Möglichkeit, den gewünschten Temperaturverlauf zu regeln.
Eine einfache Lösung zeigt die Abbildung 32. Dieser Frühbeetofen ist für das stationäre Frühbeet und auch für den Wanderkasten anwendbar. Beim Einbau muß darauf geachtet werden, daß der Ofen nicht unmittelbar mit brennbaren Teilen des Frühbeetes in Berührung kommt. Im eigenen Interesse sollte ein entsprechender Sicherheitsabstand gewahrt werden. Die Füllung des Einschubes mit festen Brennstoffen sollte vorher in einem anderen Ofen zum Glühen gebracht werden. Wichtig ist dabei, daß der Brandschutz beachtet wird. Der Ofen, in dem der Brennstoff zum Glühen gebracht wird, sollte in unmittelbarer Nähe sein (Gewächshaus, Laube), und beim Transport muß ein geschlossenes Metallgefäß verwendet werden.

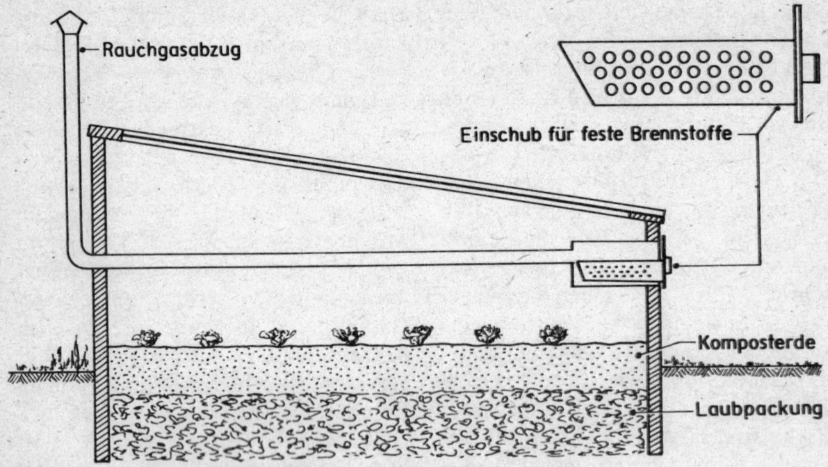

Abb. 32 Einfaches Frühbeet mit kleinem Frühbeetofen

Bei unsachgemäßer Ausführung besteht Brandgefahr. Je nach Heizwert des Brennstoffes können mehr oder weniger niedrige Außentemperaturen überbrückt werden. Eine zusätzliche Packung mit Mist oder Laub erweist sich günstig, weil dadurch die Bodentemperatur etwas erhöht wird. Eine weitere Möglichkeit der Beheizung von stationären Frühbeeten zeigt die Abbildung 33. Es handelt sich hierbei um eine Kanalheizung. Sie ist so angelegt, daß sie den Boden des Frühbeetes erwärmt.

Der Luftraum erwärmt sich durch die Sonneneinstrahlung und durch die Wärmeabgabe des Bodens. Eine solche Heizung lohnt sich nur in einem stationären Frühbeet, welches aus Mauerwerk oder Beton hergestellt wurde. Sie hat den Vorteil, daß auch brennbare Abfälle des Gartens für Heizzwecke verwendet werden können. Somit ist diese Lösung energieseitig betrachtet eine günstige Variante.

Im Hausgarten besteht mitunter die Möglichkeit, über eine Rohrleitung eine Verbindung zur Warmwasserheizung des Hauses herzustellen. Wenn das nötige Gefälle zum Heizungskessel erzielt werden kann, dann ist die Einbeziehung des Frühbeetes in die Wirkung der Schwerkraft der Warmwasserheizung möglich. Andernfalls müßte eine Pumpe dazwischengeschaltet werden. Innerhalb des Frühbeetes werden die Rohre an den Seitenwänden befestigt. Um Platz zu sparen, können sie auch in die Seitenwände eingelassen werden. Die Verbindungsrohre außerhalb des Frühbeetes müssen unbedingt gut isoliert werden. Da sie meist der Feuchtigkeit ausgesetzt sind, ist es dabei erforderlich, Isolationsmaterial zu verwenden, welches feuchtigkeitsbeständig ist. Eine solche Variante der Frühbeethei-

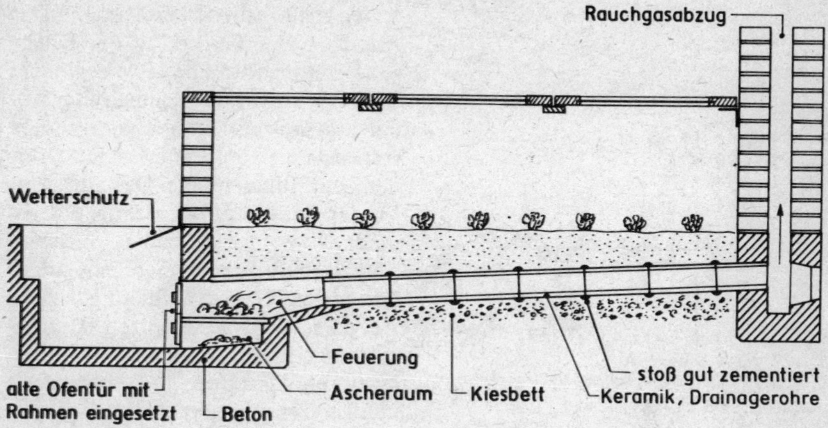

Abb. 33 Stationäres Frühbeet (Längsschnitt) mit Kanalheizung

zung ist von der Bedienung her sehr günstig, erfordert aber einen relativ hohen Aufwand für die Montage und kann nicht vom Laien ausgeführt werden. Energieseitig belastet sie die Beheizung des Hauses.

Die aufgeführten Möglichkeiten der technischen Erwärmung in einem Frühbeet dienen als Anregung für den Gartenfreund. Es sollte sich jeder überlegen, mit welchem Aufwand und welchen Möglichkeiten er die gewünschte Erwärmung im Frühbeet erzielen möchte. Dabei sollten stets die Kosten und der günstigste Energieträger betrachtet werden.

Lüftung und Lichteinfall

Zur Regulierung der Wachstumsbedingungen gehört auch das Lüften und die Veränderung des Lichteinfalls. Im Frühbeet bildet sich ein Mikroklima heraus. Es kann eine hohe Luftfeuchtigkeit entstehen, die sich ungünstig auf das Wachstum der Pflanzen auswirkt. Besonders sind davon Jungpflanzen betroffen. Andererseits bringt eine intensive Sonneneinstrahlung eine starke Temperaturerhöhung mit sich. Luftfeuchtigkeit und Temperatur müssen durch richtiges Lüften reguliert werden. Das kann sich mehrmals am Tag erforderlich machen.

Wie der **Luftaustausch** erfolgt, hängt davon ab, wie das Frühbeet konstruiert ist bzw. wie die Fenster aufgelegt oder befestigt sind. Es kann sich als ungünstig erweisen, wenn die Fenster nur einseitig gekippt werden können. Bei entsprechender Windrichtung besteht dann die Gefahr, daß der Wind in das Frühbeet bläst.

Bei lose aufgelegten Holländerfenstern ist es möglich, die Fenster nach allen vier Richtungen zu kippen. In diesem Fall kann man unter Beachtung der Windrichtung ohne Gefähr-

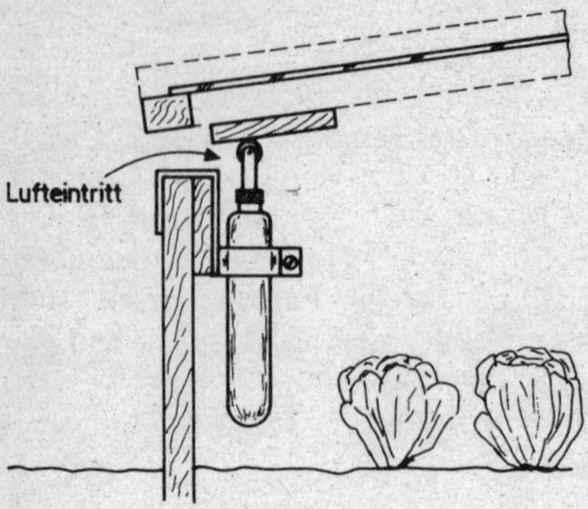

Abb. 34 Thermohydraulischer Frühbeetfensteröffner

dung der Pflanzen lüften. Werden die Fenster angekippt, dann müssen sie so abgestützt werden, daß ein Zufallen und Wegrutschen verhindert wird.

Mit einem rechteckigen Stück Holz können die Fenster in drei verschiedenen Höhen gelüftet werden. Das richtet sich danach, wie das Stützholz dazwischengeklemmt wird. Hochkant erzielt man den größten Abstand. Das Ankippen der Fenster an der Längsseite verursacht eine etwas größere Wirkung als an der Schmalseite. Außer Stützhölzern können auch andere Gegenstände zum Lüften genutzt werden, z. B. Blumentöpfe. Das Lüften ist für das Frühbeet eine wichtige Pflegemaßnahme, die tagsüber verrichtet werden muß. Solange sich der Gartenfreund zu Hause aufhält, ist diese Aufgabe leicht zu erledigen. Der berufstätige Kleingärtner wird sich überlegen, ob das Lüften in Abhängigkeit von der Temperatur automatisiert werden kann.

Im Handel werden verschiedene Typen thermohydraulischer Fensteröffner angeboten. Diese Vorrichtungen bestehen aus einem Zylinder, in dem sich eine Flüssigkeit befindet, die in Abhängigkeit von der Temperatur ihr Volumen sehr stark verändert und damit einen Kolben mit Gestänge betätigt. Da die Vorrichtung völlig selbständig arbeitet, ist sie besonders gut

Abb. 35 Lüftung des Frühbeetes mit Holzstützen

Abb. 36 Lüftung des Frühbeetes unter Verwendung von Steinen

für Kleingärten geeignet, die tagsüber nicht betreut werden können.
Neben dem Lüften hat der Lichteinfall für das Wachstum eine entscheidende Bedeutung. Zu Beginn der Nutzung im zeitigen Frühjahr ist jeder Lichtstrahl für das Wachstum nützlich. Deshalb ist es wichtig, daß die Fenster vor dem Abdecken des Frühbeetes gründlich gereinigt werden. Es empfiehlt sich auch, in der weiteren Nutzung darauf zu achten, daß die Fenster sauber bleiben.
Mit zunehmender Sonneneinstrahlung wird es erforderlich, daß die Fenster besonders in den Mittagsstunden beschattet werden. Es gibt dazu verschiedene Möglichkeiten. Speziell für diesen Zweck bietet der Handel **Rohrmatten** und **Schattenleinwand** an. Sie werden so über die Fenster ausgebreitet, daß nur noch ein Teil der auftreffenden Sonnenstrahlen ins Frühbeet gelangt. Oft ist es erforderlich, daß das Frühbeet gleichzeitig gelüftet werden muß. In einem solchen Fall kann die Schattenleinwand auch über die gelüfteten Fenster gezogen werden. Zu beachten wäre, daß die Leinwand etwas befestigt wird, damit der Wind sie nicht herunterblasen kann. Etwas stabilere Schattiervorrichtungen lassen sich aus Dachlatten selbst herstellen. Diese Latten werden auf zwei Querlatten im Abstand von etwa 5 bis 7 cm befestigt. Den so hergestellten Lattenrost legt man auf die Frühbeetfenster. Der Schatten der Dachlatten wandert dann im Frühbeet mit dem Sonnenstand. Die Pflanzen erhalten dabei nur einen Teil der Sonnenergie und können sich bei intensiver Einstrahlung besser entfalten. Licht ist für das Wachsen unbedingt erforderlich, aber zuviel kann schaden.
Bei einigen Pflanzen, z. B. Gurken, wird in der Sommernutzung ein Dauerschatten erforderlich. Hierbei kann man sich mit einer Kalkfarbe oder einem Anstrich von dünnem Lehmbrei helfen. Solche Farben lassen sich auch leicht wieder abwaschen und damit die Fenster für die Herbst- oder Frühjahrsnutzung vorbereiten.

Folienzelte

Möglichkeiten und Ausführungen der Folienbedeckung

Unter Nutzung der günstigen Eigenschaften von Plastfolien kann eine Ernteverfrühung erzielt werden. Die Wirkungsweise der Folie für das Wachstum unserer Pflanzen ist ebenso wie beim Glas, da sie ähnliche Merkmale aufweist.
Neben der **lichtdurchlässigen Folie** wird auch schwarz eingefärbte **Mulchfolie** im Gartenbau verwendet. In Erdbeerbeständen kann eine Ertragssteigerung bis zu 60 % und eine Verfrühung des Erntezeitpunktes bis zu einer Woche erzielt werden. Diese positiven Ergebnisse sind auf verschiedene Einflüsse zurückzuführen. Die Folie läßt die Bodenfeuchtigkeit nicht verdunsten und hält die Wärme besser im Boden. Der Pflanzenbestand ist unkrautfrei und das Regen- oder Gießwasser sammelt sich in den Pflanzmulden. Die Pflanzen entwickeln sich besonders im ersten Standjahr kräftiger und durchwurzeln den Boden viel stärker. Die Früchte faulen nicht mehr so schnell, da sie auf der trockenen Folie liegen. Die Mulchfo-

Abb. 37 Die Mulchfolie wird ausgebreitet und ringsherum mit Erde angehäufelt.

Abb. 38 An den Pflanzstellen wird die Folie kreuzweise eingeschnitten, und die Pflanzen werden in üblicher Weise gesetzt.

lie für Erdbeerpflanzungen wird im Handel unter der Bezeichnung Leumulthenfolie angeboten.

Lichtdurchlässige Folie kann in der einfachsten Anwendungsform flach über Gemüsebeete gedeckt werden.

Alle weiteren Anwendungsmöglichkeiten der Folie erfordern eine **tragende Konstruktion.** Der Umfang einer solchen Konstruktion richtet sich nach der Größe des Folienzeltes. In Kleingärten werden sehr häufig kleine, nicht begehbare Folienzelte aufgestellt. Ein solches Zelt ist leicht und kann wie ein Wanderkasten genutzt werden. Für diesen Fall ist es erforderlich, daß ein Grundrahmen vorhanden ist, auf dem bogenförmig die Träger für die Folie angebracht sind. Wird die Folie vollständig über dieses Gerüst, einschließlich Grundrahmen, gespannt, muß man bei der Bearbeitung dieses Zelt anheben oder ganz beiseite stellen. Das Lüften kann in diesem Fall auch nur durch Anheben des Zeltes erfolgen. Für die Pflanzen kann dabei kalte Zugluft entstehen, die sich ungünstig auf das weitere Wachstum auswirkt. Eine Firstlüftung wäre daher besser.

Seit einiger Zeit wird ein industriell hergestelltes Folienzelt im Handel angeboten, in welchem eine solche Form der Belüftung vorgesehen ist. Die tragende Konstruktion besteht aus Leichtmetall, sie ist auf einem Grund-

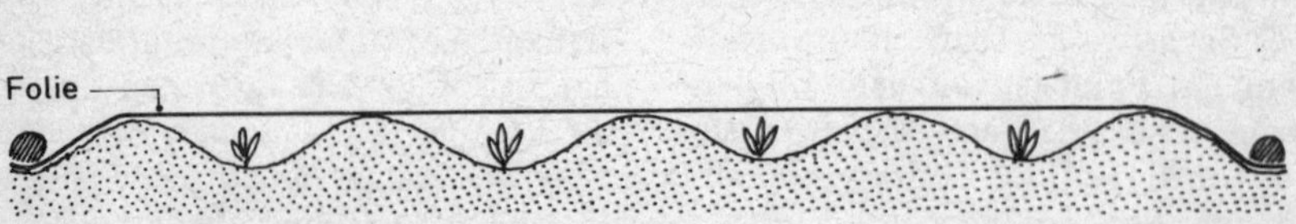

Abb. 39 Flachfolienbedeckung von Gemüsepflanzen

rahmen befestigt. Im First sind die einzelnen Bogen durch eine Längsstrebe miteinander verbunden. Die dort angebrachten Stifte ermöglichen das Einhängen der zwei Folienseitenteile, die wie bei einem Kleidungsstück zugeknöpft werden. Durch die Überlappung hält der First auch ziemlich dicht. Zum Lüften wird oben aufgeknöpft, und die Seitenteile werden leicht heruntergeschoben.

Bei größeren Folienzelten, die dann auch begehbar sind, ist eine solche Lüftung nicht so leicht möglich. Hier erscheint es günstig, in den Giebelseiten über der Tür Klappen anzubringen. Diese größeren Folienzelte benötigen stabilere Tragkonstruktionen. Auch solche begehbaren Folienzelte kann der Gartenfreund im Handel kaufen. Der finanzielle Aufwand ist zunächst relativ hoch, aber bei intensiver Nutzung werden ansehnliche Erträge erzielt, die sicherlich den Eigenbedarf weit überschreiten. Der Mehrertrag kann dann an die zentralen Aufkaufstellen abgegeben werden. Werden vorher vertragliche Vereinbarungen abgeschlossen, dann gestaltet sich das Ergebnis noch positiver.

Viele Gartenfreunde scheuen sich vor dem finanziellen Aufwand und bauen sich selbst, teilweise mit primitiven Mitteln, solche Folienzelte. Wird dabei auch auf das Äußere geachtet, dann gibt es nichts dagegen einzuwenden. Im Gegenteil, im Interesse der Sparsamkeit ist es richtig, wenn Restmaterialien verwertet werden. Das bezieht sich nicht nur auf die Folie, sondern auch auf das Trägermaterial. Hierbei muß man aber auch berücksichtigen, daß die Folie genügend lichtdurchlässig ist.

Werden gebrauchte Plastfoliensäcke zu einer größeren Fläche zusammengeschweißt und für ein solches Folienzelt verwendet, dann ist es leicht möglich, daß die Lichtverhältnisse nicht ausreichend sind. Der Arbeitsaufwand würde sich dann nicht lohnen, und der Erfolg bleibt aus. Wenn schon Ei-

Abb. 40 Folienzelt auf Metallrahmen

Abb. 41 Foliengewächshaus mit Holzrahmen und Gewebefolie

genbau, dann soll der Ertrag auch nicht geschmälert werden. Bauen wir uns deshalb die tragende Konstruktion selbst und bespannen sie mit neuwertiger Polyäthylenfolie. Diese Kompromißlösung wird sicher für jeden Gartenfreund finanziell erschwinglich sein.

Für die Konstruktion können Holzlatten verwendet werden, die dem Zelt eine Hausform mit Satteldach oder auch Pultdach verleihen. Eine solche stabile Ausführung kommt schon einem kleinen Gewächshaus nahe. Leider ist die Haltbarkeit der Folie stark begrenzt. Eine Nutzzeit über zwei Jahre ist kaum möglich. Es ist deshalb empfehlenswert, die Folie im Winter, wenn das Folienzelt nicht genutzt wird, zu entfernen und an einem geschützten Ort aufzubewahren. Bei erneuter Nutzung macht sich eine gründliche Reinigung erforderlich. Damit wird wieder die erforderliche Lichtdurchlässigkeit erreicht.

Am besten breitet man dazu die Folie aus und wischt sie gut mit warmem Fit-Wasser ab. Mit einem Schlauch wird dann der gelöste Schmutz abgespült. Zu beachten wäre dabei, daß die Folie nicht an kalten Tagen verarbeitet wird, da sie sonst leicht brechen kann. Das ist besonders bei der Folie zu beachten, die bereits ein Jahr dem Sonnenlicht und der Witterung ausgesetzt war. Die UV-Strahlen der Sonne verändern das Gefüge in der Folie und verringern damit die Festigkeit und auch die Lichtdurchlässigkeit. Das trifft auch auf Folie mit Gewebeeinlage, die ebenfalls für den Bau von Folienzelten vorgesehen ist, zu. Bei dieser Folie ist zwar die Haltbarkeit etwas höher, aber die Lichtdurchlässigkeit ist von vornherein niedriger und vermindert sich ebenso. Auf Grund der Gewebeeinlage läßt sich diese Folie jedoch etwas besser verarbeiten. Sie kann zum Beispiel mit einer Nähmaschine zusammengenäht werden. Die Befestigung an Holz mit Breitkopfnägeln ist ebenfalls möglich.

Der Preis für diese Folie liegt jedoch wesentlich höher als bei der üblichen Gartenfolie. Man sollte sich gründlich überlegen, für welche Folie man sich entscheidet.

Flachfolienbedeckung

Ein einfaches Verfahren zur Ernteverfrühung ist die Flachfolienbedeckung von Gemüsebeeten. Dafür wird perforierte Polyäthylenfolie verwendet. Wie in einem Frühbeet entwickeln sich unter der Folie für die Gemüsepflanzen günstige klimatische Bedingungen. Der Boden kann sich schneller erwärmen, und die Wärme wird länger gehalten. Die perforierte Folie läßt Wasser durch und verhindert eine allzu rasche Verdunstung. Die Gemüsepflanzen sind dem Wind, der zusätzliche Abkühlung und Verdunstung mit sich bringt, nicht so stark ausgesetzt. Selbst Nachtfröste bis zu −5 °C können von abgehärteten Pflanzen überstanden werden.

Das Bedecken des Gemüsebeetes geschieht nach dem Pflanzen bei ruhigem Wetter. Das Beet selbst kann flach oder mit Wällen angelegt sein. Bei den Wällen spielt die Größe des Beetes keine Rolle, da die Folie straff über die aufgeworfenen Wälle gezogen wird. Die zwischen den Wällen stehenden Pflanzen haben ausreichend Platz für ihre Entwicklung. Anders ist das bei einem flach angelegten Beet. Die gut abgehärteten Jungpflanzen werden im erforderlichen Abstand gepflanzt. Anschließend wird die Folie lose über das Beet gelegt. Sie muß locker liegen, daß der Wind sie zwar leicht bläht, aber nicht zum Flattern bringt. An den Seiten wird die Folie fest eingegraben. Die Pflanzen heben mit zunehmendem Wachstum die lokker liegende Folie an. Besonders bei kleinen Flächen ist sie dann sehr schnell zu straff und muß von den Seiten her wieder gelockert werden. Abmessungen von mehr als 2 m in der Länge und Breite sind daher zu empfehlen.

Man bewässert durch Überbrausen der perforierten Folie. Ausschlaggebend für das richtige Kleinklima unter der Abdeckung ist die Anzahl der Löcher/m^2. Die Anzahl der Löcher ist auch abhängig von der angebauten Gemüseart. Für Kopfsalat genügen im zeitigen Frühjahr 200 und für Kohlrabi 300 bis 500 Löcher/m^2. 180 bis 200 Löcher/m^2 sollte die Folie jedoch mindestens besitzen. Wenn ein längerer Zeitraum für die Bedeckung vorgesehen ist, muß die Anzahl der Löcher/m^2 erhöht werden.

Die Löcher werden mit einem Locheisen (10 bis 12 mm) in die Folie geschlagen oder mit der Maschine gebohrt. Dazu wird die Folie in Lagen übereinander gelegt und durch alle Lagen gleichzeitig gebohrt. Ein mit

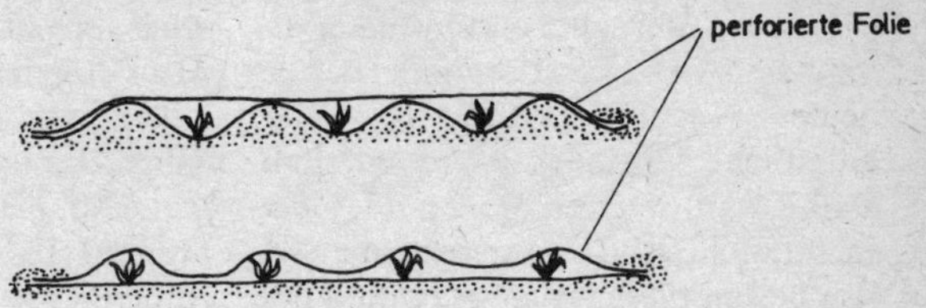

Abb. 42 Unterschiedliche Formen der Flachfolienbedeckung von Gemüsepflanzen

der entsprechenden Lochanzahl vorgebohrtes Brett wird auf das Foliepaket gelegt und ein zweites Brett als Bohrunterlage verwendet. Mit beiden Brettern werden die Folienlagen zusammengepreßt, um besser bohren zu können.
Wer sich diese Mühe ersparen möchte, der sollte die im Handel angebotene geschlitzte Folie verwenden. Diese Folie hat den Vorteil, daß sie „mitwächst", indem sich die Schlitze öffnen und dadurch gleichzeitig die Luftzirkulation besser dem Wachstum angepaßt wird. Mit dieser geschlitzten Folie ist ein längerer Bedeckungszeitraum möglich.
Gut geeignet ist die Flachfolienbedekkung für Blumenkohl, Kopfsalat, Kohlrabi, Erdbeeren, aber auch Kartoffeln können mit Erfolg verfrüht werden. Bei Zierpflanzen lohnt sich eine solche Bedeckung in erster Linie für Frühjahrsblüher, insbesondere für Narzissen.

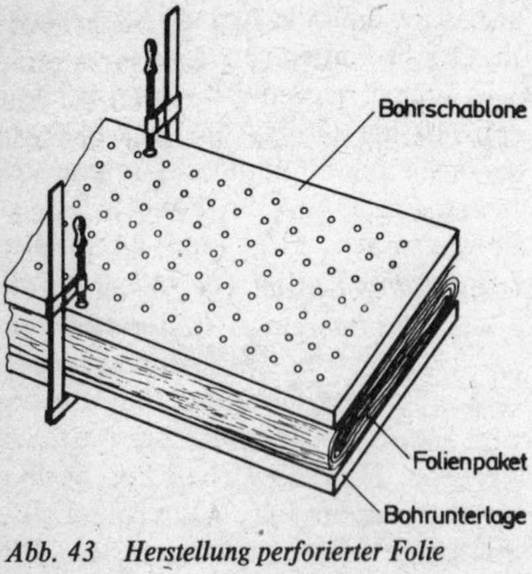

Abb. 43 Herstellung perforierter Folie

Rahmengerüst und Bespannung mit Folie

Ein Folienzelt ist eine einfache Form eines Gewächshauses. Der Bau der tragenden Konstruktion, das Tragegerüst, ist verhältnismäßig unkompliziert. Bei größeren Konstruktionen muß natürlich die damit auch größere Angriffsfläche für den Wind beachtet werden. Entsprechende Versteifungen sind vorzusehen.
Beginnen wir aber zunächst mit einem kleinen und einfachen Folienzelt, welches jeder Gartenfreund ohne Schwierigkeiten aufstellen kann. Besorgen wir uns für die tragende Konstruktion **Weiden-** oder **Haselnußruten.** Diese Ruten sollten etwa 1,5 m lang sein. Sie werden an unserem Folienzeltstandort in einem Abstand von etwa einem halben Meter in zwei Reihen in die Erde gesteckt. Der Abstand zwischen den Reihen sollte etwa 1 bis 1,5 m betragen. Die jeweils gegenüberstehenden Ruten werden zur Mitte gebogen und miteinander mit einer Schnur verbunden. Im First kann die so entstandene Tunnelform noch mit einer Rute längs stabilisiert werden.
Die Größe der Folie sollte so gewählt werden, daß sie in der Breite den Tunnel vollständig bedeckt und auf beiden Seiten etwa 20 bis 30 cm übersteht. In der Länge sollte sie jeweils auf beiden Giebelseiten 1,5 m herunterhängen. Beim Bespannen beginnen wir an einer Längsseite. Die Folie wird in der gesamten Tunnellänge eingegraben. Danach wird sie über die Bogen straff gezogen und auf der anderen Längsseite ebenfalls eingegraben. Sie sollte so straff gezogen werden,

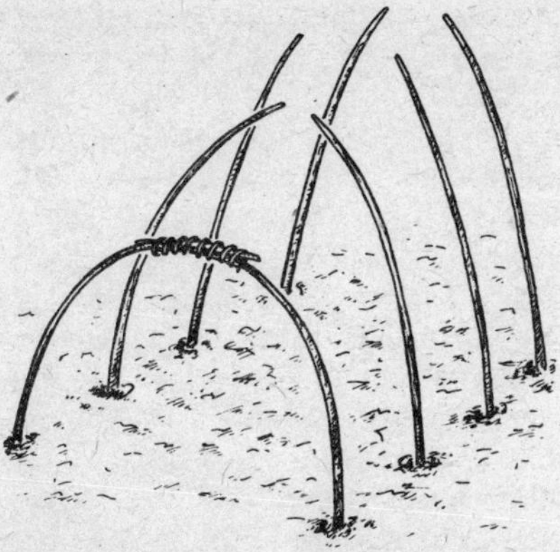

Abb. 44 Gerüst für ein niedriges Folienzelt aus zusammengebundenen Haselnuß- oder Weidenruten

Abb. 45 Einfaches Folienzelt mit einem Rahmengerüst, bestehend aus Weidenruten, im First wurde zur Stabilisierung eine Längsrute angebracht.

daß sich die Bogen nicht verformen können. Die Enden der Folie bindet man wie einen Sack zusammen und befestigt sie mit einem Pflock am Boden.

Zum Lüften können die Giebelseiten angehoben und mit einem Stock abgestützt werden. Nachteilig ist bei diesem Zelt, daß bei der Bearbeitung die Folie entfernt oder von einer Seite auf eine lange Latte bis zum First aufgewickelt werden muß. Will man sich den Zugang zu solch einem Folienzelt bequemer gestalten, dann muß man auch etwas mehr Aufwand beim Bau betreiben. Ein Folienzelt in der gleichen Größe würde sich besser bearbeiten lassen, wenn es sich kippen ließe. Dazu ist es erforderlich, daß die Bogen der tragenden Konstruktion auf einem Grundrahmen befestigt werden. Ausreichende Stabilität wird erzielt, wenn man ¾-Zoll-Rohr zu einem **rechteckigen Rahmen** verbindet. Wer die Möglichkeit besitzt, kann die Ekken verschweißen. Es ist aber auch möglich, auf die Rohrstücken Außengewinde aufzuschneiden und sie mit fertigen Bogenstücken zu verschrauben. Die Breite des Giebels sollte etwa 1 bis 1,2 m betragen. Die Länge des Grundrahmens kann beliebig gewählt werden.

Für die **tragenden Teile** müssen zunächst in den Grundrahmen in den Längsseiten Löcher im Abstand von 0,5 m gebohrt werden. In diese Löcher werden die zu einem Halbkreis gebogenen Träger eingesetzt. Sie können aus Rundmaterial mit einer Stärke von 8 bis 10 mm bestehen. Am besten verwendet man dazu Aluminium. Eisen würde unter der Folie rosten und

Abb. 46 Rahmengerüst aus Flacheisen auf einem Holzrahmen befestigt

an der Auflage die Folie zerstören. Steht kein anderes Material zur Verfügung, dann ist es günstig, wenn nach der Rostschutzbehandlung das Rundmaterial mit Folie oder Stoffresten umwickelt wird. Damit wird ein vorzeitiger Verschleiß der Folie verhindert. Die Folie wird bei dieser Konstruktion nicht in das Erdreich eingegraben, sondern zunächst auf einer Längsseite an dem Grundrahmen mit PVC-Klammern befestigt. Auf der anderen Seite wird die Folie wieder straff gezogen und ebenso mit PVC-Klammern festgemacht.

Abb. 47. Rahmengerüst, bestehend aus Aluminiumrohren, die in das Erdreich gesteckt werden, der First wird mit einem Längsrohr stabilisiert.

Für die Verkleidung des Giebels gibt es verschiedene Möglichkeiten. Man kann die überstehende Folie in Falten straff nach unten ziehen und an den beiden Giebelseiten des Grundrahmens befestigen. Die Bespannung kann aber auch aus drei Teilen bestehen. Die beiden Giebel werden vorher für sich bespannt. Dazu schneidet man aus Folie zwei Halbkreise in der Größe der Giebel. Beide Folienteile werden übereinandergelegt und in der Rundung miteinander verschweißt. Wie das gemacht werden kann, wurde bereits in dem Abschnitt Plaste beschrieben. Das so zusammengeschweißte Teil wird über den Bogen gezogen. Die übrige Folie braucht dann nur noch einige Zentimeter überzustehen und wird an dem Bogen

ebenfalls mit PVC-Klammern befestigt.
Das auf diese Weise gefertigte Folienzelt kann wie ein Wanderkasten für den Frühgemüseanbau verwendet werden. Bei der Bearbeitung des Bodens, beim Gießen oder Lüften braucht nur eine Längsseite angekippt und mit einem Stock abgestützt zu werden.
Es ist aber auch möglich, eine solche Konstruktion aus Holz herzustellen. Eigentlich braucht nur der Grundrahmen aus Holz zu bestehen, denn die Herstellung der gebogenen Rundeisen ist kein Problem. Man kann sich aber auch aus alten Dachlatten ein solches Zelt in Form eines Satteldaches herstellen. Es muß hierbei lediglich darauf geachtet werden, daß der First des Folienzeltes nicht zu scharfkantig ausgeführt wird. Es könnte leicht passieren, daß die Folie an dieser Stelle beschädigt wird. An die Holzlatten kann die Folie mit Deckleisten angenagelt werden. Die Masse einer solchen Konstruktion aus Holz ist jedoch etwas größer.
Neben diesen kleinen Folienzelten werden oft auch begehbare Ausführungen von den Gartenfreunden eingesetzt. Wer sich ein solches Zelt nicht kaufen möchte, kann es sich auch verhältnismäßig schnell selbst herstellen. Als Trägermaterial kann PVC-Rohr oder auch Gasrohr aus Eisen verwendet werden. Je nach beabsichtigter Größe kann dazu ½-Zoll- oder auch ¾-Zoll-Rohr verwendet werden.
Bei der Größe des Zeltes muß man sich etwas nach der im Handel angebotenen Folie richten. Auch wenn die Folie sowieso geschweißt werden muß, ist es wichtig, die Abmessungen der Folie zu wissen. Die Rohre werden in dem gewünschten Radius gebogen und an den Enden in die Erde gesteckt. Bei diesen **größeren Folienzelten** ist es sinnvoll, wenn beim Anlegen des Grundrisses eine Schnur verwendet wird. Man stellt dabei zunächst den ersten Bogen senkrecht auf und zieht im rechten Winkel dazu an beiden Längsseiten eine Schnur. Sie wird straff gespannt und um Pflöcke gewickelt. An dieser Schnur wird die Länge des Folienzeltes abgemessen, und es werden Markierungen für die übrigen Bogen angebracht. Sie sollten einen Abstand von 1 m nicht überschreiten. Die Bogenteile müssen genau senkrecht aufgestellt werden.
Soll dieses Folienzelt längere Zeit am selben Ort stehen bleiben, dann ist es besser, wenn die Bogenenden in den Boden einbetoniert werden. Dadurch erhält das Zelt auch eine bessere Stabilität. Eine höhere Stabilität wird ebenfalls erreicht, wenn in der Rahmenkonstruktion Längsverstrebungen angebracht werden. Es genügt, wenn im First und jeweils an beiden Seiten eine solche Strebe befestigt wird.
Die Tunnelform bietet dem Wind, gegenüber anderen Formen, die geringste Angriffsfläche. Da dieses Folienzelt begehbar sein soll, genügt natürlich nicht, nur dafür zu sorgen, daß eine ausreichende Raumhöhe erreicht wird, sondern es muß auch ein **Eingang** vorgesehen werden. Am einfachsten ist es, wenn an einer Giebelseite zwei Folien gespannt werden, die in der Mitte überlappen. Will man das Folienzelt betreten, dann braucht man nur die Folie auseinanderzuschieben,

und der Eingang wird frei. Diese Öffnung müßte dann auch zur Lüftung verwendet werden.
Diese Folienüberlappung kann der Wind leicht auseinanderschlagen und so die Folie beschädigen. Sicherer ist es, wenn ein Verschluß vorgesehen wird. Eine einfache Möglichkeit besteht darin, daß eine Schnur wie bei einem Campingzelt durch Schlaufen gezogen wird. Dazu sind die beiden Folienteile an den betreffenden Seiten zu verstärken und im Abstand der Schlaufen zu lochen. Die Schlaufen werden mit einer entsprechend langen Schnur gelegt, durch die Löcher geschoben und von hinten befestigt. Beim Verschließen wird die Folie mit ihren Löchern auf die Schlaufen gesteckt und eine durchgehende Schnur hindurchgezogen, die an den Enden befestigt wird.
Diese Möglichkeit der Verbindung von zwei Folienteilen kann sowohl im Giebel als Eingang als auch im First für die Lüftung genutzt werden.
Eine günstigere Lösung, allerdings mit größerem Aufwand, ergibt sich, wenn in diese Giebelwand eine folienbespannte Tür eingesetzt wird. Dazu ist es erforderlich, daß in die Giebelseite ein rechteckiger Rahmen aus Rohr eingeschweißt wird. Ein zweiter Rahmen muß etwas kleiner sein und genau in den ersten Rahmen passen.

Abb. 48 Die Folie wird straff gespannt

Abb. 49 Mit Erde werden die Längsseiten der Folie am Boden befestigt

Abb. 50 Am Rahmen erfolgt die Befestigung mit PVC-Klammern.

Mit Scharnieren werden beide aneinander befestigt.
Ist das tragende Gerüst fertiggestellt, dann kann die Folie aufgezogen werden. Zuerst werden die beiden Giebelseiten zugeschnitten und mit den schon bekannten PVC-Klammern am Rahmen befestigt. Es genügt, wenn dabei die Folie etwa 10 cm übersteht. Die große Folie wird ausgebreitet und auf Länge geschnitten. Die Breite ergibt sich aus der Länge der Bogenteile. Zusätzlich muß in der Breite die Möglichkeit bestehen, daß die Folie auf beiden Seiten eingegraben werden kann. Bei größeren Zelten ist es erforderlich, daß mehrere Personen die Folie über die Konstruktion ziehen. Auf der einen Seite wird sie nur festgehalten und auf der anderen Seite längs eingegraben. Die Erde wird mit dem Stiefel festgetreten und mit Steinen beschwert. Nun wird die Folie am besten an den beiden Giebelseiten und an der anderen Längsseite gleichzeitig straff gezogen. An den Giebelseiten wird sie wieder mit PVC-Klammern befestigt und an der Längsseite eingegraben.
Wie bereits erwähnt, ist es günstig, die Folie nach dem Abernten und vor Beginn des Winters zu entfernen. Die Arbeitsgänge laufen dabei in entgegengesetzter Folge ab, wie vorher beschrieben. Beim Zusammenlegen der großen Folienbahnen ist darauf zu achten, daß die Folie nicht zu stark geknickt wird.
Aus Holz kann man sich ein begehbares Folienhaus in der Form eines kleinen Gewächshauses selbst fertigen. Der Standort des Folienhauses wird abgesteckt und für die Auflage der

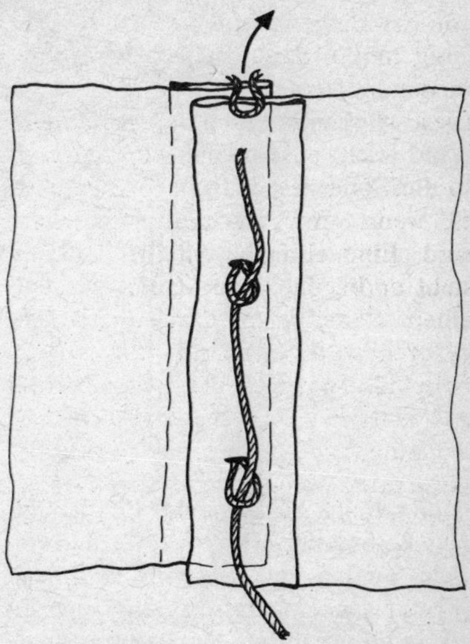

Abb. 51 Lösbarer Verschluß zweier Folienteile

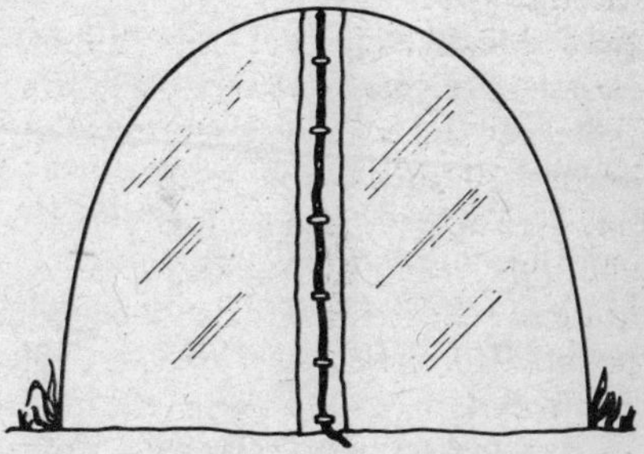

Abb. 52 Giebelverschluß für ein begehbares Foliengewächshaus

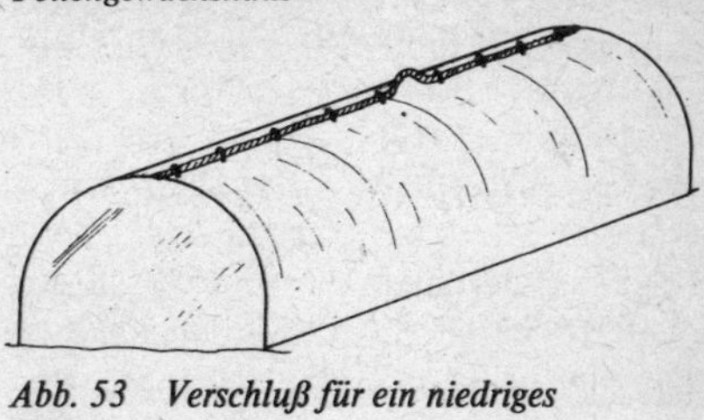

Abb. 53 Verschluß für ein niedriges Folienzelt im First

Abb. 54 Folienhaus

Holzrahmen ein schmales Fundament aus Beton angefertigt. Im Abstand von 1 m werden mit Löchern versehene Flacheisen eingelassen. An diese Eisen wird der untere Holzrahmen angeschraubt. Die Seitenteile werden als Rahmen vorgefertigt und auch schon mit Folie bespannt. Die Folie wird auf dem Holz mit kleinen Nägeln befestigt. Damit die Folie an diesen Stellen nicht reißen kann, ist es günstig, wenn schmale Deckleisten sie fest an das Holz pressen. Mit Metallwinkeln können die vorgefertigten Seitenteile zusammenmontiert werden. Überschreitet die Gesamtlänge 3 bis 4 Meter nicht, dann halten sich die Seitenteile selbst und benötigen keine zusätzlichen Stützelemente. Das Satteldach wird ebenfalls aus zwei Holzrahmen vorgefertigt. Diese beiden Einzelteile werden jeweils auf den Wandteilen mit Metallwinkeln aufgeschraubt. Im First werden beide Teile mit Schrauben verbunden. Etwas schwieriger ist die Fertigung der beiden dreieckigen Giebelteile. Sie werden von unten gegen den Dachrahmen geschraubt. Auch hierbei können wieder die Metallwinkel verwendet werden.

Verfügt man über einen Schraubstock und eine Bohrmaschine, dann ist es auch leicht möglich, diese Winkel aus Flacheisen selbst herzustellen. Zunächst werden die Flacheisenstücken auf Länge geschnitten. Danach werden die Löcher für die Verschraubung angerissen und mit einem Körner angekörnt. Vor dem Biegen ist es günstiger, die Löcher zu bohren. Danach werden die Eisenstücken in den Schraubstock gespannt und in dem gewünschten Winkel gebogen.

Abbildung 54 zeigt die Ansicht eines solchen Folienhauses. Es ist dabei zu erkennen, daß sich die eine Giebelseite vollständig öffnen läßt. Dazu werden die beiden Rahmenteile mit Scharnieren am äußeren Rahmen befestigt. Diese Lösung hat den Vorteil, daß man über die volle Arbeitsbreite das Haus betreten oder befahren kann. Für größere Erdtransporte erweist sich das als günstig. Da dieses Folienhaus ortsfest ist, kann auch die

Abb. 55 Niedriges Folienzelt in Tunnelform, im Bild wurde es für den Erdbeeranbau verwendet; im Vordergrund sind Erdbeerpflanzen auf Mulchfolie zu erkennen.

Folie den Winter über nicht entfernt werden. Deshalb werden meist schon nach dem ersten Jahr Reparaturen notwendig und nach dem zweiten Standjahr das vollständige Auswechseln der Folie. Ist das Haus nicht zu groß, dann könnte man sich überlegen, ob nicht die Schraubverbindungen durch eine einfachere, schnell zu lösende Verbindung ersetzt werden können. Dazu könnte man zum Beispiel Haken oder Riegel verwenden. Dem findigen Bastler fallen sicher auch noch andere Möglichkeiten ein, wie das Folienhaus mit wenigen Handgriffen in seine Einzelteile zerlegt werden kann. Das hätte den Vorteil, daß die Teile über Winter einge-

Abb. 56 Begehbares Folienzelt in halbrunder Form

Abb. 57 Begehbares Folienzelt in Hausform mit Holzrahmenkonstruktion

Abb. 58 Größeres, halbrundes Folienzelt

lagert werden könnten und damit die Haltbarkeit der Folie erhöht würde.
Erwähnt werden müßte noch, daß die Lichtdurchlässigkeit bei dem vorstehend beschriebenen Folienhaus gegenüber der Variante mit Drahtbügel etwas geringer ist, da die Holzkonstruktion die Beetfläche stärker beschattet.

Erwärmung im Folienzelt

Das Folienzelt ist, ebenso wie ein Gewächshaus, für Licht- und Wärmestrahlen durchlässig. Die Sonnenstrahlen erwärmen die Luft im Folienzelt. Entsprechend der Temperaturdifferenz erfolgt eine Wärmeübertragung an die Luftschicht außerhalb der Folie. Obwohl die Folie eine geringere Wärmeleitfähigkeit als Glas besitzt, wird dieser Vorteil durch die geringere Materialstärke aufgehoben. Im Temperaturverhalten entstehen deshalb ähnliche Bedingungen wie bei einem Glashaus.

Folienzelte werden meist nicht ganzjährig genutzt. Deshalb ist lediglich ein Schutz vor Nachtfrösten im Früh- und Spätanbau notwendig. Eine gute Wärmeisolation ist hierbei von großer Bedeutung. Da die Folie fast jährlich erneuert werden muß, ist es günstig, die alte Hülle nur zu lockern und die neue Folie darüber zu spannen. Zwischen beiden Folienlagen entsteht ein Luftpolster, welches eine gute Wärmedämmung aufweist. Die alte Folie erfüllt damit noch einen energiewirtschaftlichen Zweck. Zur Abwendung von Frostgefahr eignen sich **Paraffinkerzen**, deren Flamme ausreichend Wärmeenergie abgibt. Im Folienzelt werden je nach Größe eine oder mehrere Kerzen aufgestellt. Bei niedrigen Folienzelten besteht jedoch die Gefahr, daß durch Konzentration der Wärme die Folie über der Flamme zerstört wird.

Selbst in einem begehbaren Folienzelt ist es möglich, mit dieser primitiven Methode Nachtfrostgefahren abzuwenden. Der hohe Verbrauch an Kerzen oder Paraffin erlaubt es natürlich nicht, eine solche Variante der Erwärmung längere Zeit zu betreiben.

Bei kleinen Folienzelten kann auch die **biologische Erwärmung** angewendet werden. In der Größe des Folienzeltes wird das Erdreich etwa 40 bis 60 cm ausgeschachtet. Die Mistpakkung wird in der gleichen Weise vorgenommen wie beim Frühbeet. Je zeitiger dieses Mistbeet bepflanzt werden soll, um so tiefer wird es ausgeschachtet und mit Mist gepackt. Das Folienzelt deckt das Beet ab und soll gleichzeitig den Wärmeverlust möglichst gering halten.

Für einen wirkungsvollen, kurzzeitigen Frostschutz können auch transportable Kleinheizgeräte, z. B. Katalytöfen oder Propangasheizer, eingesetzt werden. Im Interesse der Wirtschaftlichkeit können das jedoch nur Lösungen sein, die Frosteinbrüche überbrücken.

Im allgemeinen wird der Gartenfreund im Spätherbst die Nutzung des Folienzeltes beenden und im zeitigen Frühjahr wieder aufnehmen. Sollte trotzdem bei einer entsprechend stabilen Ausführung eine ganzjährige bzw. sehr frühe Nutzung vorgesehen sein, so können auch Heizungssysteme verwendet werden, die sich für das Gewächshaus eignen. Wärmetechnisch ist im Folienzelt eine Bodenheizung sehr günstig.

Wer einen solchen Aufwand betreibt, der sollte sich auch genau überlegen, ob die zusätzlich aufgewandte Energie auch sinnvoll und nutzbringend eingesetzt wird.

Mit Energie, gleich welcher Art, sollte man im eigenen und im volkswirt-

schaftlichen Interesse sparsam umgehen. Dabei kommt es auch darauf an, die Wärmeverluste möglichst gering zu halten. Eine Heizung ist nicht wirkungsvoll eingesetzt, wenn das Folienzelt einige Stellen besitzt, an denen die Wärme entweichen kann.
Ökonomisch denken heißt auch überlegen, wie sinnvoll und nutzbringend die kleinste Menge Energie verwendet werden kann.

Lüftung und Lichteinfall

Bei der Schaffung künstlicher klimatischer Bedingungen für den Wachstumsprozeß spielen die Fragen des Luftaustausches und der Regulierung des Lichteinfalls eine große Rolle. Der durch die Sonneneinstrahlung entstandene Wärmestau wird durch richtiges Lüften beseitigt. Gleichzeitig wird damit das verbrauchte Kohlendioxid ergänzt.
Dieser **Luftaustausch** ist besonders in geschlossenen Folienzelten wichtig, da dort der selbständige Luftaustausch unter Umständen zu gering sein kann. Bei kleinen, niedrigen Folienzelten ist das Lüften relativ einfach. Das Zelt wird mit seinem Grundrahmen angekippt und mit einem Stützholz in dieser Lage festgeklemmt. Beim Bau solcher Folienzelte könnte man auch gleich eine schwenkbar angeordnete Stützvorrichtung vorsehen. Diese Vorrichtung würde die Bedienung etwas vereinfachen. Man sollte aber auch darauf achten, daß keine Windböe das Zelt anheben und umwerfen kann. Eine entsprechende Verankerung im Boden und die Beachtung der Windrichtung sind für sicheres Lüften ausschlaggebend.
Bei den Zelten, deren Stützgerüst im Boden verankert wurde, kann man sich helfen, indem die Folie von einer Seite auf eine lange Latte aufgewickelt wird und damit ein Teil des Folienzeltes für den Luftaustausch freigelegt wird.
Industriell gefertigte Folienzelte können am First geöffnet werden. Eine solche Lüftung erweist sich als günstig, da hierbei Zugluft vermieden wird.
Mit etwas Geschick läßt sich, wie bereits beschrieben, eine **Firstlüftungsmöglichkeit** auch selbst bauen. Die Folie muß an den Stellen, an denen sie mit Löchern für die Befestigung versehen wird, verstärkt werden. Das erreicht man, wenn die Kante mit einem Bügeleisen auf einer Leiste mit einer Breite von etwa 5 cm verschweißt wird. Dieser Arbeitsgang wurde bereits im Abschnitt Plaste beschrieben. Bei größeren, begehbaren Folienzelten kann eine Firstlüftung schlecht angewendet werden. Hier sollte man sich auf die Giebelseiten konzentrieren. Am einfachsten ist es, wenn man die Tür zum Folienzelt öffnet oder die Folie zurückschlägt. Im Giebel können aber auch **Lüftungsklappen** angebracht werden. Das ist aber nur dann möglich, wenn der Giebel mit einem Rahmen versehen wurde, an dem die Klappe befestigt werden kann.
Der Einbau eines **Ventilators** ist ebenfalls möglich. Der Ventilator sollte eine solche Umwälzleistung besitzen, daß er gleichmäßig die Raumluft des Zeltes austauscht, ohne daß starke Zugerscheinungen auftreten können.
Die Wirksamkeit der Lüftung ist ab-

hängig von der Luftbewegung außerhalb des Folienzeltes. Bei starkem Wind ist die Lüftung viel intensiver als bei nur schwacher Luftbewegung.

Das Kleingewächshaus

Betrachtung zu verschiedenen Varianten und Typen

Kleingewächshäuser sind die vollkommensten Einrichtungen für die Verfrühung des Pflanzenanbaus im Kleingarten. Sie können dem jeweiligen Anwendungsfall angepaßt werden. In einem Gewächshaus können für die Pflanzen bestmögliche Wachstumsbedingungen geschaffen werden. Der Gartenfreund kann in seinem Gewächshaus unabhängig von den äußeren Witterungseinflüssen seinem Hobby nachgehen.

Eine solche Einrichtung kann sich der Gartenfreund selbst schaffen. Die dafür notwendigen Aufwendungen können sehr verschieden sein. Der Aufwand richtet sich nach dem jeweiligen Typ des Kleingewächshauses. Neben industriell hergestellten Häusern gibt es verschiedene Ausführungen, die sich der geschickte Gartenfreund selbst bauen kann.

Die einfachste Form ist das **Erdhaus**, eine Zwischenlösung beim Übergang vom Frühbeet zum Gewächshaus. Es kann wie ein Frühbeet genutzt werden, ist aber wie ein Gewächshaus begehbar. In der Abbildung 59 ist ein solches Erdhaus im Schnitt dargestellt. Der Luftraum ist auf ein Minimum reduziert worden. Damit erhält man einen geringeren Heizbedarf als bei einem normalen Gewächshaus. Wie bei einem Doppelkasten sind die Fenster angeordnet. Sie bedecken jeweils ein Grundbeet. Zwischen beiden Beeten befindet sich ein Mittelgang mit einer Breite bis etwa 50 cm und einer Tiefe von etwa 1 m. Bis zum

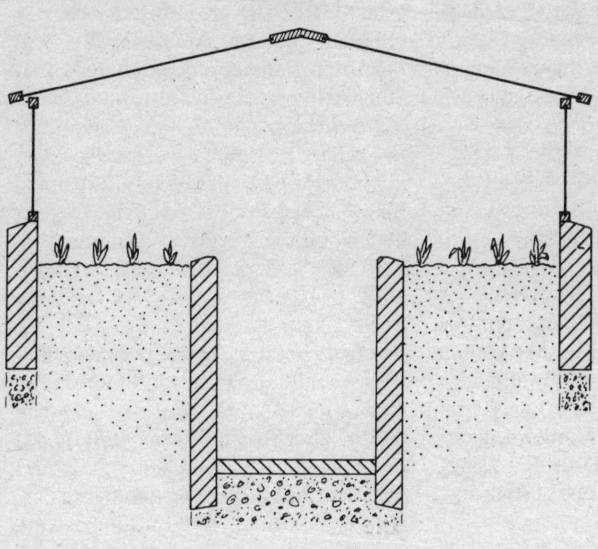

Abb. 59 Erdhaus in der Schnittdarstellung

First wird eine lichte Höhe von 1,90 bis 2,00 m erreicht. Eingefaßt ist der Mittelgang mit einer Betonstützmauer. Diese Mauer ist auch gleichzeitig die innere Begrenzung der beiden Grundbeete. Die äußere Begrenzung der Beete dient als Auflage für die Fenster des Erdhauses. Die Höhe dieser Stützmauern über dem Erdboden beträgt etwa 30 cm.
Die Fenster können direkt auf dieser Mauer aufgelegt werden, oder es wird noch eine niedrige, verglaste Stehwand errichtet, womit sich der Winkel des Satteldaches verringert. Im zweiten Fall ist es möglich, höhere Pflanzen anzubauen.
Lüftung und Beschattung können wie beim Frühbeet erfolgen. Der Aufwand ist mit einem Doppelkasten zu vergleichen, wobei die höheren Aufwendungen bei der Befestigung des Mittelganges liegen.
Es muß auch für eine Einstiegsmöglichkeit im Giebel gesorgt werden. Besteht die Möglichkeit, dieses Erdhaus an ein anderes festes Gebäude angrenzen zu lassen, erweist sich der Einstieg durch einen Vorraum als günstig. Im Kleingarten kann ein solches Erdhaus unmittelbar an die Gartenlaube gesetzt werden. Damit ist der Eingang des Hauses wettergeschützt, und es kann für den Aufenthalt in der Laube ein kleines Kellerfach eingebaut werden.
Soll die Erde im Erdhaus gewechselt werden, dann nimmt man wie bei einem Frühbeet die Fenster ab und kann so bequem diese Arbeiten verrichten.
Im Kleingarten besitzt das Erdhaus ebenso wie das Frühbeet noch Bedeutung. Die Bearbeitung des Bodens erfolgt hier manuell und ist demzufolge nicht ausschlaggebend für die Wahl der Einrichtungen zu Ernteverfrühung.
Wer über Frühbeetfenster verfügt, kann sich relativ einfach ein Kleingewächshaus daraus fertigen. Abbildung 60 zeigt im Schnitt, wie die Fenster aufgestellt und miteinander verbunden werden müssen. Die sogenannten **Fensterverbinder** wurden industriell hergestellt und ermöglichten

Abb. 60 Kleingewächshaus aus Frühbeetfenstern, selbsttragend

eine schnelle Montage. Da wir uns im Garten eine Einrichtung schaffen wollen, die mehrere Jahre stehen soll, ist es doch günstiger, wie in der Abbildung angedeutet, die Fensterverbinder zu verschrauben. Vor Beginn der Montage ist es jedoch erforderlich, ein schmales Betonfundament zu setzen. Hier können gleich Ankereisen eingelassen werden, an denen die Stehwände befestigt werden können. Man kann aber auch Löcher bohren und Dübel setzen, womit die Ankereisen befestigt werden können.

Beim Aufstellen wird unbedingt „Gartennachbarschaftshilfe“ benötigt, da zunächst die Fenster gehalten werden müssen. Am besten wird mit der Montage an einer Giebelseite angefangen. Es ist günstig, wenn die ersten Fenster mit Brettern abgestützt werden.

Man kann sich auch ein kleines Gerüst für die Montage bauen, das dann von einer Fensterbreite zur nächsten gezogen wird. Man montiert immer gleichzeitig die gegenüberliegenden Stehwandfenster und die dazugehörigen Dachfenster. Setzt man das nächste Fenster an, dann ist es günstig, wenn es mit einem Stück Flacheisen mit dem davor liegenden verbunden wird. Die Giebelseiten müssen entsprechend den vorhandenen Möglichkeiten geschlossen werden. An einem Giebel sollte auf jeden Fall eine Tür vorgesehen werden. Die Lüftung läßt sich auch günstig im Giebel unterbringen. Soll der Giebel verglast werden, müssen entsprechende Rahmen angefertigt werden. Man kann sich aber auch mit einer Folienbespannung helfen. Hierzu würde sich die Folie mit Gewebeeinlage gut eignen.

Abb. 61 Kleingewächshaus unter Verwendung von Frühbeetfenstern, die stabil mit einer Rahmenkonstruktion verbunden sind.

Hat man die Möglichkeit, einen Giebel an eine Haus- oder Laubenwand zu stellen, kann das Material dafür eingespart werden. Die Baukosten eines solchen relativ einfachen Kleingewächshauses liegen im wesentlichen bei den Anschaffungskosten der Fenster. Können diese Fenster preisgünstig erworben werden, dann ist der Bau einer solchen Variante nur zu empfehlen.

Vielfach werden alte Wohnungen modernisiert, dabei werden meist die Fenster ausgetauscht. Der Kleingärtner kann sie verwenden, wenn sie noch stabil genug sind. Bleiben uns nur die Scheiben übrig, dann findet sich im Garten auch dafür eine Verwendungsmöglichkeit.

Betrachten wir aber zunächst die Nutzungsmöglichkeit der Fenster mit Rahmen. Voraussetzung ist eine gleiche Höhe, dann läßt sich daraus ein **einfaches Gewächshaus**, wie in der

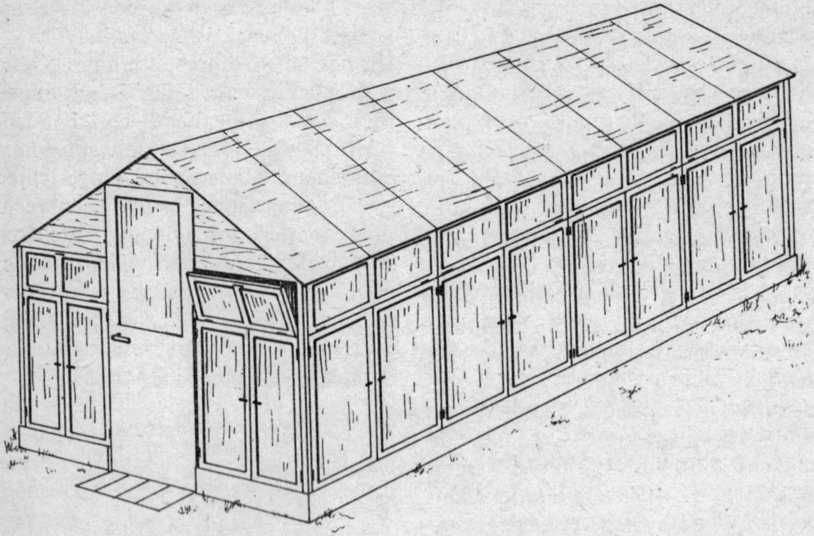

Abb. 62 Einfaches Gewächshaus mit Abrißfenstern und Folienbedeckung

Abbildung 62 dargestellt, errichten. Die Höhe des Mauersockels richtet sich nach der Höhe der Fenster, um im Gewächshaus eine ausreichende lichte Höhe zu erzielen.

In den Sockel werden ebenfalls Ankereisen eingelassen, und in den vier Ekken befestigt man senkrecht in der Höhe der Fenster je ein Kantholz. Diese vier Kanthölzer werden an den oberen Enden mit waagerechten Leisten oder auch Winkeleisen verbunden. Sie dienen zur Befestigung der Stehwände.

Die Fenster werden vor der Montage zunächst überprüft, ob sie unseren Anforderungen noch genügen und ob die Außenkanten der Rahmen im rechten Winkel zueinander stehen und die Kanten gerade sind. Wenn die Fenster aneinandergereiht werden, ist es unbedingt erforderlich, daß die Kanten gut zusammenpassen. Ist das nicht der Fall, sollte mit einem Hobel etwas nachgeholfen werden. Die Montage beginnt am besten in einer Ecke. Das Fenster wird unten am Ankereisen und oben an der Latte oder am Winkeleisen angeschraubt. Das nächste Fenster schiebt man dicht an das zuerst montierte heran und befestigt es in gleicher Weise. Sind alle Fenster montiert, dann müßte, wenn alle Fenster winklig und genau waagerecht montiert wurden, die obere Kante bündig sein. Die Stöße der Fenster werden mit Deckleisten abgedichtet. Eine Giebelseite wird mit einer Tür versehen.

Das Dach kann eine Glaseindeckung bekommen, aber dann sind entsprechende Sprossen anzubringen. Einfacher wäre auch hier die Anwendung von Folie. Sie braucht nur über ein

einfaches Lattengerüst gespannt zu werden.
Die Lüftung in diesem Kleingewächshaus ist sehr einfach, da im Prinzip alle Fenster wie in einem Wohnraum geöffnet werden können. Nachteilig an dieser Bauausführung ist die Verringerung des Lichteinfalls durch die breiten Holzrahmen der Fenster.
Vom Arbeitsaufwand und den Kosten her gesehen, ist diese Variante sehr vorteilhaft. Man sollte aber beim Bau eines solchen Kleingewächshauses unbedingt darauf achten, daß ein gefälliges Äußeres gewahrt wird. In einigen Gärten kann man beobachten, daß ein sonst gepflegtes Grundstück mit einem schlecht gebauten Kleingewächshaus verunstaltet wird. Wollen wir selbst und auch andere Freude daran haben, dann sollten wir diesen Hinweis gerade beim Bau eines solchen einfachen Gewächshauses beachten. Dem Hobbybastler unter den Gartenfreunden schwebt eine vollkommenere Einrichtung vor.

In Abbildung 63 wird eine etwas anspruchsvollere Lösung dargestellt. Es handelt sich hierbei um ein **Kleingewächshaus mit Glas.** Die Rahmen und die Stützelemente bestehen aus Holz. Die Stehwände sind auf einem halbhohen Mauersockel aufgerichtet. Die Seitenwände stehen senkrecht und werden mit einem Satteldach überdeckt. Der Mauersockel ist an der einen Giebelseite für die Tür unterbrochen worden. Die auf der Abbildung nicht sichtbare Giebelseite ist über dem Mauersockel verglast.
Der Bau dieser anspruchsvollen Variante erfordert einige Erfahrungen in der Holzbearbeitung. Meist ist es aber für den Gartenfreund leichter möglich, den Werkstoff Holz zu bearbeiten als Metallprofile. In den folgenden Abschnitten wird auf den Bau dieses Typs etwas näher eingegangen.
Im Vergleich zu den bisher vorgestellten Varianten handelt es sich hier bereits um eine solide Ausführung, die bei guter Pflege viele Jahre genutzt

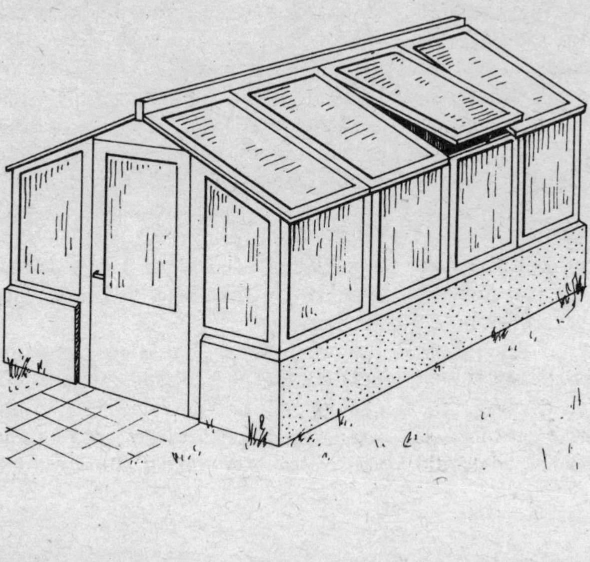

Abb. 63 Kleingewächshaus mit Holzsprossen, Betonsockel und senkrechten Wänden

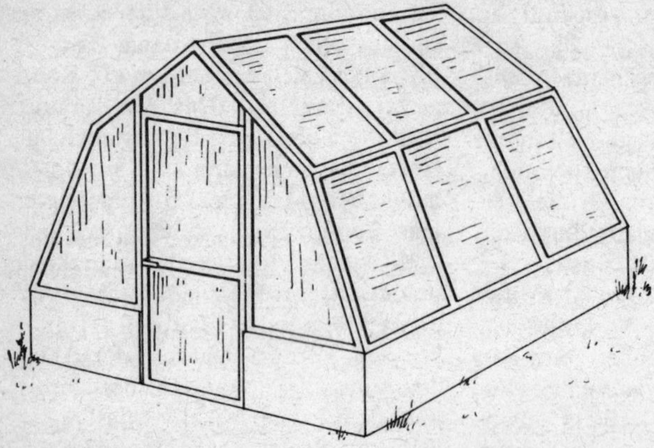

Abb. 64 Kleingewächshaus mit Stahlkonstruktion und schräg gestellten Seitenwänden

werden kann. Es ist deshalb schon eine Überlegung wert, welchem Typ man den Vorzug gibt.
Neben dieser Variante in **Holz-Glas-Ausführung** ist es auch möglich, diesen Typ in **Stahl-Glas-Ausführung** zu bauen. Vorteilhaft wäre dabei, daß diese Konstruktion selbsttragend gefertigt werden kann. Die Pflege der Metallteile ist aber aufwendiger, wenn keine verzinkten Teile zur Verfügung stehen.
Bei der in der Abbildung 64 dargestellten Stahl-Glas-Ausführung wurden die Seitenwände schräg gestellt. Die schräg gestellten Seitenwände verringern den Rauminhalt des Hauses bei guten Arbeitsbedingungen. Daraus

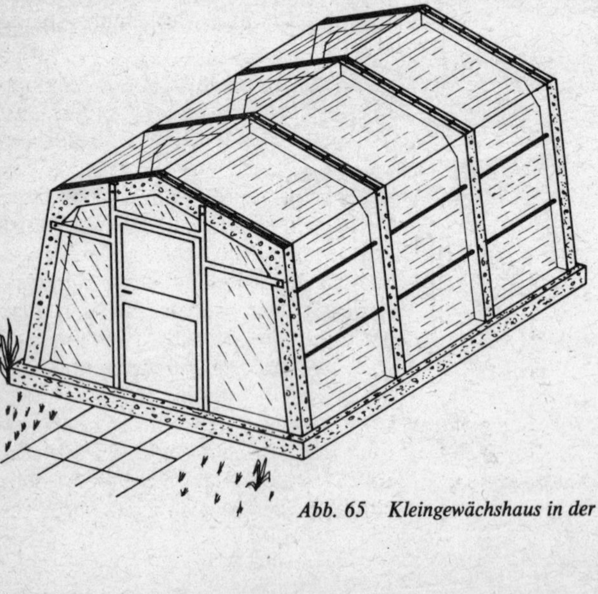

Abb. 65 Kleingewächshaus in der Ausführung Beton – Glas

ergibt sich eine geringere Wärmeabstrahlungsfläche/m² Grundfläche. Mit einer entsprechenden Heizung können in diesem Haus gute Ergebnisse/m² Grundfläche erzielt werden. Die Nutzung kann sowohl auf Bankbeeten als auch im Grundbeet erfolgen. Arbeitstische und Stellagen können völlig problemlos montiert werden.

Die Lüftung kann wahlweise im Dach als Lüftungsklappe oder in der Seitenwand eingebaut werden.

Für die Stützenkonstruktion eignen sich sowohl Holz als auch Beton. Mit der Hilfe eines Baufachmannes ist der Eigenbau eines Kleingewächshauses in Beton-Glas-Ausführung eine lohnende Sache. Wichtig ist eine gute Betonqualität und die richtige Lage der Armierungseisen. So erhält man ein wartungsarmes Kleingewächshaus, mit dem man viel Freude haben kann. In der Abbildung 65 ist ein solches Gewächshaus mit Betonstützelementen dargestellt. Die durch das verwendete Material bedingt breiteren Rahmen mindern nur unwesentlich den Lichteinfall. Die bisher gezeigten Varianten von Kleingewächshäusern werden freistehend aufgestellt.

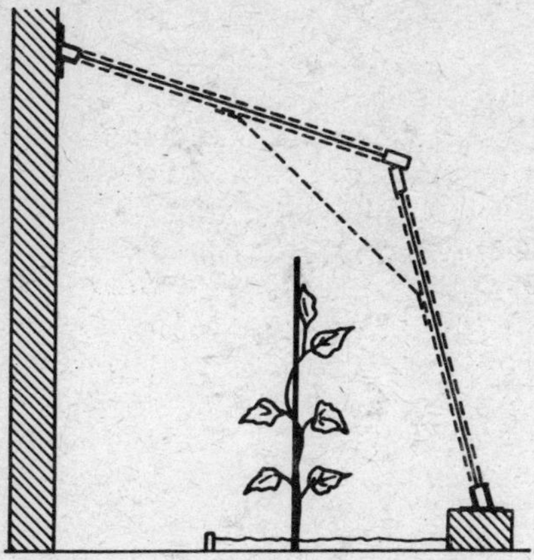

Abb. 66 Anlehnhaus aus Frühbeetfenstern im Schnitt

Bei günstiger Lage ist es aber auch möglich, eine Seite des **Kleingewächshauses** einzusparen, indem das Gewächshaus an ein vorhandenes Mauerwerk **angelehnt** wird. Die Mauer könnte zum Beispiel die Südwand eines Hauses sein. Es ergeben sich daraus einige Vorteile. Das Gewächshaus steht in unmittelbarer Nähe des Hauses. Der Anschluß an eine vorhandene Heizungsanlage ist relativ einfach möglich. Das gleiche betrifft auch den Wasser- und Elektroanschluß.

Die einfachste Form eines Anlehnhauses ergibt sich durch die Verwendung von Frühbeetfenstern, wie es in der Abbildung 66 dargestellt ist. Stehen keine Frühbeetfenster zur Verfügung, so muß eine entsprechende Stützkonstruktion errichtet werden. Das Dach wird in Form eines Pultdaches auf der einen Längsseite am Mauerwerk und auf der anderen an der senkrecht gestellten Seitenwand befestigt. Die Längssprossen sollten am besten aus Profileisen bestehen, damit sich das Dach nicht durchbiegen kann. Die Verglasung erfolgt in dem in der Abbildung gezeigten Beispiel mit Restbeständen an Glas. Das bedeutet, die Scheiben werden alle auf eine Breite zugeschnitten, wobei die Länge unterschiedlich sein kann.

Eine etwas ungewöhnliche Form für ein Gewächshaus zeigt die Abbildung 69. In seiner äußeren Form ähnelt es einer **Finnhütte.** Die Bauausführung ist denkbar einfach. Drahtglastafeln werden schräg aneinandergestellt und im First miteinander verbunden. Die Giebel können mit Folie bespannt werden, oder es werden entsprechend dreieckige Holzrahmen verglast. Die Lüftungsklappe befindet sich in der Spitze des Giebeldreiecks. Die Stabilität eines solchen Gewächshauses ist ohne zusätzliche Stützkonstruktion vollkommen ausreichend.

Bei einer solchen Variante steht die Breite in einem gewissen Verhältnis zur Höhe. Nachteilig ist die geringere Lichtdurchlässigkeit des Drahtglases. Der Lichteinfall wird vermindert, wobei der Anteil an gestreutem Licht höher ist. Der zweiseitige Anbau von Gurken oder anderen in die Höhe rankenden Pflanzen ist nur schwer möglich. Durch die schrägen Seitenwände müssen die Pflanzen mit zunehmendem Wachstum zur Mitte gezogen werden. Damit verringert sich die lichte Höhe, und man kann das Haus schlecht begehen.

Nicht jeder Gartenfreund ist in der Lage, sich ein Kleingewächshaus selbst zu bauen. Deshalb werden, territorial verschieden, unterschiedliche Typen von Kleingewächshäusern industriell hergestellt. Oftmals sind es Betriebe, die diese Einrichtungen für die Gartenfreunde im Rahmen ihrer Konsumgüterproduktion zusätzlich herstellen. Alle Typen lassen sich gut für unsere Zwecke nutzen, jedoch gibt es auch solche, die eine Reihe von Nachteilen aufweisen. Der Kauf eines solchen Gewächshauses bedeutet einen beträchtlichen finanziellen Aufwand, man sollte also gut überlegen, für welchen Typ man sich entscheidet. Die Abbildungen 70 und 71 zeigen zwei geeignete Typen.

In den bisher dargestellten Varianten

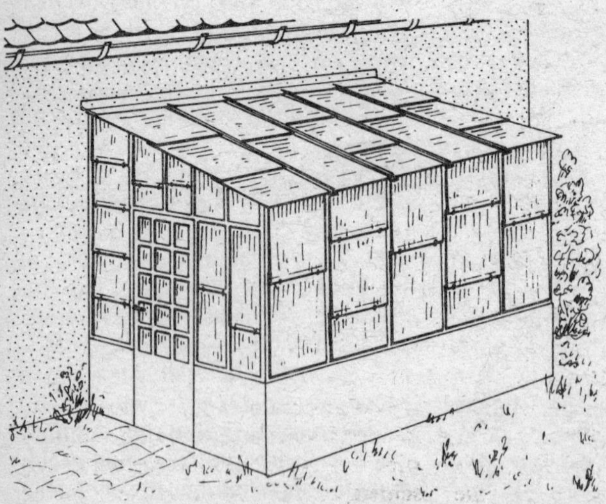

Abb. 67 Anlehnhaus, Stahl-Glas-Ausführung (Verglasung mit Reststücken und Scheibenüberlagen)

Abb. 68 Montage eines Anlehnhauses

von Kleingewächshäusern ist vorwiegend eine Einrichtung zur Ernteverfrühung zu sehen. Man kann aber auch eine solche Einrichtung in den Wohnbereich bzw. in seine Nähe einbeziehen. Hier wird nicht die Verfrühung von Gemüse im Vordergrund stehen, sondern mehr der Liebhaberanbau verschiedener Zierpflanzen. Der Wert einer solchen Einrichtung liegt in der Betrachtung und Beobachtung, deshalb wird auf eine saubere und geschmackvolle Bauausführung besonders geachtet.

Geeignet ist schon eine überdachte und **verglaste Veranda**, oft auch als Wintergarten bezeichnet. Sie ist vom Wohnraum aus begehbar und enthält neben unterschiedlichen Pflanzen einen oder mehrere Sitzplätze und eventuell einen kleinen Tisch. Sie

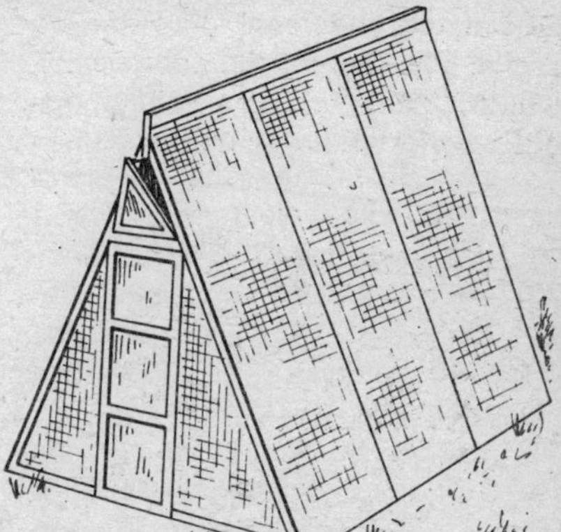

Abb. 69 Kleingewächshaus im Finnhütten-Stil aus schräg gestellten Drahtglastafeln

überträgt eine besondere Atmosphäre in den Wohnbereich. Die Bauform wird in den meisten Fällen sehr unterschiedlich sein. Sie muß sich in die

Abb. 70 Industriell hergestelltes Kleingewächshaus in der Ausführung Stahl – Glas mit schräg gestellten Seitenwänden

individuelle Architektur des Hauses einfügen. Einen solchen Wintergarten kann sich leider nicht jeder einrichten, da dazu einige bauliche Voraussetzungen gegeben sein müssen. Eher ist es möglich, auch in modernen Neubauwohnungen Pflanzenfenster einzurichten.

Ein solches Fenster ist eine kleine Ausführung eines Wintergartens. Der Einbau ist in den meisten Wohnungen möglich. Bei Gebäuden, die in Großplattenbauweise errichtet wurden, können nur geringfügige Veränderungen am Mauerwerk vorgenommen werden. In diesem Fall ist es günstiger, wenn das Fenster in den Wohnraum hinein verbreitert wird. Die Verkleidung ist am besten mit Holz zu gestalten.

Die Beheizung solcher Pflanzenfenster ist relativ einfach möglich, wenn sich unter dem Fenster ein Heizkörper der Zentralheizung befindet. Beheizbare Pflanzenfenster ermöglichen die Anzucht von Pflanzen mit hohen Temperaturansprüchen.

Das Pflanzenfenster besitzt eine besondere Bedeutung in Neubaugebieten. Hier stellt eine solche Einrichtung wieder den Kontakt zur Natur her. Die Pflege der Pflanzen und das sichtbare Wachstum bringen viel Freude und Abwechslung in den Wohnbereich.

Neben dieser feststehenden Einrichtung können auch **Glasvitrinen** mit Zierpflanzen in der Wohnung aufgestellt werden. Eine solche Vitrine braucht nicht ortsgebunden zu sein

Abb. 71 Industriell hergestelltes Kleingewächshaus mit senkrechten Seitenwänden

und erfordert deshalb auch keine baulichen Veränderungen. Sie kann innerhalb der Wohnung aufgestellt und bei Wohnungswechsel mitgenommen werden.

Etwas kompliziert ist es jedoch, dabei ausreichende Lichtverhältnisse zu schaffen. In den meisten Fällen wird man hierbei nicht ohne künstliche Lichtquelle auskommen. Mehrere Leuchtstofflampen, möglichst dicht über den Pflanzen, können die erforderliche Lichtintensität bringen. Vorteilhaft ist dabei, daß man ohne Schwierigkeit die Zeitdauer der Belichtung beeinflussen kann. Ebenso läßt sich die Feuchtigkeit in einer solchen Einrichtung auf die jeweiligen Pflanzen abstimmen. Es können günstige Bedingungen für verschiedene Pflanzen geschaffen werden, wobei die Kenntnis der Wachstumsansprüche der verschiedenen Pflanzengattungen vorausgesetzt wird.

Abb. 72 Glasveranda

Mit der Darstellung von Varianten und Typen von Einrichtungen, mit denen verschiedenen Pflanzen günstige Wachstumsbedingungen geboten werden können, sollte dem Gartenfreund eine Auswahlmöglichkeit gegeben werden.
In den folgenden Abschnitten wird der Bau eines Kleingewächshauses unter konkreten örtlichen Bedingungen beschrieben. Diese Beschreibung dient vor allem dazu, einige Anregungen zu vermitteln.

Auswahl und Planung des Bauablaufes

Zur Auswahl wurde bereits einiges ausgeführt. Es spielen dabei verschiedene Gesichtspunkte eine Rolle. Zunächst wird der Wunsch vorhanden sein, sich eine Einrichtung zu schaffen, in der man Pflanzen kultivieren kann, die im Freiland nicht die entsprechenden Wachstumsbedingungen vorfinden bzw. nicht rechtzeitig den gewünschten Ertrag bringen. Der Gartenfreund sollte sich aber immer darüber klar sein, daß der Aufwand für den Bau eines Kleingewächshauses nur durch intensive Nutzung erwirtschaftet werden kann.
Stehen Holz und Glas zur Verfügung, ist es am günstigsten, ein Gewächshaus in der **Glas-Holz-Ausführung** zu bauen. Der Einsatz von Stahlteilen ist nur sinnvoll, wenn die Bearbeitung dieses Werkstoffes möglich ist.
Ist das Material für den Bau vorhanden, muß die **Bauform** festgelegt werden. Befindet sich das Gartengrundstück in einer Kleingartenanlage, ist es zunächst notwendig, sich mit dem Vorstand der Sparte zu beraten. In den Statuten und Vereinbarungen der Sparten des VKSK wird darauf geachtet, daß alle Baumaßnahmen aufeinander abgestimmt sind und das Gesamtbild der Anlage nicht beeinträchtigt wird. Der Vorstand wird sich auch in vielen Kleingartensparten vorbehalten, **Genehmigungen** für Gartenbauten zu erteilen. Oft wird Zustimmung vom Vorstand erteilt mit der Auflage, die Bauflucht einzuhalten und einen Mindestabstand zum Nachbargrundstück zu sichern. Eine saubere Bauausführung wird dabei vorausgesetzt.
Sobald die Größe des geplanten Kleingewächshauses 5 m² überschreitet, ist entsprechend den gesetzlichen Bestimmungen die Genehmigung des zuständigen örtlichen Rates einzuholen. Alle Bauwerke zwischen 5 und 25 m² Grundfläche und mit einer Firsthöhe bis zu 3 m sowie Bauwerke mit einer Gründung tiefer als 1 m fallen unter diese Anordnung.
Für die Erteilung der Zustimmung durch den Rat ist ein schriftlicher Antrag einzureichen. Er beinhaltet zunächst eine Beschreibung des Bauwerkes mit einer Zeichnung der Ansichten sowie der Erläuterung der geplanten Nutzung und den Bauzeitraum. Ein Lageplan des Grundstückes mit eingezeichneten Bauten und Versorgungsleitungen ist mit dem vorgesehenen Standort des Gewächshauses zu ergänzen und ebenfalls dem Antrag beizufügen. Für den Bau in Kleingartenanlagen muß die schriftliche Genehmigung des Vorstandes dem Antrag beigelegt werden. Nach erteilter Genehmigung beginnt die **Planung des Bauablaufes**. Der Baubeginn wird

Abb. 73 Unaufdringliche Einordnung eines Kleingewächshauses in das Gartengrundstück

Abb. 74 Gute Flächenausnutzung bei der Aufstellung des im Bild gezeigten Kleingewächshauses; das Satteldach besteht aus Wellpolyester.

schon mit dem Bauantrag festgelegt. In den Wintermonaten sind die Bauvorbereitungen ohne weiteres möglich: Das sind solche Arbeiten, die in einer Werkstatt oder in der Wohnung erledigt werden können. Der eigentliche Baubeginn sollte nach Abschluß der Frühjahrsarbeiten erfolgen.
Ein zügiger Bauablauf setzt einen ordentlichen Bauablaufplan voraus, damit zum richtigen Zeitpunkt auch das nötige Material oder Werkzeug vorhanden ist. Wird in begrenztem Umfang die Hilfe von Handwerkern in Anspruch genommen, dann muß das rechtzeitig mit diesen vereinbart werden, damit unpünktliche Leistungen nicht den Bauablauf ins Stocken bringen.
Der Bauablaufplan legt die einzelnen Arbeitsschritte in ihrer Folge fest und beinhaltet den Bereitstellungstermin für Material und Werkzeuge. Es ist ratsam, sich dafür von einem Fachmann die nötigen Hinweise geben zu lassen. Die Genauigkeit eines solchen Planes hat natürlich ihre Grenzen. Die darin genannten Termine sind als Richtwerte zu betrachten.
Zunächst wird mit der **Planung der Erdarbeiten** begonnen. Neben dem Termin für diese Arbeit ist aber auch wichtig zu wissen, welche Erdmassen anfallen und was mit ihnen wird.
Aus der Zeichnung ist zu entnehmen, welche Erdmengen anfallen und wieviel benötigt wird, um das Fundament wieder auszufüllen. Es ist festzulegen, wo die Erde abgelagert werden soll. Erde, die nicht zum Anfüllen benötigt wird, sollte am besten gleich für andere Zwecke im Garten verwendet werden. Auf keinen Fall darf Mutterboden, dessen Schicht nicht stark genug sein kann, vergeudet werden.
Für die Baustelle wird ebenfalls Platz benötigt. Dieser **Baufreiheit** muß kurzfristig ein Teil des Gartenlandes

geopfert werden. Nach Möglichkeit wird dafür ein solcher Platz gewählt, auf dem keine dauerhaften Pflanzen stehen. Ist das nicht zu vermeiden, dann müssen sie rechtzeitig einen neuen Standort erhalten. Dabei sollte berücksichtigt werden, daß nicht alle Pflanzen zu beliebigen Zeitpunkten umgepflanzt werden können. Diese Arbeiten sollten ebenfalls im Ablaufplan festgehalten werden.
Die benötigten **Materialien** müssen sicher bis zur Verarbeitung **gelagert** werden. Glastafeln werden am besten an eine Wand gelehnt. Es ist dafür zu sorgen, daß sie nicht beschädigt werden können. Die benötigten Sprossen und Kanthölzer werden so gestapelt, daß sie sich nicht verziehen können. Kann Zement nicht gleich verarbeitet werden, dann empfiehlt es sich, ihn in Plastsäcke oder Fässer umzufüllen. Mauersand und Kies wird auf eine saubere Unterlage geschüttet. Es muß dabei vermieden werden, daß Erde und andere organische Stoffe dieses Material verunreinigen.
Damit der Sand nicht zuviel Platz einnimmt, ist es günstig, wenn man ihn von drei Seiten mit Bretterwänden eingrenzt. Es ist damit eine größere Schütthöhe möglich. Ziegel werden ordentlich gestapelt und mit Folie oder Dachpappe abgedeckt. Abbruchziegel sollten vorher geputzt werden, d. h., alte Zement- oder Kalkmörtelreste müssen entfernt werden.
Für das Fundament werden Steine benötigt. Im Garten anfallende Steine werden meist für solche oder andere Zwecke gesammelt. Reicht der vorhandene Vorrat nicht aus, dann macht sich eine „Sammelaktion“ außerhalb des Gartens notwendig, was ebenfalls im Bauablaufplan festzuhalten ist.
Nicht zu unterschätzen ist die Vielzahl der Kleinmaterialien. Ein Sortiment an Schrauben und Nägeln wird sicher in jedem Garten vorhanden sein, jedoch sollte der Bestand vor Baubeginn überprüft und notfalls ergänzt werden. Das Kleinmaterial wird am besten in Regalen in der Laube untergebracht. Es sollte jederzeit griffbereit sein. Das gleiche betrifft auch das Werkzeug. Eine ordentliche Aufbewahrung ist eine Grundvoraussetzung für eine pflegliche Behandlung.
Grundlage für den Bauablauf ist die **Bauzeichnung**. Nicht immer wird sie in der erforderlichen Qualität vorliegen. Je ausführlicher eine solche Zeichnung aber ist, um so leichter lassen sich die erforderlichen Arbeiten im voraus bestimmen.
Ohne solche Bauunterlagen sollte ein Kleingewächshaus auf keinen Fall errichtet werden, weil die erforderliche Stabilität des gesamten Bauwerkes und eine ausreichende Nutzungsfähigkeit gewährleistet sein müssen.
Große Bedeutung hat auch die bestmögliche Ausnutzung des Materials und die Verwertung der Abfälle. Bei richtiger Planung kann der finanzielle Aufwand für ein Kleingewächshaus gering gehalten werden. Verschwendung von hochwertigem Material bedeutet aber einen finanziellen Verlust. Es ist deshalb notwendig, daß die in der Bauzeichnung angeführten Abmessungen bei der Materialbeschaffung beachtet werden. Schwieriger ist es, wenn vorhandenes Material verwendet werden soll. Hierbei ist es günstiger, wenn bereits bei der Konstruk-

Abb. 75 Dieses Kleingewächshaus wurde unter Verwendung von Glasreststücken hergestellt; der Aufwand für die Rahmenkonstruktion liegt dabei etwas höher.

tion des Bauwerkes die Abmessungen der vorhandenen Materialien beachtet werden.

Das wichtigste Material für ein Gewächshaus sind die **Glasscheiben.** Sie haben eine genormte Größe, die unseren Anforderungen entspricht. Es ist deshalb günstig, wenn sie ohne Schnitt verarbeitet werden können. Damit sparen wir Material und auch Arbeitszeit. Haben die vorhandenen Glasscheiben unterschiedliche Abmessungen, dann kann man sich nach den Abmessungen richten, die am meisten vorhanden sind, oder man konstruiert die Sprossenabstände entsprechend dem vorhandenen Glas.

Die Gesamtabmessungen des Ge-

Abb. 76 Die flache Neigung des Satteldaches erfordert einen stabilen Unterbau, damit die Schneelast abgefangen werden kann.

wächshauses ergeben sich in diesem Fall aus der Summe der Einzelabmessungen. Bei dieser Methode haben wir die Sicherheit, daß vorhandene Materialien bestmöglich eingesetzt werden. Es wird aber auch klar, daß man ohne Zeichnung und einige Überlegungen nicht auskommt.

Die **Holzkonstruktion** kann werkstattmäßig vorbereitet werden, so daß sich die eigentliche Bauausführung auf die Montage beschränken kann. Die Bauzeit verkürzt sich, wenn diese Arbeiten bereits im Winter erledigt werden. Die Rahmenkonstruktionen können ebenfalls vorgefertigt werden. Es ist aber nicht ratsam, schon das Glas einzusetzen. Die Rahmen werden unnötig schwer, und das Glas kann leicht brechen.

Unter Beachtung der bisher beschriebenen Gesichtspunkte ist folgender **Bauablauf** als günstig zu betrachten. Der Baubeginn liegt nach Abschluß der Frühjahrsarbeiten im Garten. Auch witterungsmäßig ist der Monat Mai der richtige Zeitpunkt. Nach Abschluß der Erdarbeiten wird das Fundament betoniert. Darauf setzt man den Mauersockel, der aus festen Ziegeln oder auch Natursteinen bestehen sollte. Im Sockel werden Ankereisen für die Stützkonstruktion eingelassen. Nachdem der Mörtel im Sockel abgebunden ist, kann die tragende Konstruktion errichtet werden. Die Holzteile werden nach der Montage noch einmal mit Holzschutzmittel und alle Metallteile mit Rostschutzfarbe behandelt. Ist alles gut getrocknet, kann mit der Montage der Rahmen begonnen werden. Diese Arbeit muß mit großer Sorgfalt verrichtet werden, damit sich die Rahmen nicht verziehen und in der Folge die Glasscheiben zu Bruch gehen können. Steht das gesamte Gerüst, können die Scheiben eingesetzt werden. Ist der Bau soweit abgeschlossen, kann mit der Einrichtung begonnen werden. Zunächst sind die vorgesehenen Versorgungsleitungen zu installieren. Das ist einmal der notwendige Elektroanschluß, soweit im Grundstück eine solche Anschlußmöglichkeit besteht, und zum anderen die Wasserleitung. Beide Arbeiten erfordern die Unterstützung eines Fachmannes.

Die Elektroinstallation muß in Feuchtraumausführung erfolgen. Zweckmäßigerweise werden eine übliche Beleuchtungseinrichtung und mehrere Schukosteckdosen vorgesehen.

Die Wasserleitung wird meist im Erdreich an das Gewächshaus herangeführt. An der tiefsten Stelle ist ein Ablaßventil einzubauen, damit bei Frost das Wasser restlos aus der Leitung entfernt werden kann. Über einem Wassertrog wird ein Wasserhahn mit Schlauchanschluß installiert. Für ein Gewächshaus in der Größe, wie es in Kleingärten errichtet wird, reicht ein Anschluß vollkommen aus.

Nach Abschluß der Bauarbeiten kann mit dem Anlegen der Beete begonnen werden. Ein solcher reibungsloser Bauablauf kann erzielt werden, wenn die einzelnen Arbeitsschritte gut durchdacht werden und wichtige Hinweise in einem Ablaufplan festgehalten werden.

Konstruktion und Bauzeichnung

Für den Bau eines Kleingewächshauses genügen in den meisten Fällen

Einordnung eines Kleingewächshauses im Ziergarten.

Paprikapflanze mit reifer Frucht.

Nach dem Entfernen der Deckerde kann der Chicorée geerntet werden.

Pikieren der Sämlinge

Fü die Jungpflanzenanzucht eignen sich gut ausgediente Plastverpackungen.

Mit einem Drahtring können die rankenden Gurkenpflanzen am Maschendraht befestigt werden.

Die Veredlung der Gurkenpflanzen beginnt mit dem Einschneiden der Stiele.

Die entstandenen Zungen werden vorsichtig ineinander geschoben.

Damit die Veredlungsstelle gut verwachsen kann, wird sie mit einem Streifen Alufolie umwickelt.

Beide Pflanzen werden gemeinsam getopft und mit einem kleinen Stab gestützt.

Stützvorrichtung der Edelnelken

Chrysanthemen können auch einzeln mit Stäben gestützt werden.

Vielseitiger Pflanzenwuchs im Wintergarten.

Steckschale mit Orchideen, die im Gewächshaus herangezogen wurden.

Unter den Bedingungen eines beheizten Kleingewächshauses gedeihen auch Orchideen.

Bepflanzte Glasbehälter sind ein interessantes Gestaltungselement.

Dieses Pflanzenfenster wurde gut in die Gestaltung des Wohnraumes einbezogen.

Abb. 77 Die Hanglage bedingt eine besondere Beachtung bei der Konstruktion.

Skizzen, aus denen die Einzelteile und deren Montage sowie die Abmessungen hervorgehen.

Bevor aber Skizzen oder Zeichnungen angefertigt werden, muß die Zielstellung für den Bau klar sein. In unserem Beispiel besteht die Absicht, ein **Kleingewächshaus in Holz-Glas-Bauweise** zu errichten. Als Randbedingung sollte berücksichtigt werden, daß der Grundriß und die Glasabmessungen feststehen.

Als Bauform wurde ein **Haus mit Satteldach** und halbhoch gemauerten Seitenwänden ausgewählt. Der Grundriß wird maßstabsgerecht in den Lageplan eingezeichnet. Lagepläne, aus denen die Bebauung und die Flurstücksgrenzen hervorgehen, können über die örtlichen Organe als Lichtpausen bezogen werden. Neben der Eintragung des Grundrisses in den Lageplan wird für den Bauantrag die Ansicht des Bauobjektes benötigt. Es genügt, wenn wir die Ansicht als saubere Skizze anfertigen. Diese Skizze dient lediglich der Beurteilung der Gesamtansicht und enthält noch keine baulichen Details.

Haben wir die Genehmigung erhalten, ein Gewächshaus zu bauen, dann können wir uns mit der Konstruktion etwas näher befassen. Wichtig ist dabei der Gedanke, daß den Pflanzen bestmögliche Wachstumsbedingungen geschaffen werden sollen. Unmittelbar durch den Bau beeinflußbar sind die Wachstumsfaktoren Licht und Tempe-

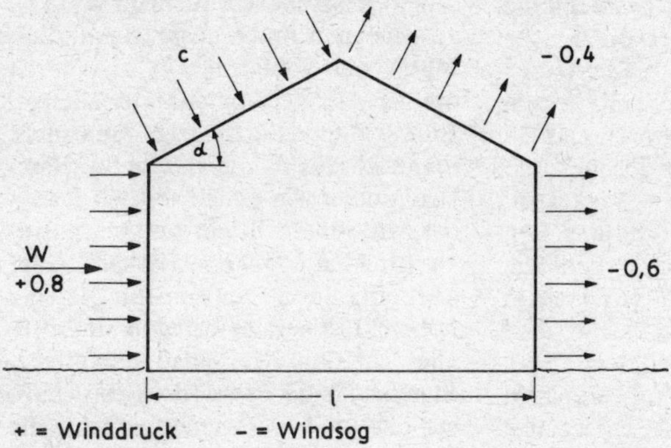

Abb. 78 Windlastverteilung beim Satteldach mit senkrechter Stehwand, c-Werte nach TGL 20 167, Blatt 1 (nach Vogel)

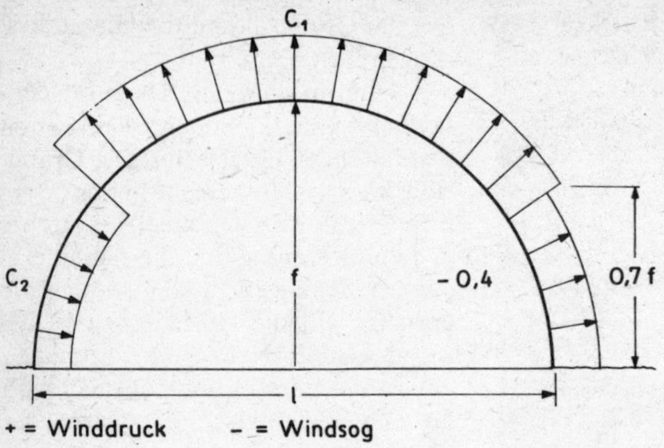

Abb. 79 Windlastverteilung bei der Tunnel- oder Bogenform, c-Werte nach TGL 20 167, Blatt 1 (nach Vogel)

ratur. Die Konstruktion muß also einen möglichst hohen Lichteinfall gewährleisten und gute Isolationseigenschaften aufweisen.

Eine Beeinträchtigung des Lichteinfalls ergibt sich durch die erforderliche Holzkonstruktion, die als tragendes Element für das Glas notwendig ist. Dabei geht es nicht nur darum, die Holzkonstruktion so stabil zu bauen, daß sie das Eigengewicht des Glases trägt, sondern sie muß auch Lasten tragen, die sich aus den jeweiligen Witterungseinflüssen ergeben.

Besonders zu beachten wäre hierbei die **Windlast.** Je größer die Fläche, die dem Wind direkt ausgesetzt ist, um so größer muß auch die Kraft sein, die dem Wind entgegenwirkt. Das Gesagte gilt zunächst für Flächen, auf die der Wind im rechten Winkel auftrifft. Mit der Veränderung des Winkels verringert sich auch der benötigte Kraftaufwand, der dem Wind entgegengesetzt werden muß.

Hinzu kommt, daß neben dem Druck, den der auftreffende Wind verursacht, auch ein Sog entsteht, der entgegengesetzt wirkt. Solche Stellen am Gewächshaus, an denen der Sog entsteht, liegen im Windschatten und dort, wo der Wind flach hinwegstreichen kann.

Die beiden genannten Kräfte wurden zunächst als statische Belastung angenommen. Wir wissen aber, daß der Wind mitunter sehr böig sein kann. Deshalb muß bei der Windlast von einer dynamisch wirkenden Belastung ausgegangen werden.

Durch die ständig wechselnde Belastung wird die Stützkonstruktion in Schwingungen versetzt. Den dynamischen Belastungen durch den Wind ist zu begegnen durch ausreichende **Stabilität der Konstruktion** und durch die Auswahl geeigneter Materialien.

Eine windgeschützte Lage ermöglicht demnach den Bau leichterer Stützkonstruktionen. An einem solchen Standort tritt außerdem ein weiterer positiver Effekt auf. Um ein Glashaus bildet sich eine dünne Luftschicht, die eine höhere Temperatur hat und vortreffliche Isolationseigenschaften aufweist. Starker Wind zerstört diese Luftschicht und vermindert damit die

Wärmeisolation der Außenhaut. Damit entsteht ein höherer Wärmebedarf innerhalb des Gewächshauses.
Ein weiterer witterungsbedingter Faktor, der die Stabilität beeinflußt, ist die **Schneelast.** Dieser Faktor hat wesentlichen Anteil daran, daß keine Gewächshäuser mit Flachdach gebaut werden. Die Schneelast würde in diesem Fall im rechten Winkel auf die Konstruktion einwirken, damit liegt das volle Eigengewicht des Schnees auf den tragenden Elementen.
Die Schneelast wird deshalb in Teilkräfte mit unterschiedlichen Wirkungsrichtungen verteilt, indem ein Satteldach gebaut wird. Je spitzer der Winkel des Satteldaches, um so weniger Kraft wird benötigt, die der Schneelast entgegengesetzt werden muß.
Die schon beschriebene Bauform im Finnhüttenstil würde diesen Anforderungen am besten gerecht. Hier steht der Winkel noch in einem vertretbaren Verhältnis zur nutzbaren Grundfläche. Da eine gewisse Bewegungsfreiheit innerhalb des Gewächshauses gewährleistet sein soll, ist die anfangs erwähnte Variante günstiger. Die lichte Höhe sollte unter dem First einen aufrechten Gang ermöglichen. Wesentlich höher zu bauen wäre wärmetechnisch nicht sinnvoll. Bei gleichbleibender Grundfläche müßte ein größeres Luftvolumen erwärmt werden, wobei sich durch die damit größere Glasfläche die Wärmeabstrahlung erhöht und ebenfalls einen höheren Bedarf erzeugt.
Die genannten Faktoren zeigen die Grenzen, in denen wir uns mit unserer Konstruktion bewegen können.

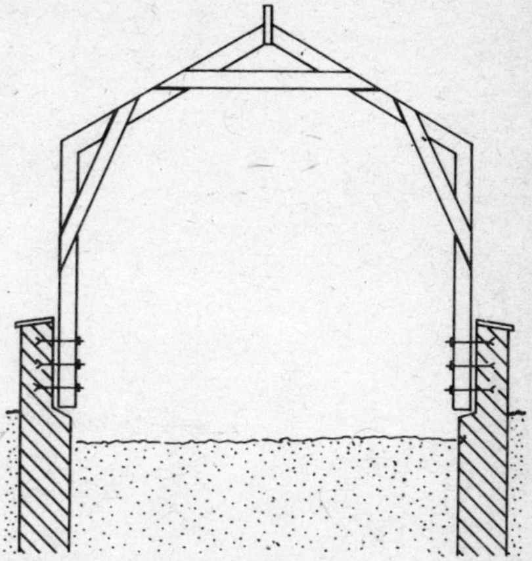

Abb. 80 Tragende Konstruktion am Betonsockel befestigt

Abschließend sollen einige Anregungen zur **Konstruktion der Lüftung** in Kleingewächshäusern gegeben werden. Es sind verschiedene Lösungen möglich. Wird im First eine verschließbare Klappe angebracht, so kann durchaus eine ausreichende Lüftung erzielt werden, insbesondere bei einem Wärmestau, da sich die erwärmte Luft an dieser Stelle besonders konzentriert.
Eine weitverbreitete Lösung ist das Lüften mittels eines Fensters in der Dachschräge. Ähnlich einem Dachfenster kann es verschieden weit geöffnet werden. Mitunter wird auch die Stehwand so konstruiert, daß sie gekippt oder völlig entfernt werden kann. Diese Art der Lüftung sollte nur in Verbindung mit einer Dach- oder Firstlüftung angewendet werden.
Der in der Abbildung 34 für Frühbeete vorgestellte thermohydraulische Fensteröffner kann auch hier, mit ei-

Abb. 81 Nagelbilder

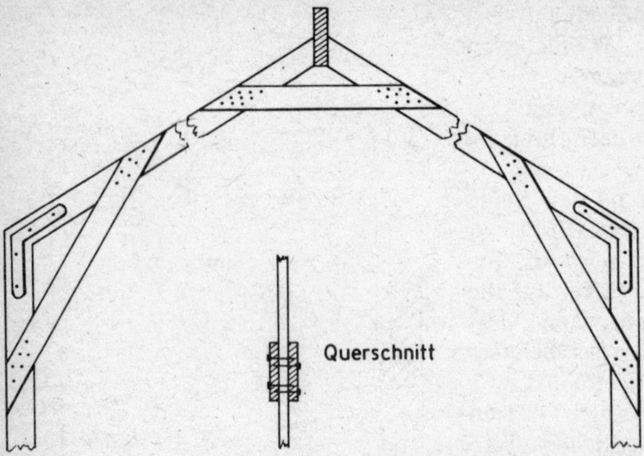

nem entsprechenden Gestänge versehen, sehr gut genutzt werden.
Die Art der Lüftung ist auch davon abhängig, welche Nutzung der Gartenfreund vorgesehen hat. Bei empfindlichen Pflanzen kann Zugluft mitunter schwere Wachstumsstörungen verursachen. Bei anderen Pflanzen ist es auch möglich, daß die Seitenteile in den Sommermonaten bei hohen Außentemperaturen herausgenommen werden und sich damit eine Regulierung der Lüftung erübrigt. Mit dem Öffnen der Tür kann auch eine Durchlüftung des Gewächshauses erzielt werden. Die Tür sollte nicht zu schmal konstruiert werden. Man muß dabei bedenken, daß bei Erdwechsel der Transport durch diese Öffnung vorgenommen werden muß, das bedeutet, daß die Öffnung mindestens die Breite der Schubkarre besitzen sollte.

Gewächshaus in der Ausführung Holz – Glas

Die Abbildungen 82 bis 86 zeigen Skizzen mit einigen Details der Konstruktion des Gewächshauses in der Ausführung Holz – Glas.
Die Umfassungswände sind halbhoch gemauert, auf ihnen werden die verglasten Seitenwände senkrecht aufgerichtet. Die dargestellte Konstruktionslösung besteht aus einem Stützgerüst und verglasten Rahmen, die an dem Gerüst befestigt werden. Diese Variante hat den Vorteil, daß viele Einzelteile bereits in den Wintermonaten in der Werkstatt vorgefertigt werden können. Die Vorfertigung der Teile erfordert, daß von den zu fertigenden Einzelteilen Skizzen mit genauen Maßangaben vorliegen. Es ist dabei darauf zu achten, daß die Maße der verschiedenen Teile für die spätere Montage zusammenpassen. Die Schaffung dieser Voraussetzung ist bereits wesentlicher Bestandteil der Konstruktionsarbeiten.
In die Betrachtungen über die Stabilität des Gewächshauses ist ein weiterer wesentlicher, witterungsbedingter Einflußfaktor einzubeziehen, das **Regenwasser.** Besonders bei einer Konstruk-

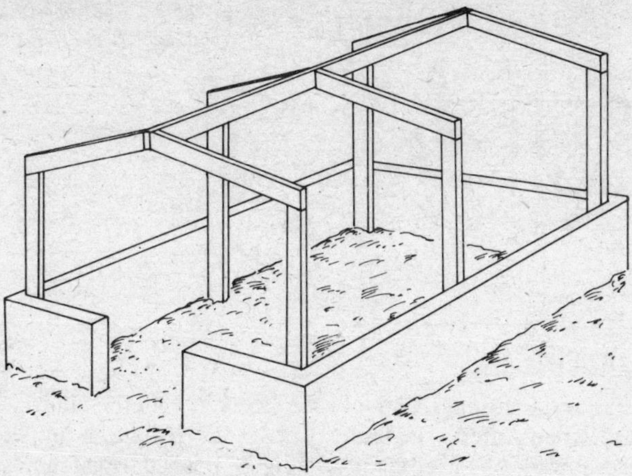

Abb. 82 Grundgerüst

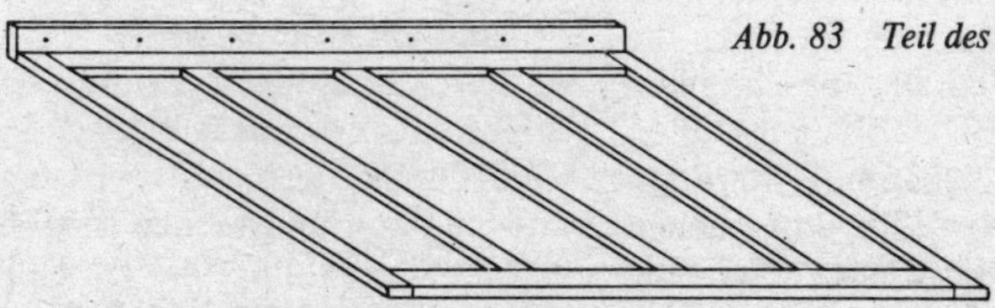

Abb. 83 Teil des Satteldaches

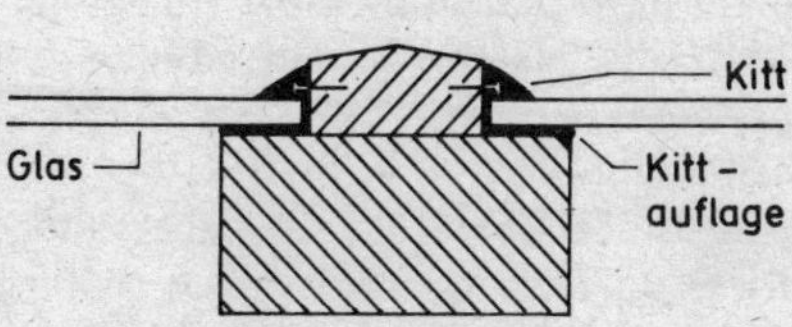

Abb. 84 Querschnitt einer Holzsprosse

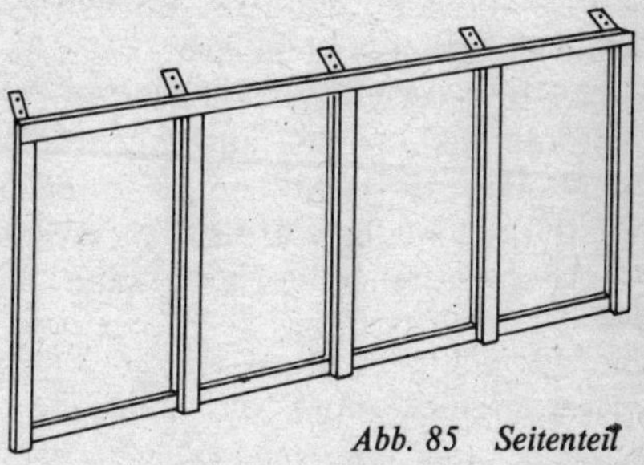

Abb. 85 Seitenteil

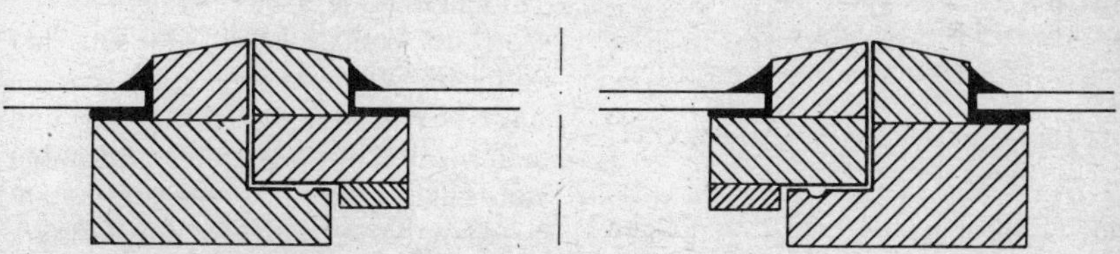

Abb. 86 Schnittdarstellung der Sprossen für Lüftungsfenster

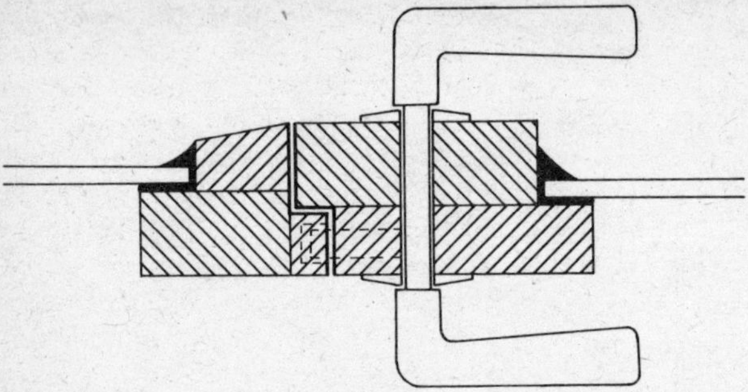

Abb. 87 Türrahmen mit Schloß im Schnitt

tionslösung in Holz-Glas-Ausführung hat dieser Faktor maßgeblichen Anteil an der Lebensdauer des Bauwerkes.
Entsprechende **Holzschutzmaßnahmen** wurden im Abschnitt über die Baumaterialien bereits beschrieben. Eine einmalige Behandlung ist allerdings nicht ausreichend. Witterungseinflüsse, vor allem Regen, machen den Holzschutz unwirksam. Stehende Nässe vollendet dann die holzzerstörende Wirkung, indem sich Fäulniserreger und verschiedene Pilzarten außerordentlich schnell ausbreiten können. Die Holzschutzmittel dringen meist nur wenige Millimeter in das Holz ein. Stehende Nässe kann im

Abb. 88 Giebelansicht mit Tür

Verlaufe der Zeit viel tiefer eindringen und damit das Holz von innen heraus schädigen. Besonders gefährdet ist das Stirnholz, an dem die Kapillarwirkung am größten ist.
In den Abbildungen 89 und 90 wird dargestellt, wie das Wasser in das Holz durch die Kapillarwirkung eindringen kann und welche Möglichkeit besteht, das zu unterbinden. Es ist dabei darauf zu achten, daß das Blech nicht unmittelbar am Holz anliegt, da sonst die Nässe auf Grund der genannten Wirkung trotzdem eindringen kann.
Alle Stöße der Holzteile, aber auch Risse im Holz sind besonders gefährdet. Deshalb müssen nach Möglichkeit Stoßfugen mit Deckleisten und anderen Materialien gesichert werden. Die Verglasung muß so erfolgen, daß das Wasser nicht zwischen Glas und Holz laufen kann.
Von der konstruktiven Lösung her sollte immer darauf geachtet werden, daß das Wasser gut ablaufen kann und sich nicht staut. Besonders an Kanten und Ecken ist das Tropfwasser so abzuleiten, daß es nicht auf das Bauwerk abtropfen kann.

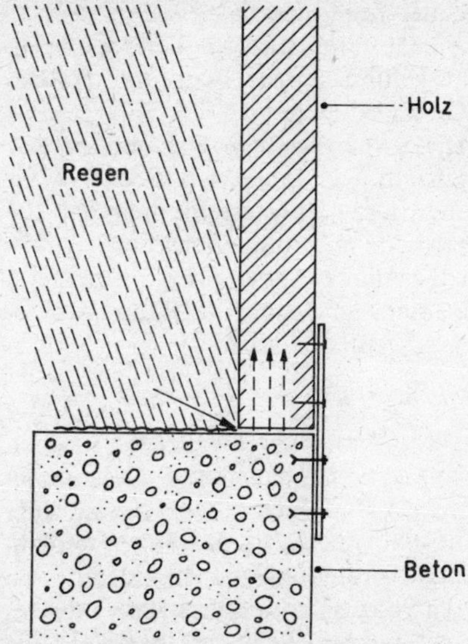

Abb. 89 Kapillarwirkung des Wassers

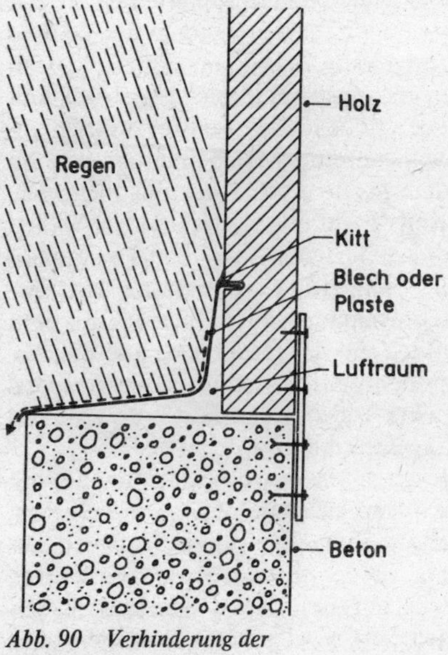

Abb. 90 Verhinderung der Kapillarwirkung

In den Wintermonaten ist neben der Wirkung des Wassers der **Frost** zu beachten. Mauersockel sind dabei einer Schädigung ausgesetzt, wenn nicht für gute Wasserableitung gesorgt wird. Wasser, welches in das Mauerwerk eindringen kann, besitzt bei Frost eine starke, schädigende Wirkung. Durch geeignetes Material oder Oberflächenbehandlung kann dieser Einfluß von vornherein vermieden werden.

Montage der Variante Holz – Glas

Errichten der tragenden Teile

Als tragende Teile kann man jene Bauelemente bezeichnen, die das Gerüst ergeben, an dem die Rahmen mit den Scheiben befestigt werden und diese tragen. In der Abbildung 82 wird dieses **Grundgerüst** dargestellt. Es besteht aus Kanthölzern mit einem Querschnitt von 100 mm × 40 mm, kann aber auch aus Profileisen hergestellt werden.

Nach Möglichkeit sollte harzreiches Kiefernholz verwendet werden. Die gehobelten Kanthölzer werden zugeschnitten und, wie es die Abbildung 81 zeigt, zusammengenagelt. Die Ecken werden mit gebogenen Flacheisenstücken und Schloßschrauben verbunden. Diese Verbindungsstelle muß sehr sauber und genau ausgeführt werden, da sonst die Gefahr besteht, daß das Holz spalten kann. Die über Eck genagelten Hölzer sollen die Stabilität erhöhen. Es ist erforderlich, daß sich die Nagelbilder in der gezeigten Weise ergeben.

Bei der verwendeten Materialstärke von 40 mm sind Nägel mit einer Länge von 90 mm zu verwenden. Beim Nageln legt man die Hölzer auf

Abb. 91 Durch die Verwendung von miteinander verschweißten und verschraubten Winkeleisen wird die Konstruktion der Eckverbindung stabilisiert.

Abb. 92 Die Seitenteile können ebenfalls mit Winkeleisen versteift werden.

einen ebenen Boden, den man am besten aus Brettern anfertigt. Die Umrisse, Abmessungen und Eckpunkte werden im Maßstab 1:1 auf diese Fläche übertragen. Die einzelnen Teile legt man genau auf den markierten Untergrund und verbindet sie miteinander. Wird diese Arbeit sorgfältig ausgeführt, erhält man drei gleiche **Gerüstrahmen.**

Die so hergestellten Rahmen werden einzeln von innen am Sockel befestigt. Dazu ist es erforderlich, daß bereits beim Aufmauern der Umfassungswände Schrauben eingesetzt werden, an denen die Rahmen befestigt werden können.

Montage der Fensterrahmen

Die Rahmen für die Fenster wurden bereits vorher angefertigt. Es ist unbedingt erforderlich, daß sie genau winklig und maßhaltig gearbeitet werden. Die Verbindungsstellen müssen passend zugeschnitten und zusammengefügt werden. Schlecht sitzende Teile können zum Spalten des Holzes führen. Harzhaltiges Kiefernholz erweist sich auch für die Rahmen der Fenster am günstigsten.

Begonnen wird die Montage mit den Seitenteilen. Die Fenster werden jeweils an einem Giebelrahmen und an dem mittleren Rahmen der tragenden Konstruktion befestigt. Oben erfolgt die Befestigung am Längsverbinder. Die beiden in Längsrichtung montierten Rahmen sollten genau auf dem mittleren Trägerrahmen aneinanderstoßen. Mit Metallwinkeln werden beide Teile an den mittleren Rahmen angeschraubt.

Nach unten wird das Seitenteil auf die Klinkerplatten aufgesetzt und mit Kitt abgedichtet. Man kann auch von unten in den Rahmen eine halbrunde Nut einfräsen, in die Gummischlauch gedrückt wird. Dieser Schlauch wird beim Aufsetzen etwas zusammenge-

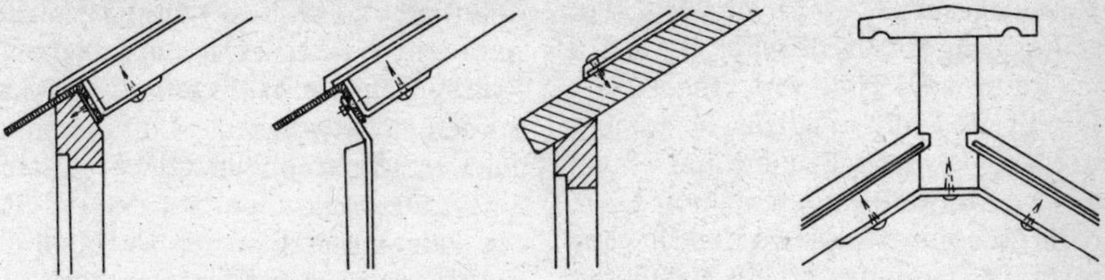

Abb. 93 Beispiele für Traufen- und Firstkonstruktionen (nach Eschenhorn)

preßt und dichtet damit den Rahmen gegenüber den Klinkerplatten ab.

Die **Dachrahmen** stoßen im First zusammen und liegen auf den Seitenteilen auf. Möglichkeiten der Traufen- und Firstkonstruktion zeigt die Abbildung 93. Die Dachrahmen werden vorgefertigt.

Auf dem Giebel- und Mittelrahmen des Tragegerüstes werden die Dachrahmen mit Metallwinkeln befestigt. Alle Metallteile sollten vor ihrer Verarbeitung einen Rostschutz erhalten. Auch bei der Montage der Dachteile ist unbedingt darauf zu achten, daß sich kein Rahmen verschieben kann und damit aus dem Winkel kommt.

Im First werden die beiden Dachschrägen zusammengeschraubt. Auch hier muß mit großer Sorgfalt gearbeitet werden, damit sich die Rahmen nicht verziehen können. Der Stoß der Dachrahmen im First wird passend gearbeitet, wobei auch eine entsprechende Abdichtung vorgenommen werden muß. Abbildung 93 zeigt im Schnitt eine solche konstruktive Lösung. Die Verbindung der beiden Dachschrägen erfolgt im Bild durch ein gebogenes Flacheisenstück, das mit Holzschrauben von unten befestigt wurde.

Die **Giebelseiten** werden nach der Montage der Dach- und Seitenteile eingepaßt. Die einzelnen Fenster der Giebelseiten werden rechteckig zusammengesetzt. Die Leisten müssen von innen bzw. von unten an die bereits montierten Teile geschraubt werden. Hier ist es zweckmäßig, wenn die Schrauben durch die Leisten des Giebels durchgehend geschraubt werden.

Die Auflage auf den Klinkerplatten wird in gleicher Weise wie bei den Seitenteilen vorgenommen. Der Spalt zwischen den Klinkerplatten und der unteren Leiste sowie der Stoß zwischen Giebel und den Dach- bzw. Seitenteilen werden wieder gut mit Kitt abgedichtet.

Tür und Lüftung

Die Tür und die Lüftung sind zwei Funktionselemente, die beweglich in das Gewächshaus eingebaut werden. Beide haben wichtige Aufgaben zu erfüllen.

Die Tür wird in einer Giebelseite eingebaut. In der Umfassungswand wurde an dieser Stelle in der erforderlichen Breite eine Öffnung gelassen. Aus Kanthölzern fertigen wir einen **Türrahmen**, den wir mit der tragenden Gerüstkonstruktion verbinden. Dieser Rahmen dient gleichzeitig als

Anschlag für das Türblatt. Die Tür sollte nach außen aufschlagen, damit im Raum kein Platz verlorengeht.
Die **Breite** sollte möglichst so gewählt werden, daß man bequem mit einem Transportmittel hindurchfahren kann.
Eine **geschützte Lage** für den Eingang verhindert, daß der Wind ungehindert in das Haus hineinblasen kann.
Ein ebenso wichtiges Funktionselement für das Gewächshaus ist die **Lüftung.** Verschiedene Möglichkeiten lassen sich dabei realisieren. **Lüftungsfenster im Dach** sind die günstigste Lösung und allgemein üblich. In den senkrechten Seitenwänden können auch Fenster vorgesehen werden. Man sollte aber immer daran denken, daß sich die warme Luft im First konzentriert, deshalb wird sich bei einer **seitlichen Lüftung** der Wärmestau nicht so schnell beseitigen lassen. Wird von der Seite gelüftet, dann kann Zugluft auftreten, was sich bei Pflanzen besonders nachteilig auf das Wachstum auswirkt.
Steht ein Gewächshaus in Ost-West-Richtung, dann ist zu empfehlen, die Fenster für die Dachlüftung in der südlichen Dachschräge einzusetzen. Auf diese Weise kann kein kalter Nordwind in das Haus blasen. Bei einer Länge des Hauses von 5 m reichen zwei Lüftungsfenster im Dach völlig aus. Sie werden jeweils zwischen zwei Sprossen des Dachrahmens eingesetzt. Es wird dazu ein gefalzter Doppelrahmen verwendet, der an seiner unteren Schmalseite mit Scharnieren versehen wird. Im Schnitt wird der Rahmen für ein solches Lüftungsfenster in Abbildung 86 dargestellt.
Zur automatischen Regulierung der Belüftung kann das Lüftungsfenster mit dem bereits erwähnten thermohydraulischen Fensteröffner betätigt werden. Eine wirksame Lüftung wird auch erzielt, wenn **im Giebel** jeweils eine **Lüftungsklappe** eingebaut wird. Sie kann zusätzlich zur Dachentlüftung vorgesehen werden. Anstelle dieser Klappe kann aber auch ein **Fensterventilator** eingesetzt werden. Dieser Ventilator hat den Vorteil, daß er über eine elektrische Steuerung eingeschaltet werden kann. Damit ist es auch möglich, die Lüftung in Abhängigkeit von einem Kontaktthermometer zu steuern. Zu beachten wäre außerdem, daß es beim Lüften nicht nur um die Beseitigung eines Wärmestaues geht, sondern auch um die Zufuhr frischer, sauerstoffhaltiger Luft. Manche Pflanzen erfordern hierbei große Aufmerksamkeit. Damit es im Gewächshaus zu einer gleichmäßigen Verteilung der Luft kommt, kann ein Ventilator zur Luftumwälzung eingesetzt werden.

Gewächshaus in der Ausführung Stahl-Glas

Fertigkeiten in der Metallverarbeitung erfordert der Aufbau einer Stahlkonstruktion für ein Kleingewächshaus. Hierzu werden Winkel-, T- oder U-Profile der Konstruktion entsprechend maßgerecht zugeschnitten. Die Einzelteile können mit Schrauben oder durch Schweißen verbunden werden. Die Profilstärke sollte so gewählt werden, daß eine selbsttragende Konstruktion aufgebaut werden kann. Schräg gestellte Seitenwände wirken dabei günstig auf die Statik eines solchen Gewächshauses.

Abb. 94 Einfache konstruktive Lösung für das Öffnen der Fenster; die dünne Kette der einzelnen Lüftungsfenster kann über eine gemeinsame Welle gewickelt werden, wodurch alle Fenster gleichzeitig betätigt werden können.

Entsprechend der gewählten Bauform und ihrer Abmessungen werden die Rahmen gefertigt. Wie aus der Abbildung 95 ersichtlich, ist etwa 20 cm unterhalb des Firstes eine Querverstrebung angebracht. Ebenso werden an den beiden anderen Eckverbindungen Verstrebungen angebracht. Sind diese Verstrebungen mit Löchern versehen, so können sie bei der Nutzung des Gewächshauses zum Befestigen von Spalieren, Schnüren oder auch zum Anbringen von Stellagen genutzt werden.

Um einen sicheren Stand zu erhalten, werden die so vorgefertigten Rahmen in einem Sockel oder Fundament einbetoniert. Der Abstand zwischen den Rahmen richtet sich nach der Scheibenbreite. Zur Längsstabilisierung sind zwischen den Holmen der Rahmen Rund- oder andere Profileisen zu befestigen. Wie bei der Ausführung Holz-Glas sind der First- und Traufenkonstruktion besondere Aufmerksamkeit zu schenken. Es ist immer darauf zu achten, daß das Regenwasser gut ablaufen bzw. abtropfen kann. Stauende Nässe zerstört durch Korrosion unsere Einrichtung. Deshalb ist auch an einen guten Korrosionsschutz zu denken. Handelsübliche Gewächshäuser bestehen meist aus einer feuerverzinkten Stahlkonstruktion. Für unsere Eigenkonstruktion ist ein sachgerechter Korrosionsanstrich notwendig. Dazu ist der Untergrund ordentlich vorzubereiten. Blätterrost ist zu entfernen. Mit Drahtbürste, Spachtel und Sandpapier sind die Metallteile möglichst so zu bearbeiten, daß sie metallisch blank sind. Vor dem Anstrich ist darauf zu achten, daß der Untergrund weder naß noch fettig ist.

Nachdem der Korrosionsanstrich trokken und fest ist, kann mit den Glaserarbeiten begonnen werden. Sie erfordern, wie an anderer Stelle bereits beschrieben, große Sorgfalt. Sehr schnell entstehen Spannungen im Glas, die zum Bruch führen. Dieser Hinweis sollte besonders am Lüftungsfenster und an der Tür beachtet werden. Damit sich der Türrahmen nicht verziehen kann, ist es besser, wenn er diagonal verstrebt wird. Als

Abb. 95 Stabile Firstkonstruktion

Abb. 96 Traufenkonstruktion an einem industriell hergestellten Kleingewächshaus

Abb. 97 Einfache Lösung für ein Lüftungsfenster

Lüftungsfenster kann eine Dachausstiegsluke verwendet werden. Günstig ist dabei, wenn die breite Auflagefläche des Fensters gekürzt wird. Beim Eigenbau des Lüftungsfensters sollte die Größe einer Dachscheibenfläche entsprechen. Damit entstehen keine Restflächen, die sich schlecht verglasen lassen.

Ist unser Gewächshaus in der Ausführung Stahl-Glas fertig montiert, dann können wir uns mit der Einrichtung beschäftigen. Je nach vorgesehener Nutzung ist zu entscheiden, ob Grundbeete, Bankbeete oder Stellagen angelegt werden sollen.

Gewächshaus in der Ausführung Beton-Glas

Die tragende Konstruktion eines Gewächshauses kann auch aus Beton hergestellt werden. Dazu sind in entsprechenden Formen Fertigteile zu betonieren. Ein solches Gewächshaus, wie es auch in der Abbildung 65 dargestellt ist, benötigt nur einen geringen Pflegeaufwand. Die Anfertigung dagegen muß besonders sorgfältig und gewissenhaft geschehen, man sollte die Unterstützung eines Baufachmannes suchen.

Die Abmessungen für die Fertigteile richten sich nach der vorgesehenen Spannweite. Wie die Abbildung 98 zeigt, sind jeweils zwei Armierungseisen einzulassen. Dazu dient 6 bis 8 mm Rundstahl, der an den Enden zu Ösen gebogen wird. Die Eisen müssen im Abstand von etwa 2 cm von der Innenseite der Betonteile liegen. Damit sie sich beim Betonieren nicht in ihrer Lage verschieben, werden sie mit dünnem Draht an der Schalung befestigt. Wichtig ist, daß die Armierungseisen vollständig von Beton umschlossen werden.

Die Schalung muß besonders exakt angefertigt werden. Sie muß stabil sein und sich leicht lösen lassen. Am besten bereitet man eine ebene Fläche vor, auf der senkrecht Bretter für die seitliche Begrenzung der Fertigteile befestigt werden. Die Bretter müssen in ihrer Lage arretiert werden, so daß sich für jedes Fertigteil die gleichen Abmessungen ergeben. Die Schalung

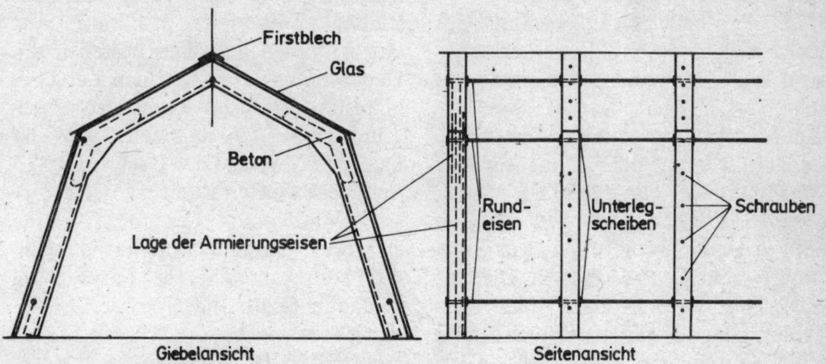

Abb. 98 Betonfertigteile für den Kleingewächshausbau

für die Außenseite der Fertigteile erhält im Abstand von etwa 20 cm Löcher, durch die im Beton eingelassene 6 mm Schloß- oder andere Schrauben gesteckt werden. Sie dienen bei der Montage der Befestigung der Glasscheiben. Für die Giebelseiten müssen zusätzlich Schrauben zur Verglasung eingesetzt werden. An diesen Schrauben kann auch ein Metallrahmen für die Tür befestigt werden. Für die Montage der Fertigteile werden jeweils an den Eckpunkten 10 bis 12 mm große Löcher eingelassen, durch die Rundeisen gesteckt werden, um bei der Montage den Abstand der Teile zu fixieren.

Der Beton wird im Mischungsverhältnis 1:3 hergestellt. Die Mischung kommt erdfeucht in die Schalung und muß gut verdichtet werden. Vorher wird die Schalung mit Schalungsöl gestrichen oder mit Folie ausgelegt.

Nachdem der Beton abgebunden ist, wird die Schalung vorsichtig entfernt. Es empfiehlt sich, das fertige Betonteil noch einige Tage an Ort und Stelle liegen zu lassen, bevor man es zu einem Zwischenlagerplatz bringt.

Sind alle Teile fertig, beginnt die Montage. Die Betonteile werden senkrecht in die im Fundament vorgesehenen Vertiefungen gestellt und zunächst mit Holzlatten abgestützt. Danach werden die Rundeisen zur Längsstabilisierung durch die eingelassenen Löcher geschoben und jeweils zwischen zwei Teilen zwei große Unterlegscheiben aufgesteckt. Die Unterlegscheiben sind nach dem Ausrichten aller Teile bis an den Beton zu schieben und dort mit dem Rundeisen zu verschweißen.

Zum Verglasen werden, wie bei der Ausführung Stahl-Glas, für kittlose Verglasung weiche Gummis aufgelegt und die Glasscheiben mit einem Profilblechstreifen angedrückt. Die eingelassenen Schrauben dienen zur Befestigung der Blechstreifen. Die Oberfläche der Betonteile kann durch Fluatieren verbessert werden, alle Metallteile erhalten einen Korrosionsschutz.

Ermittlung des Materialbedarfs

Allgemeine Ausführungen zum Baumaterial wurden bereits gemacht. An dieser Stelle soll am konkreten Beispiel einiges zum Materialbedarf gesagt werden.

Für die Glas-Holz-Variante sind die Hauptmaterialien das Glas und das Holz. Die benötigte Menge richtet sich nach der Größe des Gewächshauses, das bedeutet, daß mindestens soviel **Glastafeln** benötigt werden, wie Fenster für das Bauwerk vorgesehen sind. Günstig ist es, wenn man ein bis zwei Scheiben in Reserve halten kann.

In unserem Beispiel werden 16 Scheiben für die in Abbildung 73 dargestellten Seitenteile benötigt. Aus ebenso vielen Scheiben bestehen die Dachrahmen. Die Scheiben der Giebelseiten müssen gesondert zugeschnitten werden, da deren Größe erst nach der Montage der Dach- und Seitenteile exakt ermittelt werden kann. Die Abweichung der Maße würde zwar nur wenige Millimeter betragen, das kann aber bereits ausreichend sein, um Spannungen an den Scheiben zu erzeugen.

Die **Holzteile** bestehen aus Leisten und Kanthölzern, deren Oberfläche glattgehobelt sein sollte. Bei einer Scheibengröße von 60 × 150 cm ist eine Stärke der Sprossen von 40 × 60 mm erforderlich. Diese Abmessungen beziehen sich zunächst auf den Dachrahmen. Für die Seitenteile sollten dann aber auch die gleichen Materialstärken verwendet werden.

Die **Kanthölzer** für die in der Abbildung 70 dargestellten tragenden Konstruktionen sollten einen Querschnitt von 40 × 100 mm haben. In dem angeführten Beispiel werden für die tragende Konstruktion etwa 20 laufende Meter Kantholz in der angegebenen Stärke benötigt. Für die Rahmenkonstruktionen entsteht ein Materialbedarf von etwa 120 laufenden Metern Kantholz in den Abmessungen 40 × 60 mm. Dieser Bedarf an Grundmaterial für die Holzkonstruktion wurde bereits mit Verschnitt berechnet. Neben diesen Kanthölzern wird auch noch eine geringe Menge an **Leisten** und **Brettern** benötigt. Die Tür läßt man sich am besten von einem Tischler anfertigen, oder man ändert eine ausgediente Wohnungstür.

Für das Einsetzen der Scheiben werden etwa 5 bis 10 kg **Kitt** benötigt. Wie bereits beschrieben, wird der Kitt mit Leinölfirnis geschmeidig gemacht und das Holz vorher auch damit gestrichen. Je nach Arbeitsweise benötigt man etwa 3 bis 5 l **Leinölfirnis.**

Der Materialbedarf für die Umfassungswände und das Fundament läßt sich nicht so eindeutig einschätzen, da sich dieser Bedarf wesentlich nach dem anzuwendenden Material richtet. Für ein Ziegelmauerwerk mit einer Stärke von 12 cm würden bei einer Höhe der Mauer von 60 cm etwa 450 **Ziegel**, zwei Säcke **Zement** und 0,3 m^3 **Mauersand**, das entspricht etwa 30 Eimern, benötigt.

Für das Fundament entsteht bei einer Tiefe von 90 cm ein Materialbedarf von 3,4 m^3. Dieses Material setzt sich aus etwa $\frac{2}{3}$ Steinen und $\frac{1}{3}$ Beton mit einem Mischungsverhältnis von 1:3 zusammen. Es ergibt sich dabei ein Bedarf von etwa 1 m^3 Betonkies und 6 Säcken Zement.

Neben diesen genannten Materialien wird auch **Hilfsmaterial** benötigt. Für den Schutz der Holzteile des Gewächshauses verwendet man am besten HSM-Salz Dohnalit Ull. Im genannten Beispiel ergibt sich eine Holzoberfläche von etwa 35 m^2. Dazu benötigt man etwa 2,5 kg HSM-Salz. Für die Verbindung der Holzteile untereinander werden verschiedene Nägel und Schrauben benötigt. Die Tür und die Lüftung werden mit Scharnieren und Beschlägen versehen. Diese Teile können im Einzelhandel erworben werden.

Bei der Feststellung des Materialbedarfs sollte auch an die spätere Nutzung gedacht werden. Es sollte deshalb von vornherein klar sein, welche **Innenausstattung** vorgesehen werden soll. Sie wird sicher bei den verschiedenen Kleingärtnern sehr unterschiedlich sein.

Die einfachste Form ist die Nutzung mit Grundbeeten. Hierzu ist kein zusätzlicher Materialaufwand erforderlich. Man könnte bestenfalls Gehwegplatten vorsehen, mit denen der Mittelgang ausgelegt werden sollte. Sie können jederzeit wieder herausgenommen werden und stören nicht bei größeren Erdarbeiten.

Bankbeete erfordern etwas mehr Materialaufwand. Sie bestehen meist aus Betonfertigteilen, die wir uns selbst anfertigen müssen. Wird ein entsprechend stabiles Gestell aus Profileisen errichtet, dann könnte auch Eternit für den Bau eines Bankbeetes verwendet werden. Der Materialbedarf richtet sich nach der Größe des Bankbeetes.

Erfolgt die Einrichtung mit Stellagen, dann ist der Materialbedarf nicht so hoch. Da diese Form der Einrichtung vorwiegend für das Aufstellen von Töpfen und Anzuchtkisten gedacht ist, kann eine leichtere Bauweise angewendet werden. Günstig ist es, wenn man Rahmen anfertigt und diese im Gewächshaus feststehend anbringt. Sie werden dann bei Bedarf mit Brettern abgedeckt und ergeben damit einfache Stellagen oder Arbeitstische. Bleiben die Stellagen ohne Abdeckung, kann das Gewächshaus mit Grundbeeten genutzt werden.

Man sollte den gesamten Materialkostenaufwand ermitteln. Eine solche Rechnung ist sehr sinnvoll, sie zeigt, daß man mit den Materialien haushalten muß und an welcher Stelle am wirkungsvollsten gespart werden kann. Ein Kleingewächshaus soll zweckentsprechend errichtet werden. Alle über dieses Ziel hinausgehenden Ausführungen sind nur eine zusätzliche finanzielle Belastung und bringen keinen Nutzen.

Anlegen des Fundaments für ein massives Gewächshaus

Abstecken des Grundrisses

Für das Abstecken des Grundrisses ist der Lageplan erforderlich. Aus diesem Plan ist ersichtlich, welchen Standort das Gewächshaus erhalten soll und welche Baufluchten eingehalten werden müssen. Entlang einer dieser Fluchten spannen wir eine Schnur und erhalten damit die **Grundlinie.** Den Kreuzungspunkt der im rechten Winkel dazu stehenden Flucht markieren wir als den Eckpunkt des Bauwerkes. Entlang der Grundlinie messen wir die Länge des Gewächshauses ab und erhalten damit den zweiten Eckpunkt. Im **rechten Winkel** zur Grundlinie werden, ausgehend von den Eckpunkten, zwei Schnüre gespannt, die die Lage der Giebelseiten festlegen. Auf einem Zeichenbrett ist es einfach, den rechten Winkel festzustellen, aber wie wird das im großen Maßstab gemacht? Auch das ist nicht schwierig, wenn wir den „Satz des Pythagoras" zu Hilfe nehmen. Das rechtwinklige Dreieck stellen wir aus einer straffen Schnur her. Dazu werden 6 m endlos zusammengeknüpft. Der entstandene Ring wird über den Holzpflock des jeweiligen Eckpunktes gezogen. Auf der Grundlinie werden 1,5 m abgemessen und ebenfalls ein Holzpflock eingeschlagen. Den dritten Eckpunkt des rechtwinkligen Dreiecks erhalten wir, wenn wir entlang der Giebelseite in 2 m Abstand vom Eckpunkt die Schnur straff ziehen. Die gleiche Verfahrensweise kann an der anderen Giebelseite auch angewendet werden. Damit sind die Fluchten der Giebelseiten festgelegt. Es ist günstig, wenn man nachmißt, ob die Schnüre parallel zu den Giebelseiten verlaufen. Ist das der Fall, werden entlang dieser Linien die Länge der Giebelseiten abgetragen und die beiden übri-

Abb. 99 Schnurgerüst

gen Eckpunkte festgelegt. Es ist zu empfehlen, die Diagonalen des somit entstandenen Rechtecks ebenfalls nachzumessen.
Beide Diagonalen müssen gleich lang sein, dann sind alle Winkel des Rechtecks gleich. Treten Abweichungen auf, ist das Festlegen der Eckpunkte zu wiederholen.
Das Schnurdreieck kann auch aus Brettern zusammengenagelt werden. Ein solcher Bretterwinkel läßt sich besser handhaben. Die Schnur kann sich beim Straffziehen unterschiedlich dehnen und damit die Messung verfälschen.
Bevor das **Schnurgerüst** aufgestellt werden kann, zieht man am besten den Mutterboden innerhalb des markierten Rechtecks und außerhalb in einem Streifen von einem Meter ab. Der Mutterboden wird an der im Bauablaufplan festgelegten Stelle abgelagert. An den vier Ecken der abgezogenen Fläche werden jeweils drei Pfähle eingeschlagen. Ein Pfahl wird etwa 50 cm von der Ecke entfernt eingeschlagen. Die beiden anderen jeweils parallel zu den Baufluchten in einem Abstand von etwa 1 m zum Eckpfahl. Die übrigen Ecken werden in gleicher Weise markiert.

Als nächstes müssen die **Höhen** festgelegt werden. Dazu wird eine **Schlauchwaage** benötigt. Sie ist leicht selbst herzustellen. Man benötigt dazu einen Gartenschlauch von etwa 8 bis 10 m Länge und zwei Glasröhren, die in die Schlauchenden passen. Mit etwas Farbe markiert man an den Röhren je einen Strich, der den Wasserstand anzeigen soll. Gefüllt wird der Schlauch mit Wasser. Dabei ist darauf zu achten, daß keine Luftblasen im Schlauch bleiben. Es ist deshalb gut, wenn das Wasser zunächst hindurchlaufen kann. Mit dem Daumen wird dann schnell eine Schlauchseite verschlossen und die Wasserzufuhr gesperrt. Die beiden Glasröhren sollten in einer Hand gleich hoch gehalten werden. Das Wasser muß dabei die Höhe der beiden Strichmarkierungen erreichen. Der Wasserstand ist zu korrigieren, indem vorsichtig Wasser nachgegossen oder ausgeschüttet wird.
Zum Auswiegen der Höhe am Schnurgerüst sind zwei Personen erforderlich. Beide Personen nehmen je ein Ende des Schlauches in die Hand, wobei der Schlauch mit dem Daumen verschlossen gehalten werden muß. Beide Personen stellen sich an zwei

Eckpunkten auf. An einem der Pfähle wird eine Marke angebracht, an die der Strich des Glasröhrchens gehalten wird. Der Gehilfe hält nach „Augenmaß" das Röhrchen etwa in gleicher Höhe. Jetzt erst wird der Daumen ein wenig angehoben. Damit das Wasser dabei an einer Seite nicht herausläuft, muß die Höhe so verändert werden, daß das Wasser die Strichhöhe nicht überschreitet. Ist der Höhenunterschied zu groß, dann ist es besser, wenn das Röhrchen schnell wieder verschlossen wird und zunächst die angehaltene Höhe korrigiert wird.

Haben alle Pfähle die Höhenmarke erhalten, können jeweils die drei Eckpfähle an den Höhenmarken mit Latten oder schmalen Brettern verbunden werden. In der Abbildung 99 wird ein solches Schnurgerüst dargestellt. Entlang der vorher festgelegten Baufluchten werden nun Schnüre gespannt und an den jeweils gegenüberliegenden Brettern des Schnurgerüstes festgebunden. An den Brettern sollten an diesen Stellen Kerben angebracht werden. Damit ist es möglich, im weiteren Bauverlauf jederzeit die Schnüre zu entfernen und wieder anzubringen.

Die gespannten Schnüre kreuzen sich genau senkrecht über dem jeweiligen Eckpunkt des Bauwerkes. Da die Höhe der Schnüre mit der Höhe der Höhenmarken übereinstimmt, sind sie waagerecht. Die Höhenmarken bezeichnen gleichzeitig den Punkt ±0. Das bedeutet, daß von diesem Punkt alle übrigen Höhen abgemessen werden. Maße, die darunterliegen, werden mit dem Vorzeichen Minus versehen, alle darüberliegenden mit Plus. Damit ist die Gewähr gegeben, daß alle Maßangaben einen Bezugspunkt haben und eindeutig feststehen.

Das so entstandene Schnurgerüst ist eine Voraussetzung für eine ordnungsgemäße Bauausführung. Kompliziert wird es bei Hanglagen. Hier müssen die Pfähle der tiefer liegenden Seite länger sein, damit beim Auswiegen mit der Schlauchwaage die Höhenmarken noch angebracht werden können. Reicht die Höhe der Pfähle dennoch nicht aus, dann ist es erforderlich, daß der Boden so abgeschachtet wird, daß das Schnurgerüst ordnungsgemäß aufgestellt werden kann.

Erdarbeiten

Nachdem eindeutig die Lage des Gewächshauses markiert ist, können die Erdarbeiten beginnen. Vorher wurde festgelegt, welcher Höhe der Punkt ±0 am fertigen Gewächshaus entsprechen soll, alle Maße sind von dieser Stelle aus zu rechnen.

Der Mutterboden ist bereits abgetragen worden. Jetzt ist es nötig, eine ebene Fläche zu schaffen, die der Fundamentoberkante entspricht. Die Fläche soll nach Möglichkeit ringsherum etwa 30 bis 50 cm breiter sein. Das Schnurgerüst darf dabei nur verändert werden, indem die Schnüre vorübergehend entfernt werden.

Die beim **Planieren** anfallenden Erdmassen werden auf dem in dem Bauablaufplan festgelegten Platz abgelagert. Bei schwerem Boden kann der Rand senkrecht mit dem Spaten abgestochen werden. Leichter Sandboden sollte schräg abgegraben werden, um ein Nachrutschen der Erde zu verhindern. Ist die Fläche der Baugrube eingeebnet, kann man mit dem Anlegen der **Fundamentgräben** beginnen. Die Schnüre werden wieder straff gespannt und senkrecht heruntergelotet. Somit ergeben sich exakt die äußeren Umrisse der Fundamentgräben. Mit einem Spaten werden diese Linien markiert. Nun legt man ein 25 bis 30 cm breites Brett an diese Markierung, dann kann die Innenseite der Fundamentgräben abgestochen werden. Die Tiefe des Fundaments beträgt je nach Frostlage von der Erdoberkante gerechnet 80 bis 90 cm. Mit dem Ausschachten der Baugrube wird schon eine Tiefe von 40 bis 60 cm erreicht. Es genügt demnach, wenn der Graben etwa 1½ Spatenstiche tief ausgeschachtet wird.

Bei lockerem Boden muß auch hier der Rand etwas schräg abgestochen werden. Es empfiehlt sich, mit einem Gliedermaßstab die gleichmäßige Höhe von der straff gespannten Schnur aus zu messen. Ist der Fundamentgraben sauber ausgeschachtet, kann betoniert werden.

Zu den Erdarbeiten gehört auch nach Fertigstellung das **Anfüllen des fertigen Fundaments.** In einem feuchten Gelände sollten um das Gewächshaus vor dem Anfüllen der Erdmassen Drainagerohre verlegt werden. Sie werden in Sand gebettet und mit einem Spalt von etwa einem Zentimeter verlegt.

Fundament und Sockel

Das Fundament, oder auch Gründung genannt, wird betoniert. In einem Betonmischer wird ein Gemisch aus drei Teilen Sand und einem Teil Zement hergestellt. Unter Hinzugabe von Wasser entsteht ein dicker Brei. Wer nicht über eine Mischmaschine verfügt und sie auch nicht ausleihen kann, muß die Mischung von Hand herstellen.

Am besten nimmt man dazu eine saubere Schubkarre, die mit sechs Schaufeln Betonkies und zwei Schaufeln Zement gefüllt wird. Der Inhalt wird so lange trocken umgeschaufelt, bis er eine gleichmäßige Färbung besitzt, das bedeutet, der Zement hat sich mit dem Kies vermischt. Erst jetzt wird vorsichtig Wasser hinzugegeben und wieder umgeschaufelt. Je nach Verwendungszweck wird die Mischung mehr oder weniger feucht hergestellt. Für das Fundament kann die Mischung etwas nasser sein. **Zementmischungen** binden schnell ab und müssen deshalb zügig verarbeitet werden. In den Fundamentgraben werden als erste Schicht **Steine** hineingeworfen. Mit einer zweiten Schicht werden die Steine im Beton eingeschlossen. Eine hohe Festigkeit des Fundaments wird erzielt, wenn der **Beton gestampft** wird. Dieser Schichtaufbau setzt sich fort, bis die Oberkante des Fundamentgrabens erreicht ist. Der obere Teil des Fundaments muß nun eingeschalt werden, damit ein ordentlicher Abschluß für das daraufzusetzende Mauerwerk erzielt wird. Wie in Abbildung 100 dargestellt, werden entlang dem Fundament Schalbretter befestigt. Mit Latten werden die Bretter auf den erforderlichen Abstand gespreizt. Im Abstand von etwa 1 m wird mit Rödeldraht und seitlichen Knaggen die **Schalung** zusammengehalten. Schräge Stützen geben der Schalung im Erdreich den richtigen Halt. Mit

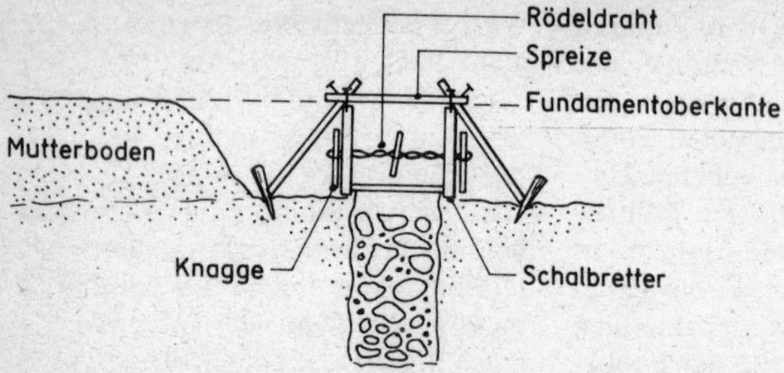

Abb. 100 Einschalen des Fundamentes

den Spreizen wird die Breite des eingeschalten Fundaments bestimmt. Von der gespannten Schnur des Schnurgerüstes wird heruntergelotet, wobei die Außenkante der Schalung genau auf dieser Linie liegen sollte. Die Oberkanten der beiden gegenüberliegenden Schalbretter müssen waagerecht sein.

Beim Füllen mit Beton darf die Schalung nicht auseinandergedrückt werden. Die Oberfläche wird, nachdem der Beton festgestampft wurde, mit einer Latte abgezogen. Nach einigen Tagen ist der Beton so weit abgebunden, daß die weitere Arbeit am Bauwerk fortgesetzt werden kann.

Die Schalung wird vorsichtig entfernt, wobei der Rödeldraht nur abgekniffen wird. Der Teil des Fundaments, der über dem Boden steht, wird mit **Bitumen-Kaltanstrich** versehen. Dieser Anstrich schützt das Fundament gegen eindringende Nässe. Auf die obere Fläche des Fundaments werden zwei Lagen **Teerpappe** gelegt, die verhindern sollen, daß Feuchtigkeit von unten in das Mauerwerk eindringen kann.

Mit dem **Aufmauern** beginnen wir in den Ecken. Der Sockel wird mit einer 12 cm breiten Ziegelmauer im Läuferverband aufgesetzt. Die Wand wird genau senkrecht und die einzelnen Schichten des Verbandes waagerecht gemauert. Dazu ist es erforderlich, daß in den Ecken Lehren angebracht werden, die ausgelotet und versteift werden. Die Eckenlehren kann man sich aus zwei Brettern, die im Winkel zueinander zusammengenagelt werden, selbst herstellen. Wie die Abbildung 101 zeigt, werden die gegenüberliegenden Ecken hochgemauert und abgetreppt. Die Schichten zwischen den Ecken werden entlang einer gespannten Schnur gemauert. Bei trokkenem Wetter und sehr trockenen Steinen ist es günstig, wenn die Steine angefeuchtet werden. Wird das unterlassen, dann kann der trockene Mauerziegel dem Mörtel Wasser entziehen und die Haltbarkeit des Mörtels stark einschränken.

Abb. 101 Mauerecke im Läuferverband

Der **Mörtel** wird aus einem Gemisch aus drei bis fünf Teilen Mauersand und einem Teil Zement hergestellt. Es wird so viel Wasser zugesetzt, bis die Mischung nach gründlichem Durcharbeiten einen dicken Brei bildet. Kleine Steine sollten vorher ausgesiebt werden. Sie sind beim Aufsetzen und Ausrichten der Ziegel hinderlich.

Eine solche Mischung eignet sich besonders für wetterfestes und der Feuchtigkeit ausgesetztes Mauerwerk. Das Mauern selbst ist schnell erlernbar. Man benötigt dazu eine Kelle mittlerer Größe und einen Mörtelkasten. Die Ziegel werden in Reichweite gestapelt, so daß keine unnötigen Handgriffe entstehen. Mit der rechten Hand wird die Kelle geführt und links der Ziegel gehalten. Zuerst wird eine etwa 1 bis 2 cm dicke Schicht Mörtel aufgetragen. Ebenso erhält eine Stirnseite des Ziegels eine Schicht Mörtel. Der Ziegel wird nun so in das Mörtelbett gedrückt, daß er genau waagerecht und mit der Schnur bündig zu liegen kommt. Die mit Mörtel versehene Stirnseite wird leicht gegen den vorher gesetzten Stein gedrückt. Entsprechend dem Verband darf keine senkrechte Fuge über einer darunter liegenden entstehen.

Als oberen Abschluß betonieren wir wieder eine Schicht von etwa 15 cm auf. Dazu werden Schalbretter an beiden Seiten angelegt und mit Latten abgesteift. Rödeldraht preßt die Bretter fest an die obere Ziegelschicht. Wenn man das innere Brett etwa 2 cm höher ansetzt, kann die **Betonkante** nach außen abgeschrägt werden. Mit etwas Geschick kann gleichzeitig eine

Abb. 102 Sockel mit Klinker gemauert und verfugt

Schicht Klinkerplatten anbetoniert werden. Auf den noch feuchten Beton wird dazu eine dünne Schicht Mörtel aufgetragen, auf die die **Klinkerplatten** gedrückt werden. An der Innenseite sollen sie nach Möglichkeit bündig abschließen und außen überstehen. Damit erhalten wir gleichzeitig eine Tropfkante, und das Wasser kann nicht so schnell in das Mauerwerk eindringen. Da das Mauerwerk eines Gewächshauses stark durch Feuchtigkeit belastet ist, erweist es sich als günstig, wenn die Ziegel **mit Zementmörtel verputzt** werden. Der Mörtel wird im gleichen Verhältnis gemischt wie zum Mauern. Es muß jedoch dazu fein gesiebter Putzsand verwendet werden. Wasser wird so viel hinzugegeben, daß sich der Mörtel leicht mit der Kelle umrühren läßt. Mit Latten und Putzhaken werden Lehren befestigt. Die Lehren sollen so weit auseinanderstehen, daß der angeworfene Putz mit einer gehobelten Latte zwischen den Lehren abgezogen werden kann. Damit ist es auch für einen Laien möglich, den Putz gerade und ordentlich aufzuziehen. Zwischen den Putzlehren wird der Mörtel mit der Kelle an die Wand geworfen. Dazu wird auf die Kelle etwas Mörtel genommen und mit einer schwingenden Bewegung von unten nach oben an der Wand entlang geführt. Bei dieser Bewegung rutscht der Mörtel von der Kelle und bleibt an der Wand hängen. Es gehört etwas Übung dazu, die Kelle mit dem nötigen Schwung aus dem Handgelenk zu führen. Der an der Wand haftende Mörtel wird mit der genannten Latte mit einer Zickzackbewegung von unten nach oben abgezogen. Dabei fällt zu dick aufgetragener Mörtel herunter, und es entsteht bereits eine gerade Fläche. Stellen, an denen noch Mörtel fehlt, werden ergänzt.

Fällt der Putz wieder herunter, dann liegt das entweder an zu trockenem Mörtel oder an zu trockenem Untergrund. Haftet der Putz ordentlich, dann kann er mit einem Reibebrett verrieben werden. Es ist günstig, wenn der Mörtel vor dem Verreiben bereits etwas abtrocknen kann. Ist er schon abgebunden, dann kann er nicht mehr verrieben werden.

Das Verreiben erfolgt mit dem Reibebrett in kreisförmigen Bewegungen, wobei mit einer Bürste Wasser auf betrocknete Stellen gespritzt wird.

Der Innenputz kann einlagig ausgeführt werden. Der Außenputz dagegen sollte noch eine zweite Schicht erhalten. Diese wird in gleicher Weise aufgetragen, wobei man hierzu etwas gröberen Sand verwendet.

Diese Schicht sollte nur ganz dünn aufgetragen und mit einem Brett abgezogen werden. Das dabei durch die enthaltenen Steinchen entstehende Muster kann als dekorative Gestaltung betrachtet werden.

Der Innenputz wird gekalkt. Damit werden die noch vorhandenen Poren im Putz geschlossen, und Schädlinge oder Krankheitskeime finden keinen Unterschlupf. Dieser Anstrich ist nicht dauerhaft und sollte jährlich erneuert werden.

Verglasen des Kleingewächshauses

Mit dem Einsetzen der Glasscheiben wird die Montage des Gewächshauses abgeschlossen. Bei Glas in genormter Größe erübrigt sich ein Zuschneiden der Scheiben. Voraussetzung ist natürlich, daß die Sprossenabstände genau übereinstimmen. Aber selbst wenn die Scheiben in den Seiten- und Dachteilen passen, macht sich dennoch ein **Zuschneiden** für die beiden Giebel erforderlich.

Zunächst ein paar Worte zum notwendigen Werkzeug. Erforderlich ist eine Arbeitsplatte oder ein Arbeitstisch mit einer Länge von 1,50 bis 2,00 m. Die Glastafeln müssen vollständig aufliegen können. Für das Anritzen und Brechen der Scheiben wird eine ebenso lange Stahlschiene benötigt. Mit einem Maßstab wird das genaue Maß ermittelt. Vorausgesetzt wird dabei, daß die Winkel übereinstimmen. Als Schneidewerkzeug wird ein Glasschneider verwendet. Dieses Werk-

zeug wird mit einer Hartmetallspitze angeboten.
Der Glasschneider wird ähnlich wie ein Bleistift in die rechte Hand genommen und gleichmäßig entlang der Stahlschiene mit leichtem Druck gezogen. Es entsteht dabei ein scharfes Geräusch, was auf den Erfolg unserer Arbeit hinweist.
Der Abstand zwischen der Spitze und der Kante, die an der Stahlschiene anliegt, beträgt 3 mm. Es empfiehlt sich, diesen Abstand bei einem neuen Glasschneider zunächst zu messen, damit der Schnitt auch maßhaltig erfolgt. Beim Anlegen der Stahlschiene wird der Abstand bis zur Spitze abgerechnet.
Der Glasschneider sollte immer in eine Richtung gezogen werden. Auch die Haltung ist dabei wichtig. Meist ist an dem Werkzeug eine Markierung angebracht, die eine Verwechslung der Richtung nicht zuläßt.
Ist das Glas gut angeritzt, dann wird es sich auch leicht brechen lassen. Bleibt jedoch weißes Glaspulver zurück, dann wird der Schnitt schlechter brechen. Wenn der Glasschneider mehrmals angesetzt wird, wird es sich nicht gut brechen lassen. Sollen größere Stücke abgetrennt werden, dann ist es günstig, wenn die Scheibe über eine Kante des Tisches oder der Stahlschiene gebrochen wird. Handelt es sich nur um schmale Glasstreifen, dann werden sie mit dem Glasschneider selbst gebrochen. Dazu sind an den Seiten des Werkzeugs Schlitze für verschiedene Glasstärken angebracht. Dieser Schlitz wird auf das zu brechende Glas gesteckt und der Streifen mit einem kurzen Ruck am Griff nach

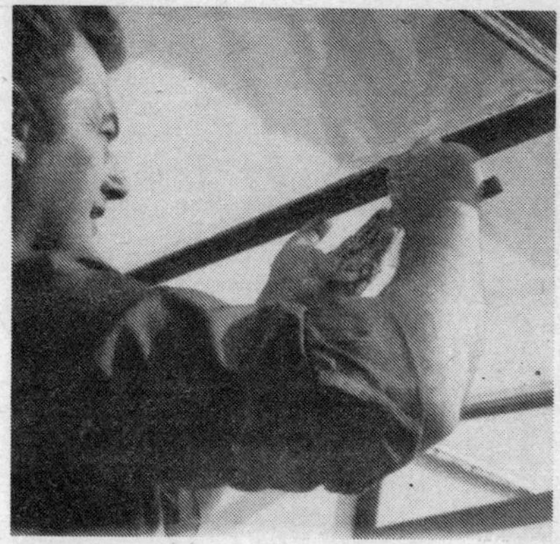

Abb. 103 Auftragen des Kittbettes

außen abgebrochen. Meist wird dabei nur ein kurzes Stück abbrechen, so daß man bei längeren Stücken mehrmals ansetzen muß. Es ist auch möglich, dazu eine Zange zu verwenden. Diese Zange muß jedoch eine parallele Führung der Backen besitzen.
Werden alle Hinweise beachtet, wird es auch keine Schwierigkeiten geben. Der Anfänger sollte vorsichtig zu Werke gehen, es vorher an Glasresten probieren und Erfahrungen sammeln.
Nachdem die Scheibe zugeschnitten ist, kann sie in den Rahmen eingesetzt werden. Die Holzsprossen werden gründlich mit **Leinölfirnis** oder **Halböl** vorgeölt. Der **Kitt** wird zunächst weich geknetet. Ist er zu hart, muß etwas Leinölfirnis zugesetzt werden.
Die Scheibenauflagen werden gleichmäßig mit Kitt ausgefüllt. In dieses Kittbett wird die Scheibe gedrückt. Es ist dabei darauf zu achten, daß sie vollständig auf Kitt aufliegt. Der Kitt, der beim Auflegen herausgequetscht wurde, wird entfernt. Damit die

Scheibe festsitzt, wird sie mit kleinen **Nägeln** oder **Glaserecken** an den Sprossen seitlich befestigt. Das geschieht, indem man ein Stück Flacheisen oder ein Stemmeisen gegen den Sicherungsstift drückt und mit einem kleinen Hammer gegen das Metall schlägt. Vorsichtige Arbeitsweise ist eine Voraussetzung dafür, daß keine Scheibe zu Bruch geht. Der Falz wird dann vollständig mit Kitt ausgefüllt, wobei mit einem blanken Kittmesser diese Kittwulst abgeschrägt und glattgestrichen wird.
Damit wäre die Glasscheibe vorschriftsmäßig eingesetzt. In der Dachschräge ist das verhältnismäßig einfach, da die Scheibe nicht so schnell abrutschen kann. An den senkrechten Stehwänden muß sie unten mit einer Leiste gegen Abrutschen gesichert werden. Damit das Wasser gut ablaufen kann und sich nicht staut, ist unten sowohl an den senkrechten Wänden als auch an der Dachschräge kein Falz vorgesehen. Hier wird die Scheibe nur in ein breites Kittbett gedrückt. Überstehender Kitt wird ebenfalls glattgestrichen und abgeschrägt.
Bei der bisherigen Arbeit wurde davon ausgegangen, daß nur ganze Scheiben Verwendung finden. Leider kann nicht immer auf große Scheiben zurückgegriffen werden. Es macht sich deshalb vielfach erforderlich, daß **Reststücke** verarbeitet werden. Dabei muß die Glasbreite dem Sprossenabstand entsprechen, wobei die Länge unterschiedlich sein kann.
Begonnen wird bei dieser Methode an der unteren Kante des Fensters. Die erste Scheibe wird eingesetzt wie bereits beschrieben. Die nächste Scheibe überdeckt etwa 2 bis 4 cm die untere Scheibe und wird ebenso in das Kittbett gedrückt. Die letzte Scheibe muß die restliche Öffnung des Fensters vollständig bedecken. Damit die Scheiben besonders an den senkrechten Wänden nicht rutschen, werden schmale Zink- oder Alublechstreifen S-förmig gebogen und jeweils an der oberen Kante des Glases eingehangen. Die darüberliegende Scheibe wird dort abgestützt.
Nachteilig dabei ist, daß sich zwischen den Scheibenüberlagen Schmutz festsetzt und nur schwer entfernen läßt. Außerdem wird die Lichteinstrahlung vermindert. Deshalb kann man Glasscheiben an den Stoßkanten mit einem dauerelastischen Silikon-Kautschuk-Kleber, z. B. „Cenusil“, miteinander verbinden und abdichten.
Glas ist ein zerbrechlicher Werkstoff, der mit großer Sorgfalt behandelt werden muß. Getragen wird Glas nur hochkant, damit es zu keiner größeren Durchbiegung der Scheibe kommen kann und damit zum ungewollten Bruch. Aber nicht nur die Scheibe kann brechen, man kann sich dabei auch verletzen. Glasscheiben sind, so-

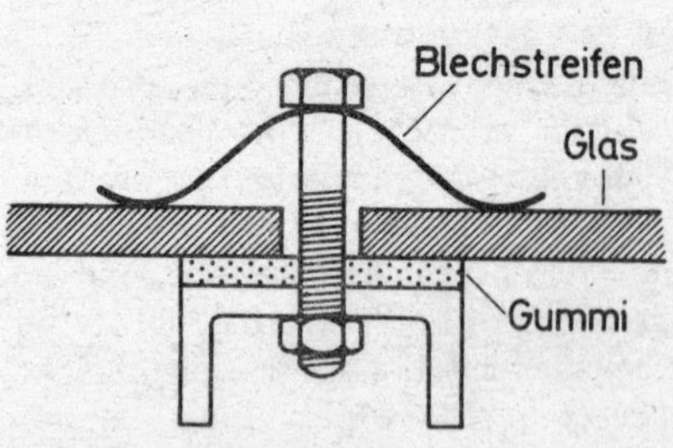

Abb. 104 Kittlose Verglasung mit Profilblechstreifen

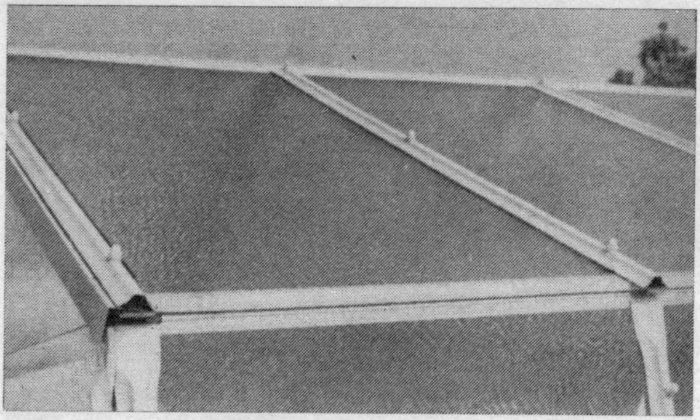

Abb. 105 Kittlose Verglasung

fern sie keine geschliffenen Kanten haben, immer scharfkantig und gefährlich. Beim Arbeiten mit Glas ist es daher gut, wenn Lederhandschuhe getragen werden. Als Notbehelf können auch Lappen verwendet werden.

Das **Abdichten** der Glasscheiben **mit Kitt** wird nicht nur auf Holz vorgenommen. Metallsprossen und -rahmen können ebenso verglast werden. Vielfach wird aber auch die **kittlose Verglasung** angewendet, insbesondere bei industriell gefertigten Gewächshäusern. Die Glasscheiben werden hier auf Dichtstreifen aus Gummi oder anderem Material gelegt. Angedrückt werden sie mit Blattfedern, die auf Gewindebolzen gesteckt und mit Muttern festgeschraubt werden. Neuerdings verwendet man auch Plastringe, mit denen das Glas angedrückt wird. Die Muttern erhalten eine Plastabdeckhaube, damit sie weitgehendst gegen Korrosion geschützt sind. Auch hier empfiehlt es sich, verzinkte Schrauben und Muttern zu verwenden. Unabhängig davon ist es gut, wenn Schrauben und Muttern eingefettet werden. Trotz kittloser Verglasung wird meist an der oberen Glaskante noch eine Kittfase gezogen.

Eine entscheidende Verringerung der Wärmeverluste kann durch doppelte Verglasung erreicht werden. Beson-

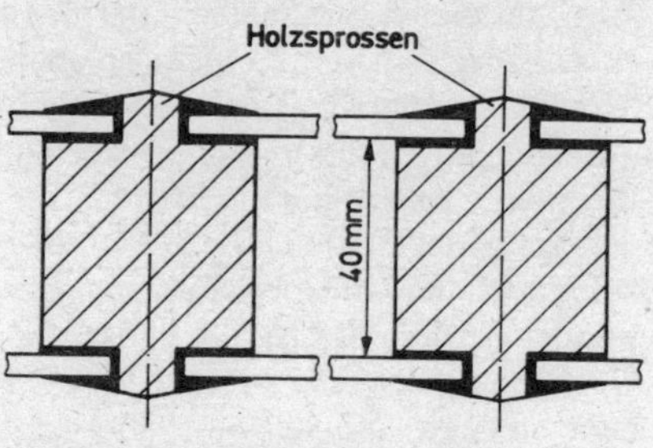

Abb. 106 Zweifache Verglasung auf Holzsprossen

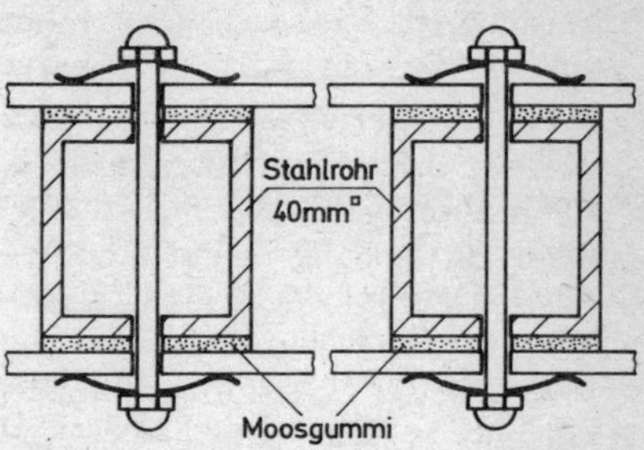

Abb. 107 Zweifache Verglasung, kittlos auf Stahlprofil

ders für Gewächshäuser mit Heizung ist diese Lösung vorteilhaft. Es ist dabei nicht unbedingt nötig, daß ausschließlich Glas verwendet wird. Wichtig ist, daß ein Luftraum entsteht, der wärmeisolierend wirkt. Deshalb kann von innen auch Folie gespannt werden. Der günstigste Abstand ist etwa 40 mm. Die Abbildungen 106 und 107 zeigen die konstruktive Ausführung.

Ausrüstung und Einrichtung

Anforderungen

Die Ausrüstung und Einrichtung eines Gewächshauses wird im wesentlichen von den Möglichkeiten und von den Erfordernissen bestimmt. Man sollte daher nur Pflanzen anbauen, denen man günstige Wachstumsbedingungen schaffen kann.
Eine Grundvoraussetzung ist zunächst die Unterbringung der Pflanzen. Der Anbau kann in **Grundbeeten** erfolgen, was im Kleingewächshaus sehr häufig angewendet wird. Das Erdreich wird etwa 30 bis 50 cm tief ausgeschachtet und mit entsprechend aufbereiteter Erde wieder gefüllt. Der konzentrierte, intensive Anbau bringt eine höhere Beanspruchung des Bodens mit sich. Das Substrat sollte deshalb in regelmäßigem Abstand erneuert werden, und die entzogenen Nährstoffe sollten außerdem in Form von Dünger wieder zugeführt werden. Einige Pflanzen benötigen eine ständige Nährstoffzuführung in Form von Flüssigdünger. Dazu können Vorrichtungen mit tröpfchenweiser Nährstoffausbringung dienen.
Auch der Anbau als **Hydrokultur** ist möglich. Dazu wird ein Kiesbett angelegt, in das die Pflanzen mit Töpfen oder Containern gestellt werden. Hierzu eignet sich auch das **Bankbeet**. Selbst der Pflanztisch kann Verwendung finden, wenn man eine flache Wanne darauf stellt und mit Kies füllt. Die Zufuhr der Nährlösung erfolgt von einem Sammelbehälter über Niveauausgleich. Auf einem solchen Kiesbett können beispielsweise auch Tomaten angebaut werden, wenn sie in einen Plastering mit offenem Boden gepflanzt werden. Diese Methode kann auch bei anderen Pflanzen angewendet werden. Sie ist auf Bank- und Grundbeeten ebenso wie auf Tischen oder Stellagen möglich.

Abb. 108 Anlegen des Grundbeetes

Außerdem muß die Innenausstattung eines Gewächshauses die Wuchseigenschaften der Pflanzen berücksichtigen. So benötigen Pflanzen wie Gurken oder Melonen eine ausreichende Raumhöhe und Vorrichtungen, an denen sie emporranken können. Dazu müssen Drähte oder weitmaschige Plastnetze gespannt werden. Der Anbau dieser Arten erfolgt am günstigsten auf Bank- oder Grundbeeten. **Tische** oder **Stellagen** eignen sich dagegen besonders für niedrige Pflanzen, für Topfpflanzen und für die Jungpflanzenanzucht. Stellagen ermöglichen eine Vergrößerung der Anbaufläche durch die Nutzung in mehreren Etagen. Sollen Pflanzen unterschiedlicher klimatischer Anforderungen in einem Haus betreut werden, dann ist es gut, wenn eine **Zwischenwand** eingezogen wird. Das würde sich erforderlich machen, wenn Tomaten und Gurken in einem Haus angebaut werden sollen. Die Zwischenwand kann eine ständige Glaswand mit Tür sein, es ist aber auch möglich mit zwei Folienstücken, die sich in der Mitte überlappen, den Raum zu teilen.

Von den bekannten Gemüsearten werden kaum größere Anforderungen an das Gewächshaus gestellt. Anders ist das bei den Zierpflanzen. Hier gibt es eine ganze Reihe von Pflanzen, die verhältnismäßig eng tolerierte klimatische Ansprüche stellen. Das bezieht sich auf die Temperatur, die Luftfeuchtigkeit und die zur Verfügung stehende Lichtmenge sowie deren tägliche Zeitdauer. Zur Realisierung dieser Bedingungen ist deshalb ein mehr oder weniger großer Aufwand erforderlich. Daraus ergibt sich natürlich auch die Konsequenz, daß ein so eingerichtetes Gewächshaus nur für die jeweilige Pflanzengattung genutzt werden kann, eine Einschränkung, wie sie nicht im Interesse des Kleingärtners liegt. Diese spezielle Nutzung eines Gewächshauses ist auch als ein spezielles Hobby zu betrachten, sie wird schon auf Grund des hohen finanziellen Aufwandes nicht das Interesse der Allgemeinheit finden.

Für die Pflegearbeiten werden verschiedene Ausrüstungsgegenstände benötigt. Bank- und Grundbeete können mit den üblichen **Gartenwerkzeugen** bearbeitet werden. Anders ist es mit den Pflanzen auf Tischen und Stellagen. Für sie werden kleine spezielle Werkzeuge benötigt. Das trifft auch für die Jungpflanzenanzucht zu. Werden anspruchsvolle Pflanzen angebaut, dann muß auch der **Aufbereitung des Bodens** große Bedeutung beigemessen werden. Die Erde für Gewächshaus und Frühbeet sollte keimfrei sein, deshalb ist eine Vorrichtung zum Dämpfen unentbehrlich. Günstig ist es, wenn ein solches Gerät als Gemeinschaftseinrichtung für mehrere Gartenfreunde genutzt wird. Damit ist der Kostenaufwand für den einzelnen nicht zu hoch.

Die übliche Nutzung des Gewächshauses für den Frühgemüseanbau im Kleingarten stellt verhältnismäßig geringe Anforderungen an die Einrichtung und Ausrüstung. Legt man keinen besonderen Wert darauf, sehr zeitige Ernten zu erzielen, dann kann auf eine aufwendige **Heizungsanlage** verzichtet werden. Es ist jedoch notwendig, Vorkehrungen zu treffen, daß Frostnächte überbrückt werden können. Dazu würde sich bereits eine elektrisch betriebene Heizschlange eignen. Das setzt voraus, daß ein Elektroanschluß vorhanden ist. Ein solcher Anschluß wird auch für die Zusatzbeleuchtung und für einige elektrische Geräte benötigt. Leider ist nicht in jedem Kleingarten ein Elektroanschluß vorhanden. Der Gartenfreund muß dann auf andere Heizquellen zurückgreifen. Hier bieten sich feste Brennstoffe an. Dazu ist eine Heizungsvorrichtung für feste Brennstoffe einzubauen.

Um den Heizungsaufwand möglichst gering zu halten, sind zusätzliche Isolierungen besonders in den Nachtstunden notwendig. Abhilfe kann geschaffen werden mit Frostschutzmatten, mit denen das Gewächshaus abgedeckt wird. Aber solche Lösungen sind nur geeignet, wenn morgens und abends zu- und abgedeckt werden kann.

Regulierung der Lichtmenge

Wie bereits beschrieben, benötigen die Pflanzen eine bestimmte Lichtmenge für die Assimilation, wobei der Wechsel zwischen Licht und Dunkel (Tag-Nacht-Rhythmus) auf Wachstum und Entwicklung der Pflanzen einwirkt. Das bedeutet, mit der Regulierung der Lichtmenge und der Zeitdauer der Belichtung sind also bestimmte Wachstumsphasen zu beeinflussen.

Der Zeitpunkt der Blüte kann beispielsweise mit **Zusatzlicht** verfrüht oder hinausgezögert werden. Chrysanthemen sind Kurztagpflanzen, sie entwickeln die Blüten in den kurzen Tagen. Bei ihnen fördert zusätzliche Belichtung des Wachstum und verzögert den Blütezeitpunkt. Bei der Jungpflanzenanzucht kommt es darauf an, die Lichtmenge und die Belichtungszeit kontinuierlich zu erhöhen. Die Lichtverhältnisse des Frühjahrs werden simuliert. Die zusätzliche Belichtung fördert die Entwicklung der Sämlinge und Stecklinge. Aber auch Mutterpflanzen zeigen unter Zusatzlicht besseres Wachstum.

Zu beachten ist auch, daß unter den schlechten natürlichen Lichtverhältnissen des zeitigen Frühjahrs verstärkt Fäulniserreger auftreten können. Mit ausreichender Belichtung wird hier Abhilfe geschaffen.

Als Lichtquelle wird zunächst das Sonnenlicht genutzt. Da die Zeitdauer der Sonneneinstrahlung im zeitigen Frühjahr noch zu kurz ist, macht sich die Zusatzbelichtung erforderlich. Jede Zusatzbelichtung erfordert die Zufuhr von Energie. Es ist deshalb wichtig, alles zu unternehmen, daß das vorhandene, natürliche Licht maximal von den Pflanzen aufgenommen werden kann. Die Scheiben sind sauberzuhalten und alle Behinderungen für den Lichteinfall zu entfernen. Wurde alles für einen maximalen Lichtgenuß getan, kann eine dann noch erforderliche Zusatzbelichtung effektiv verwendet werden.

Als **künstliche Lichtquellen** eignen sich normale Glühlampen und Gasentladungslampen. Der unterschiedliche Spektralbereich der verschiedenen Lichtquellen hat für das Wachstum nur geringe Bedeutung. Wichtig ist die Beleuchtungsstärke der Lampen. Eine normale Glühlampe mit Einfachwendel für eine Leistung von 25 W (Watt) erzeugt einen Lichtstrom von 205 lm (Lumen), dagegen eine

Tabelle 5 Gesamtlichtstrom und Lichtausbeute (nach Kuchling)

Lampe	Leistungsaufnahme P W	Lichtstrom Φ lm	Lichtausbeute Φ/P lm/W
Allgebrauchslampen (220 V):			
Einfachwendel	40	325	8,1
	75	780	10,4
	100	1 150	11,5
Doppelwendel	40	400	10,0
	75	910	12,1
	100	1 310	13,1
Fotolampen (220 V):			
PR500 (100 Std.)	500	6 500	13,0
K500 (100 Std.)	500	11 000	22,0
Leuchtstofflampen (weiß):			
25 W (Stabform)	33	1 440	43,6
40 W (Stabform)	52	2 400	46,1
65 W (Stabform)	79	3 840	48,6
120 W (Stabform)	144	5 400	37,5
Quecksilberdampf-Hochdrucklampen:			
HQA und HQL125	137	5 250	38,5
HQA und HQL250	270	11 500	42,5
HQA und HQL400	425	20 500	48,0

Fotolampe mit 250 W Leistungsaufnahme einen Lichtstrom von 2700 lm. Das entspricht einer Lichtausbeute bei der Glühlampe von 8,2 lm/W und bei der Fotolampe 10,8 lm/W. Günstiger ist die Lichtausbeute bei Leuchtstofflampen. Eine 25-W-Stablampe erzielt eine Lichtausbeute von 43,6 lm/W. Das entspricht einem Lichtstrom von 1440 lm. Von einer 120-W-Lampe wird ein Lichtstrom von 5400 lm bei einer Lichtausbeute von 37,5 lm/W erzeugt. Quecksilberdampf-Hochdrucklampen gewährleisten eine Lichtausbeute wie Leuchtstofflampen. Sie beträgt bei einer Lampe mit einer Leistungsaufnahme von 270 W 42,5 lm/W und erzeugt einen Lichtstrom von 11500 lm. Die angegebenen Werte der Lichtausbeute deuten auf die tatsächlich als Licht nutzbare Elektroenergie hin. Wird es im Gewächshaus erforderlich, zusätzlich zu belichten, dann sollten Leuchtstofflampen verwendet werden. Eine Leistungsaufnahme von etwa 40 bis 80 W/m² sind völlig ausreichend. Die Montage dieser Lampen muß von einem Fachmann erledigt werden, da es sich hierbei um Feuchtrauminstallation handelt. Unsachgemäße Ausführung kann lebensgefährlich werden. Das trifft auch auf die übrige Elektroanlage im Gewächshaus zu. Die Lichteinstrahlung kann für die Pflanzen erhöht werden, wenn hinter

den Lampen ein Reflektor angebracht wird. Es genügt bereits ein Stück poliertes Aluminiumblech für diesen Zweck.
Wichtig ist der Abstand der Lampen zu den Pflanzen. Die Beleuchtungsstärke nimmt mit dem Quadrat der Entfernung ab. Es ist deshalb günstig, wenn der Abstand zu den Pflanzen zwischen 0,85 m und 1,0 m beträgt. Diese Angaben sind als Richtwerte zu betrachten.
Das Erzeugen der erforderlichen, zusätzlichen Lichtmenge bereitet demnach wenig Schwierigkeiten und ist lediglich eine Kostenfrage. Anders verhält es sich mit der Zeitdauer der Lichtzuführung. Es ist sicher nicht nur ein organisatorisches Problem, täglich das Licht einzuschalten und nach erfolgter Belichtung wieder auszuschalten. Zur Lösung dieser Aufgaben eignet sich eine Uhr mit Schaltkontakt oder ein elektronischer Schalter.
Zur Regulierung der Lichtmenge gehört natürlich nicht nur die zusätzliche Zuführung von Licht. Besonders in den Sommermonaten ist es oft erforderlich, die Lichtmenge einzuschränken. Die hohe Strahlungsintensität der Sonne kann an den Pflanzen Verbrennungen hervorrufen und auf Grund des Anteils an Wärmestrahlen das Gewächshaus übermäßig aufheizen. Im Frühjahr und im Herbst ist diese Wirkung der Sonnenstrahlung erwünscht, da sie die Temperatur des Hauses erhöht. In den Sommermonaten sind entsprechende Schutzmaßnahmen erforderlich.
Das Gewächshaus wird bei intensiver Sonneneinstrahlung abgedeckt. Das

Abb. 109 Schattierung mit Hilfe von Schattiermatten

Abb. 110 Schattierung durch innen angebrachte Stoffbahnen

kann mit **Sonnenschutzmatten, Schattenleinen** oder ähnlichen Materialien erfolgen. Stabile und dauerhafte Schattiereinrichtungen können aus Holzleisten oder Aluminiumlamellen gefertigt werden. Man kann sowohl innen als auch außen Markisen, Jalousien oder Rollos mit Erfolg verwenden. Auch hier bietet sich die

Möglichkeit, die Beschattung entsprechend der Sonneneinstrahlung zu automatisieren. Mit einem Motor, der über einen Thermostaten oder einen photoelektrischen Schalter eingeschaltet wird, können Schattiermatten oder Rollos auf- oder abgewickelt werden.

Für viele Kleingärtner wird diese Schattierung zu einem Problem. Sie können sich in den Sommermonaten mit einer ständigen Schattierung helfen, indem die Glasscheiben mit Kalkmilch eingestrichen werden. Gegenüber der Sonneneinstrahlung ist das eine gute Dauerbeschattung, sie hat aber den Nachteil, daß sie auch bei schlechtem Wetter die Lichteinstrahlung beeinträchtigt. Andere Einrichtungen können bei Wetterwechsel entfernt werden und haben noch den Vorteil, daß sie bei Nacht eine zusätzliche Isolierung darstellen.

Wasserversorgung

Die Versorgung der Pflanzen im Gewächshaus mit Wasser besitzt eine große Bedeutung, da gegenüber dem Freiland die natürliche Wasserzufuhr fehlt und der zur Verfügung stehende Vorrat aus dem Boden intensiver ausgenutzt wird. Die teilweise hohen Temperaturen der Sommermonate im Gewächshaus verursachen ebenfalls einen höheren jährlichen Wasserbedarf. Im Durchschnitt sind bei einer ganzjährigen Nutzung etwa 100 bis 1200 l/m^2 im Jahr erforderlich.

Mit der Bewässerung können im Erdreich Veränderungen der Struktur und der Zusammensetzung eintreten, die sich auf das Pflanzenwachstum auswirken. Die **Qualität des Gießwassers** ist ebenfalls ausschlaggebend. Durch hohe Mineraldüngergaben erhöht sich die Salzkonzentration im Boden. Mit dem Gießwasser werden weitere Mineralien zugeführt. Die dabei entstehende hohe Salzkonzentration im Boden wirkt sich nachteilig auf das Pflanzenwachstum aus. Deshalb sollte das Gießwasser einen Salzgehalt von 1000 mg/l nicht überschreiten. Regenwasser ist dagegen fast völlig salzfrei. Man sollte es sammeln und als Gießwasser oder zum Beimischen verwenden. Günstig ist es, wenn zum Gießen abgestandenes Wasser verwendet wird.

Das Wasser wird auch zur Regulierung der Temperatur im Gewächshaus eingesetzt. Es wird dazu im Raum versprüht, oder die Pflanzen werden benetzt. Für die **Verdunstung** von 1 l Wasser werden etwa 2450 kJ benötigt. Diese Wärmemenge wird der Umgebung entzogen und bewirkt damit eine Abkühlung, d. h. Luft- und Pflanzentemperatur können gesenkt werden.

Wasser wird auch benötigt, wenn Düngergaben mit dem Gießwasser verabreicht werden sollen. Diese **Flüssigdüngung** kann tröpfchenweise erfolgen. Dazu sind entsprechende Vorrichtungen einzubauen.

Beim Gießen der Pflanzen treten die Fähigkeiten und Erfahrungen des Kleingärtners in den Vordergrund. Wann und wieviel gegossen werden muß, das hängt ab von den Wasseransprüchen der Pflanze, von der Bodenfeuchtigkeit, aber auch von der Temperatur, von der Sonnen- bzw. Lichteinstrahlung und der jeweiligen Jahreszeit.

Voraussetzung für die Bewässerung ist

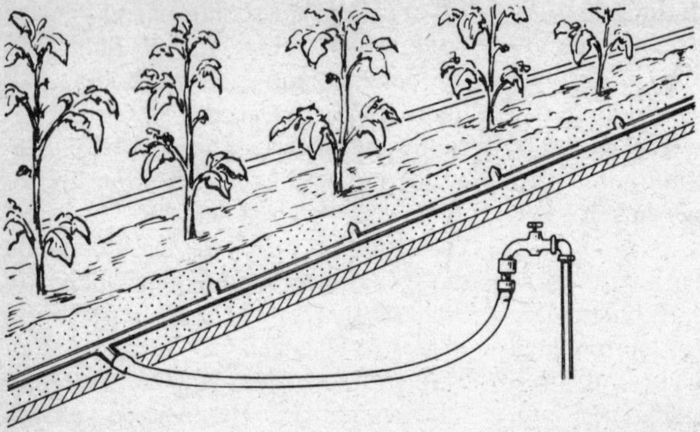

Abb. 111 Bodenbewässerung

das Vorhandensein von Wasser im Grundstück. Zwei Möglichkeiten können dabei genutzt werden. Wer über einen natürlichen Wasserzufluß verfügt, ist stets im Vorteil, wenn das Wasser auch die geforderte Qualität aufweist. Durch Industrieabwässer verunreinigtes Wasser kann nur dann genutzt werden, wenn es keine Schadstoffe enthält.
Trinkwasser ist kostbar und sollte nur dort verwendet werden, wo keine andere Möglichkeit besteht. Einige Gartenanlagen verfügen über eigene Brunnen und können somit ihren Wasserbedarf decken.
Beim **Gießen** gibt es zwei Methoden. Einmal kann eine gründliche Bewässerung des Bodens vorgenommen werden, zum anderen können die Pflanzen mit einer Brause beregnet werden. Am häufigsten wird dazu eine Gießkanne verwendet. Sie kann wahlweise mit oder ohne Brausekopf genutzt werden. Da diese Arbeit täglich Zeit in Anspruch nimmt, wird vielfach versucht, rationellere Methoden anzuwenden.
Mit einem Schlauch kann das ganze Gewächshaus gewässert werden. Bei jungen Pflanzen kann eine solche Bewässerungsmethode jedoch zu Wachstumsstörungen führen, wenn die Erde verschlämmt oder ausgespült wird.
Die Abbildung 111 zeigt eine Methode der **Bodenbewässerung**, bei der durch entsprechende Düsen jede Pflanze mit der erforderlichen Wassermenge versorgt wird. Man verwendet dazu ein PVC-Rohr, in das im Pflanzenabstand kleine Düsen aus PVC eingeklebt werden. Als Kleber kann ein PCD-Kleber verwendet werden. An einem Rohrende wird ein Schlauchanschluß eingesetzt. Das andere Ende wird mit einem Blindstopfen verschlossen. Über ein Stück Schlauch wird das Sprührohr mit einem Wasserhahn verbunden. Die Bewässerung ist nun sehr einfach, man öffnet den Wasserhahn und läßt die gewünschte Wassermenge in den Boden fließen. Ebenso kann das Grundbeet bewässert werden, wenn ein perforierter Schlauch verwendet wird. Solche Schläuche sind im Handel erhältlich. Eine **Beregnung** läßt sich auch im Gewächshaus anwenden. Kleine Nebeldüsen aus Polyäthylen werden, wie vorher schon beschrieben,

Guter und frühzeitiger Ertrag im einseitigen Frühbeetkasten.

Bereits mit einem kleinen Kasten kann ein guter Erfolg erzielt werden.

Auf der iga in Erfurt vorgestellt: industriell gefertigte Folienhäuser.

Die Folie wird straff gespannt und im Erdreich durch Abdecken mit Erde befestigt.

Folienzelt in Hausform

Folienzelt in Tunnelform

Industriell gefertigtes Kleingewächshaus. Zur Erzielung eines diffusen Lichteinfalls wurde innen Folie gespannt.

Auch bei Kleingewächshäusern ist der Finnhütten-Stil möglich.

Typengewächshaus mit gemauertem Sockel

Die industriell gefertigten Häuser werden mit einer feuerverzinkten Stahlkonstruktion geliefert.

Eine gründliche Rostschutzbehandlung erhöht die Lebensdauer.

Kittlose Verglasung

Kleingewächshaus Typ „Plauen" auf der iga in Erfurt vorgestellt

Tomatenpflanzen können zum Nachreifen in das temperierte Gewächshaus gehangen werden.

Gut sichtbar sind die Rohre für die Schwerkraftwarmwasserheizung.

in ein Rohr eingesetzt. Der Abstand der Düsen sollte etwa 1 m betragen. Das Wasser wird in einem Umkreis von etwa 1 m vernebelt. Diese Methode erhöht die Luftfeuchtigkeit und verteilt das Wasser gleichmäßig über die gesamte Fläche. Das Rohr mit den Nebeldüsen kann sowohl über den Pflanzen angebracht werden als auch am Boden. Eine derartige Bodenbewässerung hat den Vorteil, daß sie die Struktur des Bodens nicht beeinträchtigt. Pflanzen mit einem weitläufigen Wurzelsystem werden besser und gleichmäßiger mit Wasser versorgt.

Die verschiedenen Bewässerungsmethoden können kombiniert angewendet werden. Dazu ist es günstig, wenn für mehrere Schlauchanschlüsse eine Verteilung mit einzelnen Absperrventilen eingebaut wird. Abbildung 113 zeigt eine Möglichkeit, wie man sich eine solche Verteilung selbst bauen kann. Die Schlauchanschlüsse können sowohl im Gewächshaus als auch im übrigen Garten für die Bewässerung verwendet werden.

Für Topfpflanzen ist diese Form der Bewässerung nicht geeignet. Hier läßt es sich nicht umgehen, daß die Töpfe

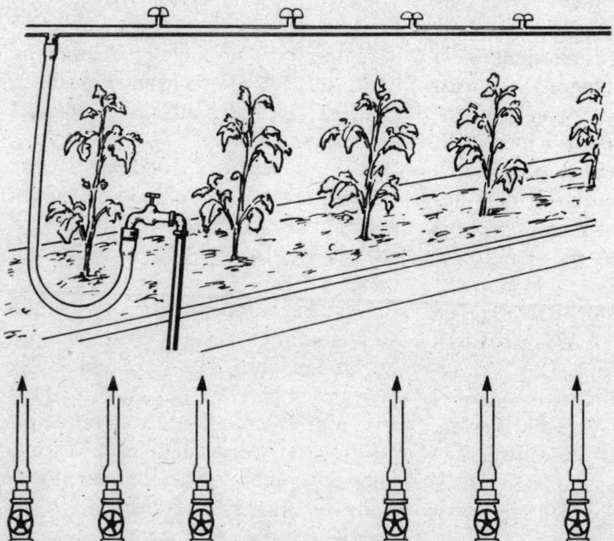

Abb. 112 Beregnung

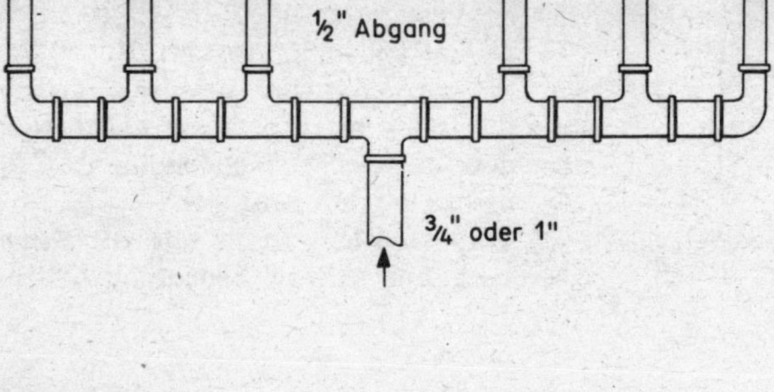

Abb. 113 Verteilung für mehrere Wasserverbraucher mit Schlauchanschluß und Absperrventil

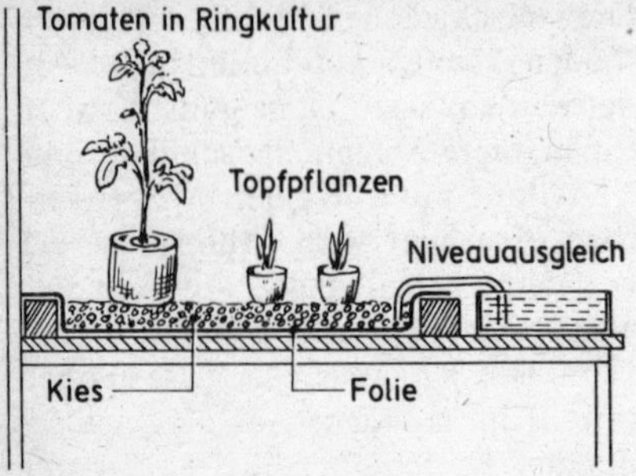

Abb. 114 Staubewässerung

einzeln mit einer kleinen Gießkanne gegossen werden. Haben alle Topfpflanzen den gleichen Wasserbedarf, dann kann auch hier die Bodenbewässerung vereinfacht werden. Dazu wird auf einem Pflanztisch eine Folienwanne hergestellt, die mit Kies gefüllt wird. Die Töpfe werden auf dieses Kiesbett gestellt. Über das Prinzip des Niveauausgleichs wird von einem Vorratsbehälter Wasser in die Wanne geleitet. Der Wasserstand ergibt sich mit dem Niveau in dem Behälter. Die Pflanzen nehmen das Wasser durch die Kapillarwirkung auf. Die Wasserzufuhr im Vorratsbehälter kann über ein Schwimmerventil geregelt werden. Wie wir sehen, kann die aufwendige Arbeit des Gießens mit der Gießkanne weitgehend eingeschränkt werden. Trotzdem ist auch bei umfangreicher Automatisierung nicht auf die Gießkanne zu verzichten. Betrachtet man den anfangs erwähnten Jahresbedarf an Wasser, dann ist auch zu ermessen, welcher Kraftaufwand mit solchen Methoden und Einrichtungen eingespart werden kann. Die Einsparung an körperlicher Arbeit sollte aber nicht dazu führen, daß Wasser verschwendet wird.

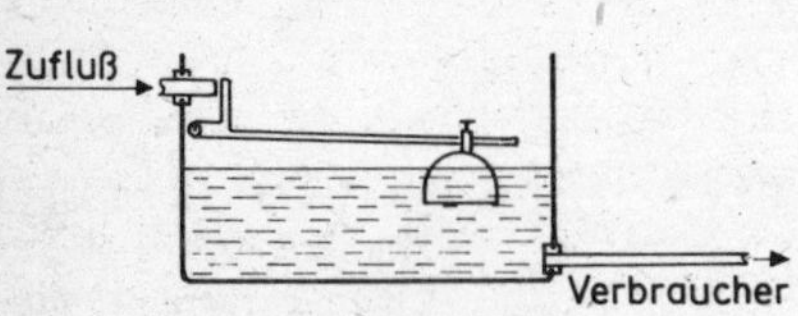

Abb. 115 Regulierung des Wasserzuflusses mit Schwimmerventil

Versorgung der Pflanzen mit Kohlendioxid

Für die Photosynthese benötigen die Pflanzen Kohlendioxid (CO_2). Im Freiland ist der Gehalt an Kohlendioxid durch die ständige Luftbewegung konstant. Im Gewächshaus dagegen kann es zeitweilig zu einem Mangel an CO_2 kommen.

Die einfachste Methode, die CO_2-Konzentration im Gewächshaus konstant zu halten, ist eine ausreichende Lüftung und Luftumwälzung.

Es ist aber auch möglich, Propangas zu verbrennen. Dabei entstehen pro kg Propan etwa 3 kg CO_2 und 1,6 kg Wasserdampf. Bei der Verbrennung wird eine Wärmemenge von 42000 bis 50000 kJ/kg freigesetzt. Diese Wärmeenergie dient gleichzeitig der Erhöhung der Raumtemperatur.

Der Bedarf der Pflanzen an Kohlendioxid ist unterschiedlich. Er ist auch davon abhängig, welche Anbaumethode gewählt wird. Bei der Hydroponik ist er im allgemeinen höher, weil den Pflanzen das bodenbürtige CO_2 nicht zur Verfügung steht.

Für den Kleingärtner wird die Begasung nur geringe Bedeutung haben.

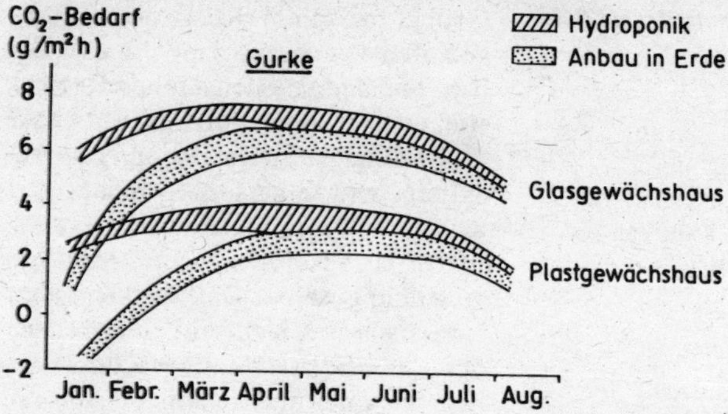

Abb. 116 *CO_2-Bedarf der Gurke (nach „Ratgeber")*

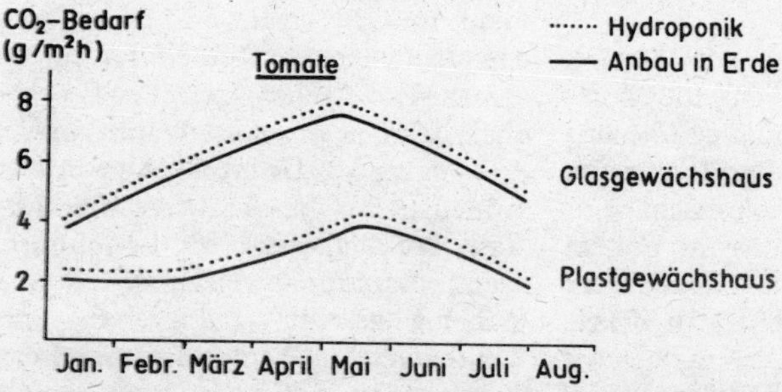

Abb. 117 *CO_2-Bedarf der Tomate (nach „Ratgeber")*

Für ihn ist die Bodenbedeckung mit organischem Material, bei dessen Zersetzung Kohlendioxid entsteht, besser geeignet.

Möglichkeiten der Wärmeerzeugung

Neben der Bewässerung spielt die Temperaturregulierung in der Bewirtschaftung von Gewächshäusern eine große Rolle. Diesen Wachstumsfaktor kann man wesentlich beeinflussen. Hauptsächlich wird es nötig sein, dem Gewächshaus zusätzliche Wärme zuzuführen.

Die Zuführung von Wärme ist mit Zuführung von Energie gleichzusetzen. Welcher Energieträger genutzt wird, hängt von den örtlichen Bedingungen ab. Die Sonnenenergie ist die hauptsächlichste Wärmequelle. Ihre maximale Nutzung ist die ökonomischste Lösung. Leider ist es nicht möglich, mit dieser Wärmeenergie allein auszukommen, wenn man im zeitigen Frühjahr Gemüse anbauen will. Besonders für die Nachtstunden macht sich eine zusätzliche Wärmezufuhr notwendig.

Voraussetzung ist eine entsprechende technische Einrichtung, die sowohl stationär als auch transportabel sein kann. Soll lediglich der Nachtfrostgefahr begegnet werden, reicht eine transportable Einrichtung aus. Sie hat den Vorteil, daß sie problemlos auch in ein anderes Gewächshaus oder Folienzelt umgesetzt werden kann. Stationäre Einrichtungen werden dort be-

Tabelle 6 Unterer Heizwert fester und flüssiger Stoffe H_{UT} (nach Kuchling)

Heizmaterial	kJ/kg
Koks	29 300
Braunkohlenbrikett	20 900
Rohbraunkohle	8 400–16 700
Holzkohle	30 600
Holz, lufttrocken	15 500
Holz, frisch	8 400
Benzin	42 700
Dieselöl	42 700
Heizöl	41 000
Petroleum	40 800

nötigt, wo sich eine ständige Heizung in den Nachtstunden und teilweise auch am Tag erforderlich macht.

Am gebräuchlichsten ist in diesem Fall eine **Heizung mit festen Brennstoffen.** Die Palette der festen Brennstoffe reicht vom Anthrazit über Steinkohle, Koks, Braunkohle, Braunkohlenbriketts bis hin zu den verschiedenen Holzarten. Der Heizwert ist dabei sehr unterschiedlich. Aus der Tabelle 6 können diese Werte entnommen werden. Die Heizung wird meist auf eine bestimmte Brennstoffart festgelegt, da Unterschiede in den technischen Anforderungen bestehen.

Die Verbrennung selbst ist eine chemische Reaktion, wobei der Kohlenstoff, aus dem der Brennstoff hauptsächlich besteht, mit dem Sauerstoff der Luft verbunden wird. Es entsteht Kohlenmonoxid und bei weiterer Reaktion das Kohlendioxid. Bei dieser chemischen Reaktion wird Wärme frei, die für die Erwärmung eines Gewächshauses genutzt werden kann. Gelingt es, diese Reaktion langsam ablaufen zu lassen, dann ist es möglich, aus der gleichen Menge Kohlenstoff eine größere Menge nutzbarer Wärmeenergie zu gewinnen. Die Reaktion wird eingeleitet, indem der Kohlenstoff entzündet wird. Hat die Reaktion begonnen, dann läuft sie selbständig weiter. Die Verbrennungsgase erwärmen sich und steigen nach oben, wobei frische Luft von unten angesaugt wird und Sauerstoff für die weitere Verbrennung zur Verfügung steht. Im Gewächshaus ist es im Prinzip möglich, einen **Kohle-Ofen** einzubauen. Die Kacheln des Ofens erwärmen sich und geben die Wärme an die Umgebung ab. Damit entsteht in unmittelbarer Nähe des Ofens eine höhere Lufttemperatur als im übrigen Raum. Wird für ausreichende Luftumwälzung gesorgt, erzielt man eine gleichmäßige Temperaturverteilung im Raum.

Eine Zirkulation der Luft entsteht bereits dadurch, daß die erwärmte Luft nach oben steigt und unten kalte Luft nachströmt. Versieht man den Ofen mit einem Blechmantel, der einen Abstand zu den Kacheln von etwa 5 bis 10 cm und oben einen Luftkanalanschluß besitzt, so kann die Luft über die Kanalführung besser im Gewächshaus verteilt werden. In beiden Fällen kann man die Wärmezirkulation mit einem Ventilator wesentlich verbessern.

Eine gleichmäßigere Wärmeverteilung wird mit einer **Warmwasserheizung** erreicht. Hierbei wird die Verbrennungswärme nicht sofort an die Raumluft abgegeben, sondern über den Umweg der Wassererwärmung.

Diese Methode hat den Vorteil, daß das erwärmte Wasser mit Rohrleitungen durch das gesamte Gewächshaus geleitet wird. Die Wärme wird von dem erwärmten Wasser über den Eisenrohrmantel an den Luftraum abgegeben.
Der Heizkessel kann auch mit Gas oder Heizöl betrieben werden. Die Anwendung dieser Energieträger für den Kleingarten ist nicht zu empfehlen, da sie teuer sind und hohe Anschaffungskosten für die dazu erforderlichen technischen Einrichtungen entstehen.
Sollte sich das Gewächshaus in unmittelbarer Nähe des Wohnhauses befinden und die Möglichkeit bestehen, es zusätzlich an die vorhandene Heizungsanlage anzuschließen, dann ist das eine durchaus günstige Lösung. Mit einer Heizstelle können Wohn- und Gewächshaus versorgt werden. Zusätzlicher Heizungsaufwand entfällt. Wesentliche Voraussetzung ist jedoch, daß eine gründliche Isolierung der Versorgungsleitungen vorgenommen wird.
Neben der Ofen- und Warmwasserheizung kann auch eine alte Methode verwendet werden, wie sie bereits bei der Beheizung eines Frühbeetes beschrieben wurde. Die **Kanalheizung** hat auch im Kleingewächshaus Vorteile. Sie ist, vom Bauaufwand her gesehen, die billigste Variante und ermöglicht doch eine gleichmäßige Erwärmung des gesamten Gewächshauses. In einer Kanalheizung können verschiedene feste Brennstoffe verwendet werden. Brennbare Abfälle können auf diesem Weg völlig problemlos beseitigt werden. Nachteilig ist dabei, daß je nach Brennstoff mehr oder weniger oft nachgeheizt werden muß. Eine Regulierung der Verbrennung ist nur begrenzt möglich, wodurch sich eine etwas ungünstigere Ausnutzung der Brennstoffe ergibt.
Für einen kurzen Zeitraum ist auch die Nutzung von Elektroenergie für Heizzwecke möglich. Mit Heizlüftern oder biegsamen Heizkabeln kann Nachtfrostgefahr abgewehrt werden. Für ein Gewächshaus mit einer Länge von 5 m kann mit 30 m Heizkabel ein Temperaturunterschied bis zu 20 °C ausgeglichen werden. Eine gute Isolierung ist jedoch notwendig.
Sinnvoll sind regelbare Heizkabel in Anzuchtkästen.
Kleinheizgeräte für flüssige oder gasförmige Brennstoffe eignen sich ebenfalls zur Überbrückung der Nachtfrostgefahr.

Werkzeug und Hilfsmittel für die Nutzung des Gewächshauses

Für die Nutzung des Gewächshauses werden Werkzeuge, Geräte und sonstige Hilfsmittel benötigt. Für die **Bodenbearbeitung** können die handelsüblichen Werkzeuge verwendet werden. Ist das Gewächshaus schmal, dann sollten die Stiele gekürzt werden, weil sonst mit dem Stielende leicht Scheiben zerschlagen werden können. Das trifft besonders für Schaufel, Eisenrechen und Grubber zu. Mit Spaten, Schaufel, Rechen und Grubber werden größere Erdarbeiten vorwiegend im Grundbeet vorgenommen. Für Saatkästen, Anzuchtkästen, Topfpflanzen oder auch Bankbeete eignen sich die im Handel angebotenen Kleingeräte.

Sehr vielseitig ist die Anwendungsmöglichkeit der Pflanzschaufel. Mit ihr können nicht nur Beete bepflanzt werden und einfache Erdarbeiten in kleinerem Umfang durchgeführt werden, sie kann auch zum Abmessen von Düngemitteln, Schädlingsbekämpfungsmitteln u. a. genutzt werden. Mit dem kleinen Handgrubber kann der Boden rings um die Pflanzen sehr gut und vorsichtig gelockert werden.
Mit dem Handrechen wird die Erdoberfläche wieder geglättet. Das Pflanzholz und der Pikierstab sind wichtige Hilfsmittel für die Pflanzenanzucht und den weiteren Anbau. Benötigt werden auch **Transport- und Lagerbehälter** für verschiedene Chemikalien, Düngemittel und ähnliche Stoffe. Wassereimer dienen zum Transport flüssiger und fester Stoffe und können auch kurzzeitig als Lagerbehälter genutzt werden. Gießkannen in unterschiedlicher Größe erfüllen ihren speziellen Zweck als Transport- und Arbeitsmittel. Je nach Größe des Gewächshauses werden auch größere Transportbehälter benötigt. Das können die einrädrige Schubkarre oder auch mehrrädrige Karren sein. Sie dienen vorwiegend dazu, Erdmassen und andere voluminöse Stoffe zu transportieren. Der Transportweg wird hier überwiegend zwischen Gewächshaus und Freiland oder einem Arbeitsraum liegen. Dieses Gerät sollte nur so breit sein, daß es bequem durch die Tür zum Gewächshaus paßt. Kleinere Behälter werden zum Aufbewahren verschiedener flüssiger und fester Stoffe benötigt. Es ist günstig, wenn sie aus Plast oder Glas bestehen. Sie sind damit leicht zu reinigen und können oft wieder verwendet werden. Solche Glas- und Plastbehältnisse fallen oft im Haushalt als Leergut oder Abfall an. Bei Plastartikeln muß unbedingt darauf geachtet werden, daß in ihnen keine Lösungsmittel aufbewahrt werden, die den Plastwerkstoff angreifen. Benzolhaltige Chemikalien dürfen beispielsweise nicht in Polystyrolbehälter abgefüllt werden.
Für die richtige Anwendung bestimmter Chemikalien ist eine genaue Dosierung erforderlich (zum Beispiel Meßbecher oder -zylinder).
Zur **Aufbereitung von Erden und Substraten** werden Siebe mit unterschiedlicher Maschenweite benötigt. Ein normaler Durchwurf, wie wir ihn im Garten bereits verwenden, eignet sich für die Herstellung der gröberen Erdmassen. Ein Sandsieb mit feineren Maschen wird für Topf- und Anzuchterden genutzt. Mit einem noch feineren Sieb werden Saatkisten abgesiebt. Damit nur völlig keimfreie Erde verwendet wird, muß diese gedämpft werden. Die Anschaffung einer Anlage zum **Dämpfen** lohnt sich nur für größere Mengen. Günstig ist es, wenn Gartennachbarn gemeinsam eine solche Einrichtung nutzen.
Kleinere Mengen können eventuell mit einem ausgedienten Schnellkochtopf oder ähnlichen Vorrichtungen gedämpft werden. Ist im Garten ein Dampferzeuger vorhanden, dann kann eine Dämpfgabel zum Dämpfen in der Schubkarre eingesetzt werden. Sie kann aus mehreren Rohrstücken, die mit kleinen, seitlichen Löchern versehen sind, zusammengeschweißt werden.

Für den Schutz der Pflanzen vor schädlichen Einwirkungen werden Geräte unterschiedlicher Größe und Preislage angeboten. Eine kleine, zwei Liter fassende Handspritze reicht für den Einsatz in einem Kleingewächshaus völlig aus. Es können damit die für den **Pflanzenschutz** benötigten Spritzbrühen in erforderlicher Weise verspritzt werden. Feineres Vernebeln wird mit einem Handzerstäuber erreicht. Zur Behandlung besonders kleiner Flächen eignet sich auch ein Kleinzerstäuber. Pulverförmige Pflanzenschutzmittel können mit einem speziellen Zerstäuber aus Plastmaterial verstäubt werden.

Verschiedene Pflanzenschutzmittel sind gesundheitsschädlich, deshalb ist es sinnvoll, sich eine geeignete Atemschutzmaske zu beschaffen. Beim Ansetzen von Spritzbrühen sind Gummihandschuhe und eventuell eine Gummijacke eine sinnvolle Arbeitsschutzkleidung. Gummistiefel sind sicher sowieso im Garten vorhanden. Damit möglichst wenige Schaderreger in das Gewächshaus gelangen können, ist es durchaus sinnvoll, das Schuhwerk im Haus zu wechseln. Dann können Krankheitserreger und Schädlinge nicht mit anhaftender Erde übertragen werden.

Für die Jungpflanzenanzucht werden **Pflanz- und Saatgefäße** benötigt. Am gebräuchlichsten waren bisher Holzkisten. Sie werden als Saat- und Pikierkisten verwendet. Für den Transport und die Ablage von Töpfen konnten sie ebenfalls recht gut genutzt werden.

Blumentöpfe in verschiedenen Größen aus Ton und Plastmaterial sind unentbehrlich. Besonders in letzter Zeit werden in verstärktem Maße Töpfe und Schalen aus Schaumpolystyrol angeboten. Sie haben den entscheidenden Vorteil, daß sie sehr leicht und bequem zu handhaben sind.

Teilweise fällt Verpackungsmaterial aus diesem Werkstoff an. Schaumpolystyrol-Schachteln und kleine Kisten sind meist gut zu gebrauchen. Auch andere Plastbehältnisse aus PVC und ähnlichem Material, die im Haushalt anfallen, sind als Töpfe oder Saatgefäße zu verwenden. Diese Abfallmaterialien erfüllen nicht nur im Garten einen guten Zweck, ihre weitere Nutzung entlastet auch unsere Müllhalden.

Beim Füllen von Saatgefäßen leistet ein kleines Brettchen, das mit einem Griff versehen wird, gute Dienste. Mit diesem **Andruckbrettchen** wird die Erde in den Saatgefäßen geglättet. Mit fortschreitendem Wachstum benötigen verschiedene Pflanzen Vorrichtungen zum Stützen und Emporranken. Für die Anzucht von Gurkenpflanzen werden zunächst **Holzstäbe** benötigt, an die die Jungpflanzen gebunden werden können. Für Stabtomaten sind ebenfalls Stäbe notwendig. Grobes **Maschengeflecht** aus Plastmaterial bietet größeren Gurkenpflanzen eine gute Stütze. Auch Melonen können an einem solchen Rankgerüst emporklettern. Da sich diese Pflanzen meistens nicht selbst halten können, werden sie angebunden. Man kann dazu Schnur verwenden oder zu einem Plastering greifen.

Draht in mehreren Stärken und **Schnur** sollten in ausreichendem

Abb. 118 Ein Maximum-Minimum-Thermometer und ein Hygrometer sind wichtige Meßinstrumente für die Überwachung des Raumklimas.

Maße vorhanden sein. Für manche Pflanzen, besonders für Zierpflanzen, eignet sich ein spezielles Stützgerüst, ein Nelkenstuhl. An einen Drahtring werden drei Füße angelötet, mit denen das Gerüst in den Boden gesteckt werden kann.
Zum Kennzeichnen der Pflanzenbestände, vorwiegend bei der Jungpflanzenanzucht, werden kleine **Holz- oder Plasteetiketten** benötigt. Sie geben Auskuft über botanische Gattungen und Arten.
Die Gestaltung von klimatischen Bedingungen, die das Wachstum der Pflanzen beeinflussen, erfordert aber auch Überwachungsmaßnahmen. Technische Hilfsmittel dafür sind **Thermometer** und **Hygrometer.** Ein Maximum-Minimum-Thermometer hält die höchste und niedrigste Temperatur des Tages oder eines bestimmten Zeitabschnittes fest. Gleichzeitig kann damit auch die jeweils aktuelle Temperatur abgelesen werden. Zur Sicherheit kann an einer anderen Stelle im Gewächshaus ein weiteres Thermometer aufgehangen werden.
Mit einem Bodenthermometer wird die Bodentemperatur gemessen. Es kann in den Boden hineingesteckt werden, wobei man auch tiefere Schichten damit erreicht.
Soll die Temperatur im Gewächshaus geregelt werden, dann wird ein Kontaktthermometer benötigt. Mit diesem Thermometer kann eine bestimmte Temperatur eingestellt werden, bei der ein Kontakt geschlossen wird. Über diesen Schaltkontakt wird ein Relais ausgelöst, welches einen Stromkreis mit einem elektrischen Heizkörper oder Heizrohr schließt. Verändert sich die Temperatur, dann öffnet sich der Kontakt, und das Relais fällt wieder ab. Für die Jungpflanzenanzucht ist eine solche Regeleinrichtung besonders sinnvoll, da es hierbei auf gleichbleibende Temperaturen ankommt.
Mit einem Hygrometer wird die relative Luftfeuchtigkeit gemessen. Man gibt sie in Prozent an. Auch dieses Meßgerät kann mit Schaltkontakten verwendet werden. Hierbei würde über das entsprechende Relais ein Luftbefeuchter eingeschaltet werden.

Wärmeerzeugung

Ermittlung des Wärmebedarfs

Mit der Gewächshausheizung wird eine solche Wärmemenge erzeugt, wie sie die Pflanzen für ein bestmögliches Wachstum benötigen. Die Wärmemenge, die zugeführt werden muß, richtet sich nach der Temperaturdifferenz zwischen Innen- und Außentemperatur sowie nach der Beschaffenheit des Gewächshauses. Der Wärmebedarf richtet sich dementsprechend nach dem Wärmeverlust, da nur die Wärmemenge wieder zugeführt zu werden braucht, die durch Abgabe an die Umwelt verlorengeht. Witterungseinflüsse haben ebenfalls Einfluß auf die Höhe der Wärmeverluste. Diese verschiedenen Einflüsse lassen sich zum Teil nur schwer in Zahlen darstellen. Es müssen deshalb Richtwerte und Erfahrungswerte in die Berechnung einbezogen werden. Für den Gewächshausbau sind solche Werte in TGL-Blättern festgelegt. Als tiefste Außentemperatur wird nach TGL 116-0640 für ganzjährig beheizte Gewächshäuser eine Temperatur von −20 °C angenommen. Die Innentemperatur richtet sich nach den Pflanzenbeständen. Bei einer Innentemperatur von +10 °C ergibt sich eine Temperaturdifferenz von 30 K[1]. Die bauliche Hülle des Gewächshauses gibt ständig Wärme an die Umgebung ab. Der Wärmedurchgang ist von der Oberfläche und dem Material abhängig. Glas läßt mehr Wärme hindurch als beispielsweise Mauerwerk. Zur Errechnung des Wärmeverlustes wird demzufolge die Fläche des jeweiligen Materials getrennt berechnet. Für den Wärmedurchgang ist die Wärmedurchgangszahl festgelegt. Mit der Fläche und der Wärmedifferenz multipliziert ergibt sich der Wärmeverlust für das jeweilige Teilstück des Gewächshauses auf die Materialart bezogen. In dem angeführten Beispiel ergibt sich bei einer Länge des Gewächshauses von 5 m eine Glasfläche von etwa 27 m². Der Mauersockel umfaßt eine Fläche von etwa 8 m². Bei einer angenommenen Wärmedurchgangszahl von 5,8 für das Glas ergibt sich ein Wert von 27 × 5,8 = 156,6. Für das Mauerwerk mit einer Wandstärke von 25 cm wird die Durchgangszahl 2,0 angenommen. Damit ergibt sich ein Wert von 8 × 2,0 = 16,0. Beide Teilwert addiert ergeben 172,6.

[1] Temperaturdifferenz nach TGL 31548 in Kelvin (K)

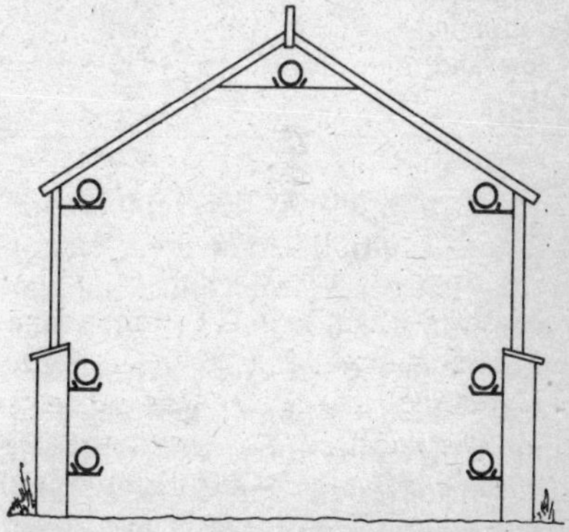

Abb. 119 Verteilung der Heizrohre

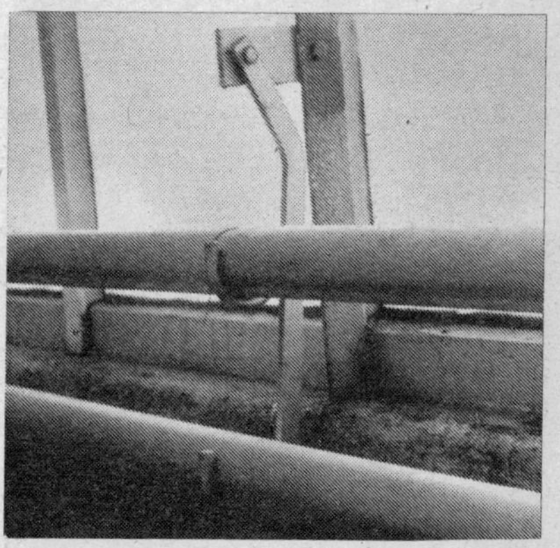

Abb. 120 Aufhängung der Heizrohre

Tabelle 7 Wärmedurchgangszahlen

Material	Stärke mm	Durchgangszahl k W/m²K
Glas	4–6	5,2
Glas mit Holzsprossen	–	5,8
doppelt verglast	–	3,0
Glas mit Eisensprossen	–	6,2
doppelt verglast	–	4,1
GUP	1,2	6,2
Ziegelmauer	120	2,8
Ziegelmauer	250	2,0
Betonwand	50	4,9
Betonwand	100	4,0
Betonwand	150	3,4
Holz	25	2,2

Diese Zahl muß mit der Temperaturdifferenz multipliziert werden. Damit ergibt sich der Wärmeverlust aus der Rechnung 172,6 × 30 = 5178 W. Das bedeutet, bei einer Außentemperatur von −20 °C und einer gewünschten Innentemperatur von +10 °C entsteht ein Wärmeverlust von 5178 W. Soll die Temperatur im Gewächshaus konstant gehalten werden, dann muß auch die gleiche Wärmemenge wieder zugeführt werden. Bei der Betrachtung darf nicht vergessen werden, daß auch an den Erdboden Wärme abgegeben wird, da auch hier eine Temperaturdifferenz besteht. Die tiefste Erdtemperatur wird mit +7 °C angenommen. Zur Innentemperatur besteht hier nur eine Differenz von 3 K. Die Wärmedurchgangszahl für den Erdboden beträgt 1,7. Das berechnete Gewächshaus hat eine Grundfläche von 12,5 m². Der Wärmeverlust an den Erdboden ergibt sich aus folgender Rechnung: 12,5 × 3 × 1,7 = 63,75 W. Dieser Wert ist gegenüber den bereits berechneten Verlusten gering und kann bei geringen Temperaturdifferenzen vernachlässigt werden. In der vorliegenden Rechnung ergibt sich ein Gesamtwärmebedarf von 5241,75 W. Zur Sicherheit wird gewöhnlich ein Zuschlag von 25 % gerechnet. Damit ergibt sich ein Wärmebedarf für das Gewächshaus von 6550 W. Dieser Wert entspricht der benötigten Heizleistung. Vorausgesetzt ist bei der vorstehenden Berechnung, daß keine weiteren Verluste durch undichte Stellen auftreten können. Ein wesentlicher Faktor für die Wärmeverluste ist die Luftströmung an den Außenseiten des Gewächshauses. Bei starkem Wind wird die Wärmeabgabe an die Außenluft erhöht. Der Wärmebedarf ist deshalb auch von der Lage und den Klimabedingungen abhängig.

Warmwasserheizung

Die Beheizung des Gewächshauses mit erwärmtem Wasser ist eine weit verbreitete Methode. Das Wasser

Tabelle 8 Wärmedurchgangszahlen für Rohre

Durchmesser mm	Außenfläche pro lfd. m m^2	Durchgangszahl k W/m^2K	Wasserinhalt pro lfd. m l
30	0,1	16,3	0,70
46	0,15	14,0	1,70
70	0,239	12,8	3,85

durchströmt dabei die Heizrohre innerhalb des Gewächshauses und gibt die Wärme an den Luftraum ab. Durch die Wärmeabgabe muß dem Wasser ständig weitere Wärmeenergie zugeführt werden. Die Wärmemenge, die an das Gewächshaus abgegeben werden kann, wird ähnlich ermittelt wie der Wärmebedarf des Hauses. Zusätzlich zur Wärmeleitung entsteht eine Wärmeabgabe durch Strahlung. Die benötigte Wärmemenge wurde im vorhergehenden Abschnitt mit 6550 W berechnet. Für die Realisierung dieses Bedarfs ist es erforderlich, die **Länge der Heizrohre** zu ermitteln. Bei einer Wassertemperatur im Vorlauf von 70 °C wird im genannten Beispiel eine Temperaturdifferenz von 60 K errechnet. Bei einem Heizrohrquerschnitt von 70 mm wurde eine Wärmedurchgangszahl von 12,8 festgelegt.

Die benötigte Heizrohrfläche ergibt sich aus der Rechnung Wärmebedarf geteilt durch Wärmedurchgangszahl des Heizrohres mal der ermittelten Temperaturdifferenz. Die Länge des Rohres kann dann errechnet werden, wenn die ermittelte Heizrohrfläche durch die Fläche von einem Meter des verwendeten Rohres geteilt wird. Betrachten wir diese Rechnung am erwähnten Beispiel, dann ergibt sich für die Fläche der Heizrohre $6550/12{,}8 \times 60 = 6550/768 \approx 8{,}5\ m^2$. Bei der Verwendung von 70 mm starkem Heizungsrohr wird die errechnete Heizfläche geteilt durch die Fläche eines laufenden Meters von $0{,}239\ m^2$. Die Länge der Heizrohre würde in diesem Fall 36 m betragen. Die Rohre werden längs durch das Gewächshaus gezogen, wobei ein Rohr im First, je zwei Rohre entlang dem Mauersockel und je ein Rohr auf halber Höhe der Verglasung installiert werden. In einer solchen Heizungsanlage entsteht nach dem Prinzip der Schwerkraft eine Zirkulation im Wasserkreislauf. Das bedeutet, das Wasser wird im Heizungskessel erwärmt und erhält Auftrieb. Da die Heizung einen geschlossenen Kreislauf darstellt, fließt das abgekühlte Wasser im unteren Rohr wieder zurück. Man bezeichnet das obere Rohr deshalb als Vorlauf und das untere als Rücklauf. Der Vorlauf wird mit dem Rohr im First verbunden. Am anderen Ende erfolgt eine Verteilung auf die nächsten Rohre, die etwas tiefer liegen. Die Rohre sind schlangenförmig von oben nach unten miteinander verbunden. Die Enden der beiden tiefsten Rohre sind an den Rücklauf des Kessels angeschlossen. Damit ist der Kreislauf wieder geschlossen.

Die Rohre werden nicht genau waagerecht montiert, sie erhalten eine geringfügige Neigung von der warmen zur kälteren Seite. Da sich das Wasser bei Erwärmung ausdehnt, wird an der höchsten Stelle ein Ausdehnungsgefäß mit Überlauf angebracht.

Der **Heizkessel** besteht aus einzelnen Gliedern, die miteinander verschraubt sind. Die Glieder sind so gestaltet, daß sie einen Feuerraum, den Ascheraum und die Züge umschließen. Innen sind die einzelnen Rippen hohl und an den Wasserkreislauf angeschlossen. Damit wird das Wasser durch die Gußeisenwandung vom Feuer getrennt. Diese Heizkessel werden in verschiedenen Größen mit unterschiedlicher Leistungsfähigkeit hergestellt. Die Leistung des Kessels ist auf dem Typenschild abzulesen bzw. den entsprechenden Tabellen zu entnehmen. Im genannten Beispiel muß der Heizkessel in der Lage sein, 6550 W zu erzeugen. Es muß demnach ein Heizkessel ausgewählt werden, der entweder darüber oder darunter liegt. Ist die Wärmeleistung des betreffenden Kessels zu niedrig, dann kann im Extremfall die gewünschte Innentemperatur nicht gehalten werden. Ein zu großer Heizkessel würde mit geringerem Wirkungsgrad arbeiten, so daß mehr Brennstoffe benötigt werden. Die Beschaffung eines solchen Heizkessels ist natürlich für den Kleingärtner nicht nur eine Kostenfrage. Kessel werden vorwiegend für Wohnhäuser sowie gewerbliche Einrichtungen genutzt. Der Gartenfreund sollte sich bemühen, einen gebrauchten Kessel zu kaufen. Es ist auch möglich, einen defekten Kessel zu reparieren. Für diese und auch alle übrigen Arbeiten ist ein Heizungsfachmann unbedingt hinzuzuziehen.

Abb. 121 Zwei verschiedene Heizkessel zur Beheizung eines Gewächshauses

Als **Heizmaterial** werden feste Brennstoffe verwendet. Alle gasreichen Brennstoffe entwickeln die Hauptwärme im Feuerraum. Dazu gehört auch die Braunkohle, die einen niedrigen Heizwert besitzt. Bei der Verbrennung von Braunkohle im Kokskessel macht sich meist ein zusätzliches Gebläse erforderlich. Es muß dabei auch berücksichtigt werden, daß die Braunkohle mitunter sehr feine Bestandteile enthält. Sie füllen die Hohlräume zwischen den Kohlestücken und können dabei das Feuer ersticken. Günstiger ist die Verwendung von Braunkohlenbriketts. Sie haben einen höheren Heizwert und gehören zu den langflammigen Brennstoffen. Durch die Vorbehandlung der Briketts wird der hohe Wassergehalt der Braunkohle auf etwa 15 % gesenkt. Sie kann ohne Beimengung verfeuert werden.

Zur Beheizung kleinerer Heizkessel

eignet sich auch BHT-Koks. Er besitzt einen hohen Heizwert und benötigt eine relativ lange Zeit zur vollständigen Verbrennung.

Einfacher ist es, wenn die Heizung des Gewächshauses an die im Wohnhaus vorhandene Heizung angeschlossen werden kann. Sie muß aber noch so viele Reserven besitzen, daß sie die vom Gewächshaus benötigten 6550 W zusätzlich erzeugen kann.

Zu berücksichtigen ist jedoch, daß weitere Verluste durch die Rohrleitungen zwischen Wohnhaus und Gewächshaus entstehen. Der Verlust kann niedrig sein, wenn die Rohrleitungen gut isoliert werden. Bei der Installation der Heizungsanlage muß darauf geachtet werden, daß die Heizung des Gewächshauses nicht tiefer liegt als der Heizkessel. Ist das nicht zu vermeiden, dann muß eine Pumpe in den Kreislauf eingeschaltet werden. Sie hat die Aufgabe, das Wasser durch die Rohrleitungen des Gewächshauses zu pumpen, um somit die notwendige Zirkulation zu erzielen.

Es ist sinnvoll, den zweiten Heizkreislauf mit einem Schieber vollständig vom Kreislauf des Wohnhauses zu trennen, falls die Heizung eine gewisse Zeit nicht benötigt wird. Dazu ist es aber erforderlich, daß das Wasser im Heizkreislauf des Gewächshauses abgelassen wird, damit der Frost die Rohre nicht beschädigen kann. Ist die Trennung nicht möglich, dann muß das Gewächshaus auch beheizt werden, wenn es nicht benötigt wird. Das verursacht allerdings einen unnötigen Verbrauch von Brennstoffen und führt zu Kosten, die keinen Nutzen bringen.

Für den Eigenbau eines Kessels zeigt die Abbildung 122 ein Beispiel. Voraussetzung für den Bau einer solchen Anlage ist, daß die Möglichkeit besteht, autogen zu schweißen. In der Abbildung wird dargestellt, wie mit Hilfe von Rohrstücken und einem kleinen Boiler die Nachbildung eines Heizkessels hergestellt werden kann. Die Rippen des Kessels werden hier durch die Rohrstücke ersetzt. Das

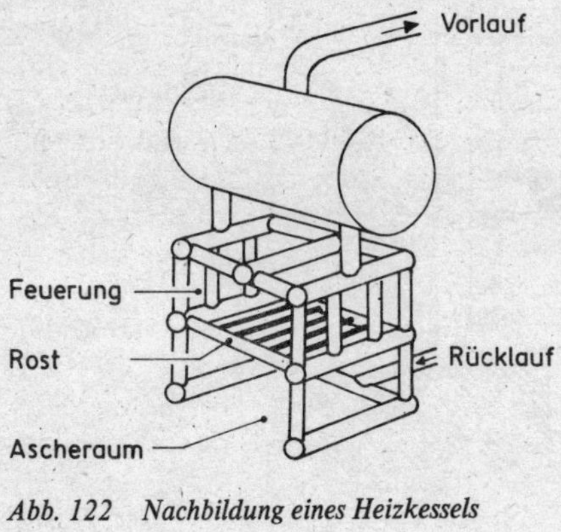

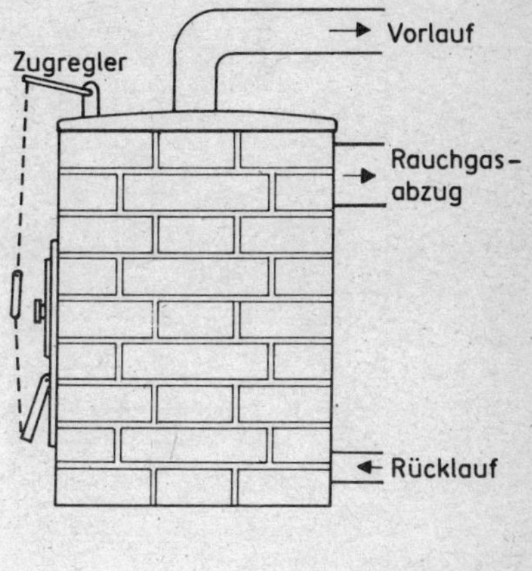

Abb. 122 Nachbildung eines Heizkessels

Feuerungsrost wird ebenfalls mit Rohrstücken zusammengeschweißt. Alle Rohrstücke sind miteinander verbunden, so daß das Wasser im Kessel zirkulieren kann. Die äußere Hülle wird mit Schamottesteinen und Ziegeln gemauert. Es ist günstig, wenn dieser Kessel im Gewächshaus aufgestellt wird. Hier wird der ungünstige Wirkungsgrad des Eigenbaukessels etwas verbessert, da die Strahlungswärme des Ofens und des Abgasrohres zusätzliche Wärme bringt.
Zu beachten ist beim Bau eines solchen Ofens, daß der Brandschutz und die einschlägigen Arbeitsschutzbestimmungen für Schweißarbeiten genauestens beachtet werden.
Der in der Abbildung dargestellte Ofen ist nur ein Lösungsbeispiel und keine Bauanleitung. Alle baulichen Details sind mit einem Heizungsfachmann abzusprechen. Der notwendige Rauchgasabzug wird in einem gesonderten Abschnitt erläutert.

Luftheizung

Das Prinzip der Luftheizung besteht darin, daß Luft in einem Ofen stark erwärmt und durch das Gewächshaus geleitet wird. Gegenüber der Warmwasserheizung hat sie einige Vorteile. Es wird kein Medium benötigt, welches die Wärme an die Raumluft überträgt. Da die Wärme sofort an die Luft abgegeben wird, ist es wesentlich schneller möglich, das Gewächshaus aufzuheizen. Es entsteht dabei eine Luftzirkulation, die dem Wachstum der Pflanzen dienlich ist. Der Nach-

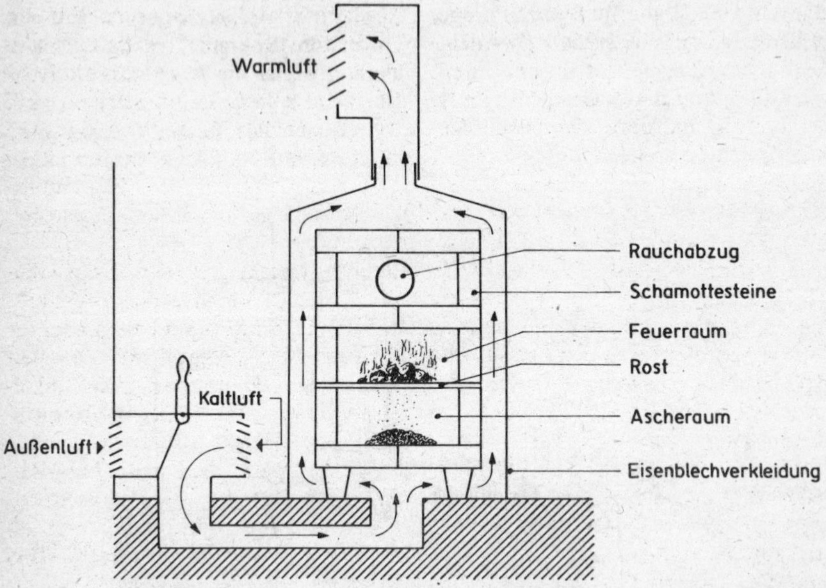

Abb. 123 Luftheizung

teil gegenüber der Warmwasserheizung ist, daß die Luftfeuchtigkeit verringert wird und auch eine schnelle Abkühlung eintritt, sobald das Feuer ausgebrannt ist.

Die Konstruktion einer Luftheizung kann so ausgelegt werden, daß sie wahlweise Innenluft oder Außenluft ansaugt und erwärmt. Wird erwärmte Außenluft zugeführt, dann wird gleichzeitig der Kohlensäurebedarf für die Assimilation der Pflanzen gedeckt. Besonders günstig wirkt sich eine solche Heizung auf den Anbau von Kohlrabi, Blumenkohl, Salat, Tomaten und anderen Pflanzen aus. Bei den Tomaten wirkt sich die Luftbewegung günstig auf den Fruchtansatz aus, weil auch dadurch die Bestäubung der Blüten besser vonstatten gehen kann. Ein wesentlicher Vorteil der Luftheizung gegenüber einer Warmwasserheizung besteht in den niedrigen Anschaffungskosten und auch niedrigen Betriebskosten. Nachteilig ist dagegen, daß sich eine solche Heizung nicht für eine vollständige Beheizung eignet. Sie ermöglicht, die Temperatur des Gewächshauses über dem Gefrierpunkt zu halten. Im Kleingarten reicht diese Leistung meist völlig aus, wenn Frühgemüse angebaut wird. Bei der Betrachtung wurde von einer Temperaturdifferenz von 30 K ausgegangen. Extremwerte von −20 °C treten jedoch nicht so häufig auf.

In den Wintermonaten bzw. im Frühjahr wirkt sich die Luftbewegung innerhalb des Gewächshauses sehr positiv aus, da stagnierende Luft immer ungünstig für die Pflanzen ist.

Die Verwendung einer Luftheizung im Kleingewächshaus ist durchaus zweckmäßig. Leider gibt es dafür keine geeigneten Öfen, die industriell hergestellt werden. Auch in diesem Fall muß sich der Kleingärtner daher selbst helfen.

Der **Bau eines Luftofens** ist leichter möglich, als eine funktionstüchtige Warmwasserheizung zu installieren. Das Kernstück einer solchen Luftheizung ist der Ofen selbst, der mit einem Blechmantel versehen wird. Er kann aus einem ausgedienten, transportablen Kachelofen hergestellt werden.

Es ist natürlich dabei erforderlich, daß dieser Ofen zunächst repariert wird. Defekte Schamottesteine werden ausgetauscht und Fugen mit Lehm verstrichen. Eisenteile sollten nach Möglichkeit nicht defekt sein. Sie zu ersetzen ist meist schwieriger. Für den Aufbau des Ofens ist ein Betonfundament erforderlich, in welches ein Rohr für die Luftzufuhr eingelassen wird. Entsprechend der Abbildung 123 führt dieses Rohr zu einer Lüftungsklappe, mit der wahlweise die Zufuhr von Außenluft oder Innenluft geregelt werden kann.

Beim Anheizen und bei niedrigen Außentemperaturen wird die Außenluftzufuhr verschlossen und der Kanal für die Innenluft freigegeben. Der Ofen wird auf einen Rahmen aus Winkeleisen, der auf vier Füßen steht, montiert. In einem Abstand von etwa 10 cm wird ein Blechmantel befestigt. Er umschließt den Ofen vollständig. Oben wird eine Blechhaube mit einem Rohranschluß aufgesetzt. Das Rohr verteilt die erwärmte Luft im Gewächshaus. Für den Rauchabzug wird der Blechmantel mit einer Öffnung versehen, durch die das Ofenrohr gesteckt werden kann. Es sollte möglichst dicht durch den Mantel geführt werden. Geheizt wird durch eine Tür im Blechmantel und die üblichen Feuerungstüren im Ofen selbst. Diese Türen müssen stets ordentlich verschlossen werden. Hat sich die den Ofen umgebende Luft erwärmt, dann steigt sie nach oben, und kalte Luft strömt von unten nach. Auf diese Weise ergibt sich eine Luftzirkulation. Sie kann weiter verbessert werden, wenn ein Ventilator in die Luftzuführung eingebaut wird. Eine solche Zwangsluftzuführung garantiert die Luftzirkulation und bewirkt eine schnellere Erwärmung des Gewächshauses.

Der Bau einer solchen Luftheizung ist mit verhältnismäßig geringen Kosten verbunden, beansprucht aber im Gewächshaus etwas Platz. Sie kann deshalb auch in einem Nebenraum aufgestellt werden. Hier ist es aber erforderlich, daß der Blechmantel gut isoliert wird. Es dürfen keine zusätzlichen Verluste auftreten, damit die Heizung auch ihre Wirkung nicht verliert.

Günstig ist diese Variante auch deshalb, weil in einem geheizten angrenzenden Raum weitere Arbeiten verrichtet werden können. Wird garantiert, daß die Temperatur nicht unter 0 °C absinken kann, dann können in diesem Raum auch Knollen oder Blumenzwiebeln gelagert werden.

Beheizung mit Elektroenergie

Die Beheizung mit Elektroenergie ist möglich, sie sollte jedoch im Interesse rationeller Energieanwendung wenig genutzt werden. Außerdem entstehen dabei hohe Kosten. Verwendung finden dazu die bereits erwähnten Heizkabel. Sie besitzen eine Heizleistung von 120 W pro laufenden Meter. Hergestellt werden sie in den Längen 2,5 m, 4,0 m, 6,3 m und 10 m. Um den Wärmebedarf des bereits berech-

Abb. 124 Befestigung der elektrischen Heizkabel

Abb. 125 Anschluß der Heizkabel nur über Schukosteckdosen in Feuchtraumausführung

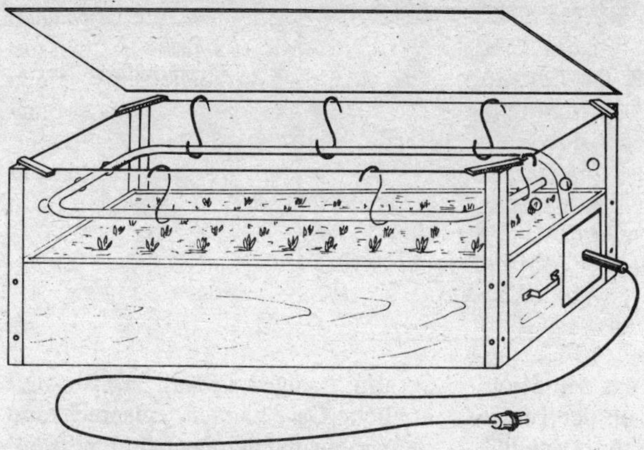

Abb. 126 Vermehrungskasten

neten Gewächshauses von 6550 W zu decken, müssen etwa 55 m Heizkabel verlegt werden. Aus diesen Größenordnungen ist schon zu ersehen, daß die Aufwendungen für die Beheizung eines Gewächshauses mit Elektroenergie für den Kleingärtner unzweckmäßig sind. Eine Anwendung kann diese Heizung finden als Frostschutz beim Anbau von Frühgemüse. Sie kann auch erfolgreich für die Erwärmung des Bodens bei bestimmten Kulturen eingesetzt werden. In Verbindung mit anderen Heizungsarten kann sie dazu genutzt werden, um Temperaturregelungen im Gewächshaus in Grenzen vornehmen zu können. Größere Bedeutung hat diese Heizung für die Jungpflanzenanzucht in einem **Vermehrungskasten** innerhalb des Gewächshauses. Ein solcher Kasten kann auf den Pflanztisch gestellt werden und erleichtert so die Arbeit. Wie aus der Abbildung 126 ersichtlich, handelt es sich dabei um einen Holzkasten mit einer Seitenwandhöhe von 15 cm. Die Länge kann beliebig gewählt werden. An den Ecken sind von außen Winkeleisen mit einer Länge von etwa 35 cm angeschraubt. Wie bei einem Aquarium werden in diesen Winkeleisenrahmen Glasscheiben eingesetzt. Zum Abdecken wird ebenfalls eine Glas- oder Piacrylscheibe zugeschnitten. Somit ist ein lichtdurchlässiger Kasten entstanden.

In den Kasten wird eine Plastewanne eingesetzt, damit die Feuchtigkeit nicht in die Holzwandung eindringen kann. Trotzdem ist es zu empfehlen, den Kasten zusätzlich mit Holzschutzmittel zu behandeln. Der geschlossene Kasten hat einen kleinen Luftraum und kann sehr gut elektrisch aufgeheizt werden. Wie es die Abbildung zeigt, wird ein Heizkabel mit Haken an die Glasscheiben gehangen. An einer Schmalseite des Kastens ist ein Stück ausgesägt und ein Blech eingelassen, durch das das Anschlußkabel der Heizung gezogen wird. Komplett ist dieser Kasten mit einer automatischen Temperaturregelung. Dazu wird ein Kontaktthermometer in

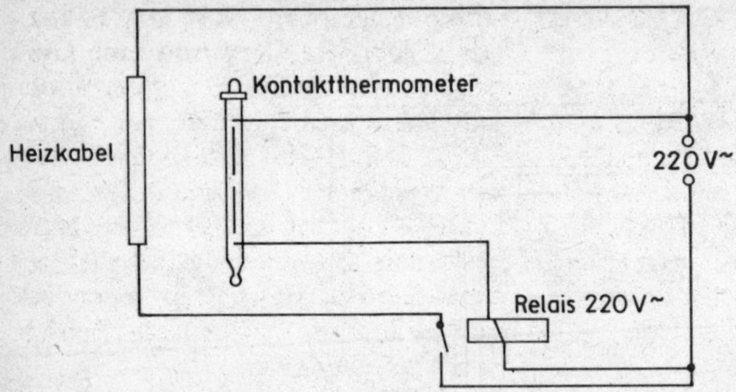

Abb. 127 Schaltbild für eine Temperaturregelung

den Kasten eingebaut, das den Stromkreis in Abhängigkeit von der Temperatur für einen Schaltschütz schließt. Mit dem Schaltschütz wird das Heizkabel ein- bzw. wieder ausgeschaltet. Damit ist es möglich, in dem Kasten eine verhältnismäßig konstante Temperatur zu halten. Unter diesen Bedingungen können auch komplizierte Anforderungen erfüllt werden.

Ergänzt werden kann diese automatische Regelung mit der Regulierung der Luftfeuchtigkeit. In größeren Kästen können Sprüher eingesetzt werden, die über eine kleine Elektropumpe in Betrieb gesetzt werden können. Gesteuert wird diese Vorrichtung durch ein Hygrometer mit Schaltkontakten. Über ein Relais wird dann die Pumpe ein- und ausgeschaltet. Mit einer solchen Einrichtung wird die Elektroenergie sinnvoll angewendet und nicht verschwendet. Die Betriebskosten bleiben hierbei im Rahmen.

Beheizung mit Gas

Eine Beheizung mit Gas erfordert eine komplizierte Apparatur, die nur von einem Fachmann installiert werden kann. Ganz gleich, ob es sich dabei um Stadtgas, Erdgas, Propan oder ähnliche Gase handelt, entsprechende Sicherheitsmaßnahmen sind notwendig. **Stadt-** und **Erdgasanschlüsse** sind genehmigungspflichtig. Vom zuständigen Betrieb der Energiewirtschaft wird Gas in begrenztem Umfang für Heizzwecke zur Verfügung gestellt. Für den Kleingärtner dürfte eine solche Heizung nicht in Frage kommen, da die Betriebskosten sehr hoch liegen und nicht der entsprechende Nutzen zu erwarten ist, der volkswirtschaftlich gesehen einen solchen Anschluß rechtfertigt.

Propangasgeräte (Campingheizer) sind transportabel, können jedoch nicht für die vollständige Beheizung eines Gewächshauses eingesetzt werden. Möglich ist ihre Anwendung für den Frostschutz in Folienzelten und Gewächshäusern. Es können hiermit besonders Gemüsekulturen im Frühjahr und im Herbst kurzzeitig vor Nachtfrösten geschützt werden. Die Geräte bedürfen allerdings einer ständigen Überwachung.

Bei Verwendung von Propangasanlagen ist darauf zu achten, daß sie nicht in Räumen unter ±0 aufgestellt werden. Ausströmendes Propangas, da es schwerer als Luft ist, würde sich an der tiefsten Stelle des Raumes sammeln. Kommt es dabei zu einer größeren Konzentration, besteht Explosionsgefahr. Deshalb sind Propanheizgeräte für Erdhäuser oder ähnliche Einrichtungen nicht geeignet. Das trifft für alle Geräte zu, die mit Gasen, welche schwerer als Luft sind, betrieben werden.

Ofenheizung

Viele Kleingärtner betrachten es als eine einfache Methode, ihr Gewächshaus mit einem normalen Ofen, der teilweise etwas umgebaut wurde, zu beheizen. Aus Abbildung 128 ist ein solches Beispiel ersichtlich. Das damit beheizte Gewächshaus hat eine Grundfläche von 2,80 m × 3,50 m. Der abgebildete Ofen füllt eine Giebelseite des Mittelganges in der Breite und beansprucht in der Tiefe etwa 80 cm. Damit wird natürlich ein Teil der Nutzfläche für den Ofen verbraucht. Eine solche Heizanlage kann zusätzlich mit einem Heizkabel ergänzt werden, welches in besonders frostgefährdeten Nächten in Betrieb genommen wird.

Abb. 128 Ofenheizung in Eigenbauausführung

Eine Ofenheizung erfordert, sie in gewissen Abständen zu überwachen. Bei extremen Temperaturen muß zusätzlich in der Nacht geheizt werden. Ist eine hohe Luftfeuchtigkeit erforderlich, dann kann ein flacher, mit Wasser gefüllter Topf auf den Ofen gestellt werden. Es ist auch möglich, ein größeres Gefäß zu verwenden, dann erhält man gleichzeitig vorgewärmtes Gießwasser. Die Temperatur des Gießwassers darf dabei natürlich nicht zu hoch werden. Die meisten Kleingärtner verwenden einen ausgedienten Kachelofen, den sie sich wieder herrichten. Vielfach wird die Temperatur der Abgase durch lange Ofenrohre zusätzlich genutzt. Es muß jedoch darauf geachtet werden, daß das Rohr nicht nach unten geneigt wird. Stark abgekühlte Abgase verlassen nur langsam den Schornstein, und er wird schnell versotten. Auch bei der Errichtung einer Ofenheizung muß darauf geachtet werden, daß alle brandschutztechnischen Bestimmungen eingehalten werden.

Kanalheizung

Im Abschnitt über die Beheizung der Frühbeete wurde bereits einiges zur Nutzung einer Kanalheizung gesagt.

Auch im Gewächshaus kann sie mit Erfolg angewendet werden.
Unter den Bedingungen des Kleingartens ist diese Heizung besonders wirtschaftlich, da sie mit geringem Aufwand selbst gebaut werden kann und die Betriebskosten verhältnismäßig niedrig liegen. Wie schon bei den anderen Heizungsanlagen für feste Brennstoffe, muß auch hier erwähnt werden, daß der tägliche Arbeitsaufwand relativ hoch ist und der Verbrennungsvorgang überwacht werden muß. Nicht jeder Kleingärtner ist in der Lage, mehrmals am Tag und in den Nachtstunden zu heizen. Für Gewächshäuser in Gartenanlagen, die außerhalb des Wohngebietes liegen, dürften eine Kanalheizung, aber auch alle übrigen Heizungen mit festen Brennstoffen, nicht geeignet sein. Günstig erscheint eine solche Heizung für Gewächshäuser im Hausgarten.
Der **Bau dieser Heizung** ist einfach im Vergleich zu den bisher genannten Varianten. In der Abbildung 129 ist eine solche Kanalheizung dargestellt. Als Material werden Ofentüren mit Rahmen aus einem alten Kachelofen, Schamottesteine, Ziegel, Tonrohre und Betonmörtel benötigt. Für den Einbau dieser Heizung ist es günstig, wenn an einem Giebel ein Vorraum angebaut wird. Als Gewächshaus eignet sich der Typ mit halbhohem Mauersockel am besten. Die Öffnung für die Heizung wird im Giebel in den Sockel eingelassen. Der Ascheraum wird dabei unter der Fundamentoberkante angelegt. Die Feuerung wird mit Schamottesteinen gemauert. Die Fugen dieser Steine werden mit Lehm abgedichtet. Der Rost für die Feuerung kann entweder von einem Schmied angefertigt oder ebenfalls aus einem alten Ofen ausgebaut werden. Der erste Teil des **Kanals** wird mit einer Steigung von etwa 8 cm auf einen Meter bis zum Anschluß an das erste Tonrohr gezogen. Die Tonrohre selbst werden mit einer Steigung von etwa 4 bis 5 cm pro Meter verlegt. Die Wärmeabstrahlung soll in erster Linie von den Tonrohren erfolgen, deshalb werden sie möglichst frei verlegt. Sie werden lediglich mit Steinen, die man an mehreren Stellen unterbaut, auf

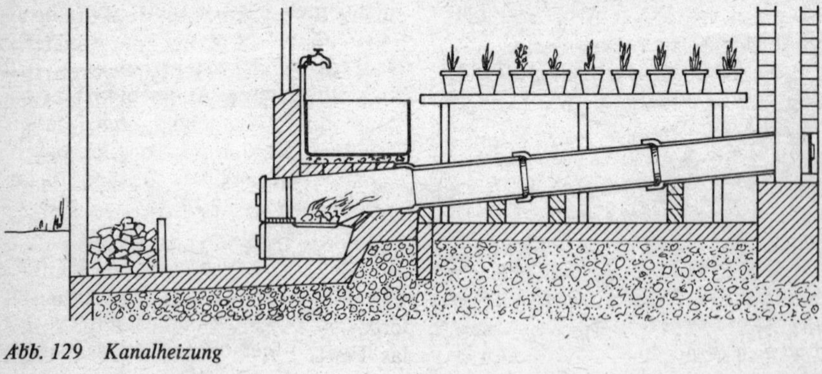

Abb. 129 Kanalheizung

die richtige Steigung gebracht. Die Feuerstelle selbst wird oberhalb ordentlich mit Schamottesteinen abgedeckt, damit nicht schon hier der größte Teil der Wärme an den Raum abgegeben wird. Mit der Verteilung der Wärmemenge auf die gesamte Länge des Gewächshauses wird eine gleichmäßige Temperaturführung im Haus erreicht. Über der Feuerstelle wird günstigerweise ein Tonbecken aufgesetzt, in dem sich Gießwasser erwärmen kann. Beim Betrieb der Heizung ist immer darauf zu achten, daß keine undichten Stellen auftreten. Mit etwas Lehm sind solche Schäden schnell behoben. Die Tonrohre werden bei der Montage bereits in Lehm gesetzt. Im Verlauf der Zeit ist es möglich, daß der Lehm spröde und rissig wird. Es ist dann erforderlich, solche Verbindungsstellen zu reinigen und wieder neu zu dichten.

Die **Feuerung** soll mit Schamottesteinen einen festen Untergrund erhalten. Als Brennstoff eignet sich jedes brennbare Material, auch solches, welches im Garten anfällt. Ausgenommen sind natürlich solche Stoffe, die bei der Verbrennung giftige oder schädliche Abgase entwickeln können. Die Verbrennung von Braunkohlenbriketts ist wohl die am häufigsten anzutreffende Form der Beheizung eines Kleingewächshauses.

Der Vorraum kann zusätzlich auch als Lagerraum genutzt werden. Beispielsweise ist es günstig, alle für das Gewächshaus notwendigen Geräte und Werkzeuge griffbereit zu haben. Wenn sie übersichtlich an Wandbrettern oder Borden angeordnet werden, ist kein langes Suchen erforderlich. Ebenso günstig ist hier die Aufbewahrung von Blumentöpfen oder Pflanzgefäßen, die geordnet ihren Platz finden können.

Durch diese Bauform der Heizung werden die Pflanzen auf dem Arbeitstisch oder auf Stellagen aufgestellt. Die Anlage von Grund- oder Bankbeeten ist erschwert durch die über dem Erdboden verlaufenden Tonrohre. Unter den Tischen angebracht, erzeugen sie jedoch die für die Pflanzen erforderliche Fußwärme. Vorgesehen ist eine solche Heizung entlang einer Längsseite des Gewächshauses. Reicht die erzielte Temperatur nicht aus, dann sollte eine zweite Heizung entlang der gegenüberliegenden Seite eingebaut werden, die in den gleichen Schornstein mündet. Der Arbeitsaufwand erhöht sich nur unwesentlich. Wird nur ein Kanal benötigt, dann sollte für die Heizung die Nordseite gewählt werden. Damit kann an der Südseite ein Grundbeet genutzt werden, und die dahinter aufgestellten Stellagen werfen keinen Schatten auf das Grundbeet.

Der **Schornstein** wird an der anderen Giebelwand errichtet. Der Kanal wird ohne weitere Krümmung direkt in den Schornstein geleitet. Bei zwei Kanälen ist es günstig, wenn der Schornstein in der Mitte steht und die Kanäle am Giebel zusammengeführt werden.

Beim Anheizen wird es Schwierigkeiten mit dem Zug geben, wenn der Schornstein noch kalt ist. Es ist deshalb günstig, wenn er mit einem Papier- oder Strohfeuer vorgewärmt wird. Dazu ist der Reinigungsschieber herauszunehmen und im Schornstein das Feuer zu entfachen. Die in der

Kanalheizung entstehenden Gase halten damit länger ihre Temperatur und bekommen im Schornstein mehr Auftrieb.
Als weiterer praktischer Hinweis ist noch zu erwähnen, daß immer darauf geachtet werden muß, Rohre und Feuerraum von Ascheablage sauberzuhalten. Sehr schnell setzt sich Ruß und Ölkohle ab, die den Wirkungsgrad einer Kanalheizung verringern.

Kombinierte Anwendung mehrerer Heizungsmethoden

Die bisher genannten Heizungsarten haben ihre Vorzüge und besitzen auch Nachteile. Die meisten Vor- und Nachteile sind vom jeweiligen Anwendungsfall abhängig. Der Frühgemüseanbau erfordert lediglich eine Überbrückung von Nachtfrösten. Gurken stellen etwas höhere Ansprüche, da bei ihrem Anbau die Nachttemperaturen nicht unter 15 °C sinken sollten. Temperaturen bis zu 2 °C überstehen auch die Gurkenpflanzen, wobei jedoch eine deutliche Beeinträchtigung des Wachstums zu verzeichnen ist. Ein voller Ertrag für frühzeitige Gurken kann nur gesichert werden, wenn die Temperaturgrenzen eingehalten werden.
Bei verschiedenen Zierpflanzen ist die Temperaturführung noch kritischer. Das betrifft beispielsweise Orchideen. Solche hohen Anforderungen an die Temperatur im Gewächshaus können nur über eine geregelte Heizung erfüllt werden. Eine Ofenheizung läßt sich kaum regulieren. Bei einer Warmwasserheizung ist es schon leichter möglich, die Temperatur durch die Regulierung der Luftzufuhr für die Verbrennung in Abhängigkeit von der Wassertemperatur konstant zu halten. Ein in den Kessel eingebauter Thermostat reguliert über einen Hebelarm und eine Kette die Luftzufuhr mit Hilfe der Lüftungsklappe vor dem Ascheraum. Die gewünschte Vorlauftemperatur wird mit der Kette des Thermostaten eingestellt. Die Verbrennung verläuft damit entweder schneller oder langsamer. Die somit erzielte Temperaturkonstanz ist für die Belange des Kleingärtners ausreichend.
Die meisten Gartenfreunde werden jedoch durch die kombinierte Nutzung zweier verschiedener Heizungsarten eine Regulierung der Temperatur vornehmen. Eine Heizungsart dient hierbei als Grundheizung, mit der die Temperatur auf einer bestimmten Mindesthöhe gehalten wird. Als Ergänzung können elektrische Heizkabel genutzt werden, die über ein Kontaktthermometer aus- und eingeschaltet werden. Die Schaltung wurde bereits beschrieben (s. Abb. 127).
Als Grundheizung kann beispielsweise eine Ofenheizung oder auch eine Kanalheizung genutzt werden. Tagsüber wirkt als weitere Energiequelle das Sonnenlicht mit seinen Wärmestrahlen, die durch die Scheiben des Gewächshauses eindringen und vom Luftraum und dem Erdboden aufgenommen werden.
Wird in das Grundbeet eine Mistpakkung, wie beim Frühbeet, eingebracht, dann entsteht zusätzlich eine Erwärmung im Erdboden. Nutzt der Kleingärtner alle möglichen Wärmequellen, dann wird auch der Verbrauch an Elektroenergie für die regelbare Zusatzheizung gering bleiben.

Der Rauchgasabzug

Besondere Anforderungen werden an den **Schornstein** gestellt. Grundsätzlich muß er so angelegt sein, daß Gebäude und deren Umgebung nicht durch Funkenflug, Rauch oder Ruß gefährdet oder unzumutbar belästigt werden. Eine Brandübertragung auf andere Bauteile oder Lagerstoffe muß verhindert werden. Er ist so aufzubauen, daß eine ausreichende Standsicherheit gewährleistet wird. Seine Ausführung muß der Leistung der Feuerstätte entsprechen, und er muß vollständig die Rauch- oder Abgase abführen. Der lichte Querschnitt des Schornsteins muß durchgehend erhalten bleiben. Die Innenwände dürfen keine Fugen oder Risse enthalten, sie müssen glatt verstrichen sein. Der Aufbau und die Anlage des Schornsteins hat so zu erfolgen, daß eine ordnungsgemäße Reinigung ohne Behinderung vorgenommen werden kann. Die Verbindungsstücke zwischen Schornstein und Heizung müssen die Verbrennungsprodukte auf dem kürzesten Weg in den Schornstein leiten. Verbindungsstücke sind ebenfalls so anzulegen, daß sie leicht gereinigt und gegebenenfalls auch ausgewechselt werden können. Sie sind strömungstechnisch günstig anzulegen und sollen mindestens 2 % ansteigen. Sind mehrere Verbindungsstücke zusammenzufügen, dann hat das so zu erfolgen, daß keine Rauchgase austreten können. Durchbiegungen beeinträchtigen die Funktionstüchtigkeit und sind zu vermeiden. Werden Ofenrohre in den Schornstein eingeführt, dann ist ein doppeltes Wandfutter in die Schornsteinwange einzusetzen. Am Schornstein sind keine Halterungen oder ähnliches zu befestigen, was zu Rißbildung in den Schornsteinwandungen führen kann.

Abb. 130 Schornstein mit Ziegelmauerwerk

Vorstehend sind einige Grundsätze aufgeführt, die zur persönlichen **Sicherheit** und auch der Sicherheit der Nachbarn eingehalten werden müssen. Hinzu kommt noch, daß die einschlägigen Brandschutzanordnungen zu beachten sind. Es ist auf jeden Fall erforderlich, sich vor Bau des Schornsteins mit dem zuständigen Schornsteinfegermeister zu beraten und seine Zustimmung für den Bau einzuholen.

Für einen **massiven Rauchgasabzug,**

der mit Ziegelmauerwerk errichtet wird, ist ein Fundament anzulegen. Das kann in ähnlicher Weise geschehen, wie beim Fundament des Gewächshauses. Dieses Fundament ist besonders wichtig, um die Standfestigkeit des Schornsteins zu garantieren. Das für den Schornstein zulässige Baumaterial nach TGL 10 704 geht aus der Tabelle 11 hervor.

Da die wirksame **Höhe des Schornsteins** nicht unter 4 m liegt, ist es notwendig, die Wandstärke auf 24 cm festzulegen. Zur Schornsteinhöhe sollte noch gesagt werden, daß von ihr der richtige Zug der angeschlossenen Heizung abhängt und auch mögliche Belästigungen der Nachbarn durch Rauchgase, wenn die Gase nicht den richtigen Auftrieb bekommen.

Da die Wirksamkeit des Schornsteins auch von der Beschaffenheit der **Innenwandung** abhängt, ist diese mit Mörtel auszustreichen. Es ist dafür zu sorgen, daß der Schornstein ständig vom Ruß sauber gehalten wird. Das ist notwendig, damit die lichte Weite des Abzugschachtes nicht eingeengt wird und sich anhaftender Ruß nicht entzünden kann.

In etwa 60 bis 80 cm Höhe ist eine **Reinigungsöffnung** anzubringen. Im Handel werden dafür Fertigteile angeboten. Damit ist es möglich, herunterfallende Asche und Ruß aus dem Schornsteinschacht zu entfernen. Es ist erforderlich, daß der Schornsteinfeger den Rauchgasabzug regelmäßig kehrt. Deshalb sind am Schornstein Leitern und Steigeisen anzubringen, die ein Besteigen ermöglichen.

Der Schornsteinkopf ist oben mit einem Betonkranz zu versehen, der das

Abb. 131 Massiver Schornstein mit Reinigungsöffnung aus Fertigteilen

darunterliegende Mauerwerk gegen eindringende Feuchtigkeit schützen und die oberen Ziegelschichten zusammenhalten soll. Da sich der Schornstein bei Erwärmung etwas ausdehnt, ist es günstiger, wenn das Mauerwerk des Schornsteins nicht in die Umfassungswand eingebunden wird. Durch die unterschiedliche Ausdehnung kann es zu Rissen im Mauerwerk führen.

Besondere Beachtung muß dem **Verbindungsstück zwischen Heizung und Schornstein** geschenkt werden. Es hat die Aufgabe, die Rauch- oder Abgase schnell und sicher zum Schornstein zu leiten. Dabei darf keine Gefahr für Personen, angrenzende Bauteile und Ausstattungsgegenstände eintreten. Die Verbindung hat so dicht zu erfolgen, daß keine Rauch- oder Abgase in den Raum austreten können. Baumaterialien, die sich für Verbindungsstücke eignen, sind aus der Tabelle 9 ersichtlich. Bei der Kanalheizung ist es das Verbindungsstück, hier Kanal genannt, welches die Hauptwärmeabgabe ermöglicht. Bei allen anderen Heizungen dienen die Verbindungsstücke lediglich zur Ableitung der Rauchgase zum Schornstein. Teilweise werden sie bei der Ofenheizung ebenfalls zur Wärmeabgabe genutzt. Wird dabei das Rauchgas zu stark abgekühlt, dann kann der Zug der Heizung beeinträchtigt werden.

Da hierbei eine ganze Reihe individueller Besonderheiten eine Rolle spielen, muß das richtige Verhältnis von Verbindungsstück, Heizung und Schornsteinhöhe gefunden werden. Bei all diesen Versuchen muß unter allen Umständen der Brandschutz gewahrt werden, und nach Fertigstellung der Heizungsanlage hat eine Ab-

Tabelle 9 Für Verbindungsstücke geeignete Baumaterialien (nach TGL 10 706)

Art des Verbindungsstückes	Geeignete Baumaterialien für Verbindungsstücke von Feuerstätten für	
	feste und flüssige Brennstoffe	Brenngase
Kanäle	Mauervollziegel, -klinker, Kalksandvollsteine	Mauervollziegel, Kalksandsteine, Betonfertigteile
Wangen	Betonfertigteile für Wangen von Kanälen, beständig gegen Temperaturen ≧ 350 °C bei festen und flüssigen Brennstoffen; für Decken von Kanälen bei festen und flüssigen Brennstoffen: Feuerbetonplatten (100 mm dick), verlegt in Mörtel, Schamottmehl mit Zement	beständig gegen Temperaturen über 250 °C, Mörtel MG II Asbestzement, Keramik für Abgas, Gußeisen, Aluminium, Stahlblech, korrosionsgeschützt, hitzebeständig, säurefest, mindestens Emaille gleichwertig
Futter	Mauervollziegel, -klinker, Schamottesteine[1], Mörtel MG II, bei flüssigen Brennstoffen im Mischungsverhältnis 1:4:12	nicht erforderlich
Rohre	Stahlblech, Gußeisen, Keramik für ortsfeste Feuerstätten, bei flüssigen Brennstoffen innen glasiert	Stahlblech, korrosionsgeschützt, hitzebeständig, säurefest, mindestens Emaille gleichwertig, Aluminium, Gußeisen, Asbestzement

[1] bei flüssigen Brennstoffen säurefeste Schamottesteine

Tabelle 10 Mindestwerte für Rauchgasrohr- und Kanalquerschnitte (nach TGL 10 706)

Nennheizleistung der Feuerstätten	Rauchgasrohre und -kanäle		
	rund lichter Duchmesser	rund oder quadratisch lichter Querschnitt Fläche	rechteckig lichter Querschnitt Fläche
kJ/h	mm	cm²	cm²
bis 16 700			
über 16 700 bis 20 900	100	80	100
über 20 900 bis 25 100	110	95	120
über 25 100 bis 33 500	120	115	145
über 33 500 bis 41 900	130	135	170
über 41 900 bis 62 800	145	165	200
über 62 800	160	200	250
	nach den Regeln der Heizungstechnik		

nahme durch den zuständigen Schornsteinfeger zu erfolgen. Werden die brandschutztechnischen Forderungen, wie sie an einen Wohnraum gestellt werden, erfüllt, dann dürfte der eigenen Sicherheit weitgehend Genüge getan sein.

Hinweise auf gesetzliche Bestimmungen und rechtliche Regelungen

Wie bei allen Fragen des täglichen Lebens, sind auch bei der Nutzung des Kleingartens bestimmte Verhaltensnormen einzuhalten. Nachfolgend sollen einige ausgewählte Probleme und Fragen im Zusammenhang mit der Nutzung und dem Bau von Kleingewächshäusern erörtert werden.

Bereits durch die Verfassung werden wir dazu angehalten, den uns anvertrauten Boden rationell und intensiv zu nutzen. Mit dem Bau und der Nutzung von Gewächshäusern, Folienzelten und Frühbeeten wird dieser Forderung Rechnung getragen. Bevor man jedoch ein Gewächshaus errichtet, muß die Eigentumsfrage bezüglich des Bodens geklärt werden. Das ist unbedingt erforderlich für die Erteilung der Baugenehmigung.

In Wohnsiedlungen wird es sich meist um persönliches Eigentum handeln. Kleingärten werden durch vertragliche Vereinbarungen über die Bodennutzung bewirtschaftet.

In Kleingartenanlagen des VKSK schließt der Vorstand des Verbandes mit den Mitgliedern Nutzungsverträge ab, wobei der Verband selbst diesen Boden über einen Hauptnutzungsvertrag von den örtlichen Organen erhalten hat. Mit diesem Vertrag wurde dem Verband gleichzeitig übertragen, die Rechte des Eigentümers zu vertreten. Damit ist ein **Bauantrag** zunächst mit dem Vorstand der jeweiligen Kleingartensparte zu beraten und dessen Zustimmung einzuholen. In den meisten Fällen wird der Vorstand im Interesse

Tabelle 11 Für den Schornsteinbau zulässige Materialien (nach TGL 10 704)

Schornstein für Feuerstätten für	Lfd. Nr.	Baumaterialien unter Dach	Baumaterialien über Dach, im Freien	Schornsteinfutter
Feste und flüssige Brennstoffe	1	Mauervoll- und Hochlochziegel sowie Kalksand-Voll- und Lochsteine mit einer Druckfestigkeit ≧ 14,7 MN/m² Mörtel[1] MG II	frostbeständige Mauervoll- und Hochlochziegel, Mauerklinker sowie Kalksand-Vollsteine[2] mit einer Druckfestigkeit ≧ 14,7 MN/m² Mörtel[1] MG III	Mauervollziegel und Mauerklinker mit einer Druckfestigkeit ≧ 250 kp/cm² Schamottesteine[2] Mörtel[1] MG II
	2	Betonfertigteile nach TGL 23 863, Mörtel MG II	frostbeständige Betonfertigteile nach TGL 23 863, Mörtel MG III	
		Beton zum Auskleiden von Schornsteinen zur Schornsteinsanierung		
	3	Stahlblech nach Abschnitt 2.4. und 4.19. TGL 10 704		
Brenngase	4	wie Nr. 1 und 2		
	5	Rohre aus Asbestzement, Gips nach Abschnitt 2.3., 6.2. und 6.3. Keramik für Abgas, über Dach witterungsgeschützt Stahlblech nach Abschnitt 2.4., 4.19., 5.2.		nicht erforderlich

[1] Bei Feuerstätten für flüssige Brennstoffe ist mindestens im oberen Drittel des Schornsteins nur Mörtel unter Verwendung von sulfatresistentem Zement zulässig.
[2] Bei Feuerstätten für flüssige Brennstoffe sind nur säurebeständige Baumaterialien zulässig.

des Gesamtbildes und der Architektur der Kleingartenanlage dem Gartenfreund Auflagen erteilen. Diese Auflagen können u. a. den Standort, die Einhaltung von Baufluchten, Grenzfragen, die Bauausführung, die beabsichtigte Nutzung betreffen. Das Einhalten der Kleingartenordnung wird vorausgesetzt, über zeitlich begrenzte Ausnahmeregelungen kann der Vorstand entscheiden, so zum Beispiel über die Lagerung von Baumaterial auf Gartenwegen.

Die Zustimmung für den Bau von Gewächshäusern mit einer Grundfläche von mehr als 5 m² wird durch den jeweils zuständigen örtlichen Rat erteilt. Dazu ist ein Antrag in zweifacher Ausfertigung einzureichen, der folgende Unterlagen enthält:

- Fortgeschriebener Lageplan mit der Eintragung der vorhandenen technischen Versorgungsleitungen aller Art auf oder über dem Grundstück und die Bebauung der benachbarten Grundstücke.
- Nachweis der Eigentums- und Nutzungsverhältnisse am Baugrundstück (Grundbuchauszug, Nutzungs- bzw. Mietvertrag).
- Schriftliche Zustimmung des Nachbarn, wenn das Bauwerk weniger als drei Meter von dessen Grundstück entfernt ist.
- Zeichnerische Darstellung des Bauwerkes.
- Beschreibung der Baumaßnahmen mit den Angaben zur geplanten Nutzung des Bauwerks, die vorgesehene Erschließung des Baugrundstücks, die geschätzte Bausumme und der geplante Termin für den Baubeginn und die Fertigstellung des Bauwerks.

Dieser Antrag ist erforderlich gemäß Verordnung über die Verantwortung der Räte der Gemeinden, Stadtbezirke und Städte bei der Errichtung und Veränderung von Bauwerken durch die Bevölkerung – Verordnung über Bevölkerungsbauwerke – vom 8. November 1984, erschienen im Gesetzblatt Teil I Nr. 36 vom 19. Dezember 1984.

Bevor der Antragsteller seine Unterlagen einreicht, sollte er sich noch einmal vergewissern, ob der geplante Bau zu realisieren ist und die vorgesehene Nutzung den Aufwand rechtfertigt. Es sollte auch überprüft werden, ob Aufwand und Nutzen im richtigen Verhältnis zueinander stehen. Dabei ist zu bedenken, daß die Verwendung von Abrißmaterialien das Verhältnis günstiger gestaltet.

Liegen Fragen in sicherheitstechnischer Hinsicht vor, dann empfiehlt es sich, den Rat der Staatlichen Bauaufsicht einzuholen.

Über den eingereichten Antrag entscheidet der zuständige örtliche Rat innerhalb eines Monats und teilt das Ergebnis, in Ausnahmefällen das Zwischenergebnis, dem Antragsteller schriftlich mit. Eine Ablehnung erfolgt mit entsprechender Begründung, eine Beschwerdeführung ist möglich.

Für die Zustimmung zum vorgesehenen Bauvorhaben ist eine Gebühr in Höhe von 0,75 % der geschätzten Bausumme zu entrichten.

Erfolgt die Bauausführung abweichend von der Antragstellung und werden nicht rechtmäßig erworbene Baumaterialien verwendet, dann kann der Rat die erteilte Zustimmung zurückziehen. Bauausführungen ohne Zustimmung des örtlichen Rates sowie die Nichteinhaltung von erteilten Auflagen können mit Verweis oder Ordnungsstrafen von 10,– bis 500,– M belegt werden. Im Wiederholungsfall und bei besonders schwerwiegenden Fällen kann eine Ordnungsstrafe bis zu 1000,– M festgelegt werden.

Die Durchsetzung von bestimmten Auflagen kann unter Androhung von Zwangsgeldern bis zu einer Höhe von 5000,– M vom örtlichen Rat erfolgen.

In Kleingartenanlagen kann der Vorstand fordern, daß das Bauwerk auf

Kosten des Gartenfreundes wieder entfernt wird, wenn er sich nicht an die erteilten Auflagen des Vorstandes gehalten bzw. die Kleingartenordnung nicht eingehalten hat. Entsprechende Maßnahmen kann der Vorstand auch einleiten, wenn die Nutzung des Bauwerkes nicht in der vereinbarten Form erfolgt und den Interessen der Kleingartensparte widerspricht.
Gemäß § 17 der genannten Verordnung kann der zuständige Rat dem Vorstand einer Sparte des VKSK die Befugnis übertragen, der Errichtung oder Veränderung von Erholungsbauten und Nebengebäuden (z. B. Ställe, Gewächshäuser) in Kleingartenanlagen des VKSK zuzustimmen.
Werden **Bauleistungen in Auftrag** gegeben, dann tritt ein zivilrechtlicher Vertrag in Kraft, der nach Möglichkeit schriftlich mit Umfang, Ausführung und Zielstellung der Leistung abzuschließen ist. Auftragnehmer können Betriebe oder auch einzelne Bürger sein, die sich zur Hilfeleistung bereit erklärt haben. Für beide Partner ist es wichtig, daß für die Bauleistung auch der entsprechende, angemessene Preis im Rahmen gesetzlicher Preisvorschriften vereinbart wird, um späteren Unstimmigkeiten aus dem Weg zu gehen. Mitunter ist es auch notwendig, daß die Schaffung bestimmter Voraussetzungen durch den Auftraggeber (z. B. Baufreiheit) ebenfalls in dem Vertrag vereinbart werden. Der Abschluß solcher Verträge und auch deren Einhaltung sollte darauf basieren, daß die Vertragspartner vertrauensvoll zusammenarbeiten und sich nach den Regeln der sozialistischen Moral verhalten.

Ist das Bauwerk zur Zufriedenheit fertiggestellt, kann mit dem Anbau im Gewächshaus begonnen werden. Die Freude kann allerdings sehr schnell getrübt werden, wenn unvorhergesehene Schädigungen die Nutzung des mit viel Fleiß und Liebe errichteten Bauwerks beeinträchtigen. Wir können uns in einem solchen Fall zumindest vor finanziellen Schäden bewahren, wenn wir uns rechtzeitig und in ausreichendem Maße versichern.
Liegen die Baukosten über 3500,– M, dann tritt die **Pflichtversicherung** für Gebäude und Gebäudegruppen in Kraft. Nicht in jedem Fall werden Kleingewächshäuser diese Baukostenhöhe erreichen. Da aber in den meisten Fällen im gleichen Grundstück weitere Bauten stehen, kann der Wert zu einer Gebäudegruppe zusammengefaßt werden. Die **Feuerpflichtversicherung** umfaßt den Versicherungsschutz bei Schäden durch Brand, Blitzschlag, Explosion und Einwirkung durch Luftfahrzeuge. Die Versicherungsleistung umfaßt nicht den Naturalersatz, sie ersetzt die Kosten für die Wiederherstellung des Gebäudes. Beträgt der Wert des Gebäudes zum Zeitpunkt des Schadensereignisses 40 % des Neuwertes oder weniger, dann wird nur der Zeitwert des Gebäudes ersetzt.
Neben der Feuerpflichtversicherung können eine Reihe weiterer **freiwilliger Versicherungen** abgeschlossen werden. Sie dienen in jedem Fall dazu, vor finanziellem Schaden zu bewahren. In den Sparten des VKSK werden Kollektiv- und Zusatzversicherungen abgeschlossen, die die freiwillige Feuerversicherung, freiwillige

Einbruchdiebstahlversicherung, freiwillige Elementarschadenversicherung, Haftpflichtversicherung und die Unfallversicherung beinhalten. Über diese und weitere Möglichkeiten der Versicherung sollte man sich mit einem Vertreter der Staatlichen Versicherung beraten.

Wird das Nutzungsrecht an dem von uns bebauten Grundstück einem anderen Gartenfreund überlassen, heißt das, daß der Nutzungsvertrag einem anderen Gartenfreund überschrieben wird, oder das Grundstück wird diesem verkauft. Für den Abschluß eines **Kaufvertrages** sind entsprechende staatliche Genehmigungen einzuholen, und durch das Staatliche Notariat ist eine Beurkundung vorzunehmen. Das staatliche Genehmigungsverfahren sichert, daß der Eigentumswechsel in Übereinstimmung mit der staatlichen Bodenpolitik erfolgt und gleichzeitig die Interessen der betreffenden Bürger geschützt werden. Die mit dem Eigentumswechsel verbundenen Rechtsfragen basieren auf dem Zivilgesetzbuch der Deutschen Demokratischen Republik. Bei Grundstücken, die lediglich zur Nutzung mittels Nutzungsvereinbarung übernommen wurden, entstehen Eigentumsrechte für die auf diesem Grundstück errichteten Bauwerke mit Genehmigung des jeweiligen Eigentümers. Wird ein solches Grundstück einem anderen Gartenfreund zur Nutzung überlassen, dann ist ein gesonderter Vertrag zwischen dem bisherigen Nutzungsberechtigten und dem zukünftigen Nutzer abzuschließen. In Kleingartenanlagen kann der Vorstand verlangen, daß die errichteten Bauwerke des bisherigen Nutzers gegen Vergütung im Grundstück zu belassen sind. Der Wert wird auf der Grundlage entsprechender Vorschriften geschätzt und zur Grundlage der Vergütung genommen.

Betrachten wir nun die Nutzung des errichteten Gewächshauses. Sollen Gartenerzeugnisse verkauft werden, dann ist es möglich, sie den entsprechenden Aufkaufstellen der Handelsorgane anzubieten. Dabei werden Preise gezahlt, die gesetzlich festgelegt sind und der Qualität des Produktes entsprechen. Für verschiedene Erzeugnisse werden nach entsprechender Vereinbarung Vertragszuschläge gezahlt. Jeder Gartenfreund hat darüber hinaus das Recht, auch selbst an andere Bürger im Rahmen der geltenden Qualitäts- und Preisvorschriften zu verkaufen. Dieses nebenberufliche Einkommen ist für die Kleingärtner umsatz-, einkommens- und gewerbesteuerfrei.

Pflege und Instandhaltung des Gewächshauses

Unmittelbar nach Fertigstellung des Gewächshauses beginnen die Pflege- und Instandhaltungsarbeiten. Zunächst sind der Bauschutt und andere Überreste zu entfernen. Die Scheiben sind gründlich zu reinigen und von Farbresten zu befreien.

Wird mit der Nutzung begonnen, dann sind regelmäßig Kontrollen durchzuführen, die die Beschaffenheit der Außenhaut betreffen. Bröckelt Kitt aus, so sollte er sofort wieder ersetzt werden. Abblätternde Farbe sieht nicht nur unschön aus, sie bietet auch der Witterung die Möglichkeit, ihr zerstörendes Werk zu beginnen. **Farbanstriche** sollten deshalb schnellstens ausgebessert werden. Entstehen in Holzteilen Risse, so ist es gut, wenn sie mit Kitt vor dem erneuten Farbanstrich ausgefüllt werden. Alle beweglichen Teile, wie Türen und Lüftungsfenster, sind regelmäßig an den betreffenden Stellen mit Abschmierfett zu fetten. Besonders wichtig ist das, wenn das Gewächshaus in den Wintermonaten vorübergehend nicht genutzt wird.

Auch andere Metallteile werden vom Rost sehr schnell angegriffen und verlieren damit ihre volle Funktionstüchtigkeit. Dann muß man mit der Drahtbürste den Rostansatz entfernen und entsprechende **Korrosionsschutzmaßnahmen** ergreifen. Welche Möglichkeiten bestehen, wurde bereits im entsprechenden Abschnitt über Baumaterialien beschrieben. Weit mehr Aufmerksamkeit erfordert der Gewächshaus-Innenraum. Hier sollte größtmögliche Sauberkeit herrschen. Die **Reinigung der Fensterscheiben** erfolgt sowohl von außen als auch von innen. Bei Scheibenüberlagen sind die zwischen den Scheiben befindlichen Schmutzreste möglichst oft zu entfernen, sonst kann sich eine starke Beeinträchtigung des Lichteinfalls einstellen. Entfernt wird der Schmutz am besten mit einem schmalen, gebogenen Metallstreifen.

Alle Holzteile sollten regelmäßig gründlich von dem anhaftenden Schmutz durch Abbürsten befreit werden. Mit dieser Maßnahme kann bereits eine vorbeugende Wirkung gegen Schädlings- und Krankheitsbefall erzielt werden. Wird dem Wasser ein Desinfektionsmittel zugesetzt, dann erhöht sich die Wirkung. In gewissen Abständen ist der **Holzschutz** (siehe Baumaterialien) vor allem an den äußeren Teilen zu erneuern. Diese Maßnahme kann mit einer gründlichen Durchsicht und Reinigung des gesamten Gewächshauses verbunden werden.

Der Mauersockel wird ebenfalls nach gründlicher Reinigung behandelt. Hierzu eignet sich am besten ein **Kalkanstrich.** Mit ihm werden Poren geschlossen und damit dem Aufenthalt von Schädlingen die Grundlage genommen. Falls es erforderlich wird, kann die Außenwand des Mauerwerkes fluatiert werden. Es entsteht ein zusätzlicher Oberflächenschutz, und die Feuchtigkeit kann nicht so schnell in das Mauerwerk eindringen.

Während der regelmäßigen Reinigungsarbeiten sollten kleine Reparaturen sofort ausgeführt werden. Ist der Schaden noch klein, kann er meist mit geringem Aufwand behoben werden. Besondere Aufmerksamkeit erfordern **Heizungsanlagen.** Sie sind gründlich sauber zu halten, ihre Funktion ist ständig zu prüfen. Schmutz kann den Wirkungsgrad der Heizung beträchtlich verringern und auch Schäden verursachen.

Die Rohre der Warmwasserheizung sind mindestens einmal im Jahr, möglichst vor Beginn der Heizperiode, von Rost und Schmutz zu befreien. Wird kein Farbanstrich vorgenommen, dann kann man sich auch mit einem Anstrich mit Altöl helfen. Es bildet sich dabei ein Ölfilm, der eine erneute Rostbildung durch Luftabschluß verzögert.

Der Heizkessel ist innen vor der Heizperiode ebenfalls gründlich zu reinigen, wobei anhaftende Ölkohle und Ruß mit Drahtbürste und Spachtel gut abzukratzen sind. Wird diese Arbeit nicht genau genommen, dann werden die Abgase nur ungenügend ausgenutzt, und die Wärme wird durch den Schornstein abgeführt. Das Verbindungsstück zum Schornstein (Fuchs) und der Schornstein selbst sind ebenfalls vom Ruß zu befreien, wobei der Schornsteinfeger einen Teil der Arbeit übernimmt.

Bei Ofenheizungen sind die Pflegearbeiten von den Öfen in der Wohnung bekannt. Behandelt man sie ebenso, dann wird auch stets die gewünschte Temperatur im Gewächshaus erreicht. Asche, besonders noch glühende Asche, hat im Gewächshaus nichts zu suchen. Dafür ist ein feuerfestes Behältnis einzurichten. Es ist mit einem Deckel abzudecken, so daß kein Funkenflug durch plötzlich auftretenden Wind entstehen kann.

Zu den Pflegearbeiten gehört aber auch, daß Arbeitstische, Stellagen und Hängebretter öfter gesäubert werden. Selbst Blumentöpfe können es vertragen, wenn man sie von außen reinigt, denn Ansammlungen von Schmutz sind eine gute Grundlage für die Entwicklung von Schädlingen und Krankheiten.

Zur Sauberkeit gehört auch die **Ordnung** am Arbeitsplatz. Die benutzten Arbeitsgeräte sind nach der Arbeit sofort zu reinigen und an den dafür vorgesehen Platz zu stellen. Ist kein Vorbau oder angrenzender Schuppen vorhanden, dann ist es günstig, wenn innerhalb des Gewächshauses, möglichst an der unproduktiven Nordseite, Platz dafür vorgesehen wird. Kleinere und auch hochwertigere Geräte bewahrt man am besten gesondert auf. Geeignet sind ein Wandschrank oder auch ein unter dem Arbeitstisch eingelassener Schrank. Besonders zu achten ist darauf, daß chemische Pflanzenschutzmittel unter Verschluß aufbewahrt werden. Das gebräuchlichste Werkzeug und Kleinteile, die für Reparaturen benötigt werden, sind nach Möglichkeit auch in Schränken unterzubringen. Zu beachten ist allerdings, daß im Gewächshaus hohe Luftfeuchtigkeit herrscht und dort abgestellte Werkzeuge schnell Rost ansetzen können. Abschließend soll noch bemerkt werden, daß eine gute Pflege des Gewächshauses und eine regelmäßige Instandhaltung die richtige Voraussetzung für eine ertragreiche Nutzung sind.

Das Gewächshaus im Wohnbereich

Allgemeines

Das Bestreben, die Natur möglichst nahe an den Wohnbereich heranzuführen oder in diesen einzubeziehen, führte dazu, daß schon vor vielen Jahren an den Wohnbereich angrenzende Einrichtungen geschaffen wurden, die für den Anbau bestimmter Pflanzen geeignet waren. Vorwiegend wurden hier solche Pflanzen kultiviert, die einen großen Schmuckwert besitzen. Sehr oft werden in solchen Räumen bestimmte Pflanzengattungen gesammelt, am häufigsten Kakteen mit ihren ungewöhnlichen, ihrer ursprünglichen Heimat angepaßten Wuchsfor-

men. Aber auch eine Reihe anderer botanischer Besonderheiten findet ihre Liebhaber. Es ist dabei mitunter nicht einfach, für diese Pflanzen optimale Bedingungen und Einrichtungen zu schaffen.
Bei der Vorstellung der Gewächshaustypen wurde bereits auf die vielfältigen Möglichkeiten hingewiesen.

Das Anlehnhaus

Weit verbreitet ist die Nutzung des Anlehnhauses in England, daher wird diese Form auch oft als englisches Kleingewächshaus bezeichnet. Vorwiegend wird es zur Anzucht verschiedener blühender Pflanzen genutzt. Es ist auch ohne weiteres möglich, dieses Haus für den Anbau von Frühgemüse vorzusehen. Auch eine gemischte Nutzung kann unter Umständen sinnvoll sein. Günstig ist es dann, wenn durch eine Raumtrennung zwei Räume mit unterschiedlichen klimatischen Bedingungen entstehen. Ein solches Anlehnhaus hat den Vorteil, daß es ohne Probleme zu jeder Jahreszeit betreut werden kann, vor allem dann, wenn es einen Eingang vom Haus besitzt.
Ebenso günstig ist, daß dieser Haustyp die **geringsten Energieaufwendungen** erfordert, um eine ganzjährige Nutzung zu ermöglichen. Man sollte das Gewächshaus nach Möglichkeit an die Südseite des Hauses anlehnen. Sie erwärmt sich durch die einstrahlende Sonne besonders und speichert diese Wärme. Eine Wärmeabgabe erfolgt nur an die Raumluft des Gewächshauses, da sich hinter der Wand heizbare Wohnräume befinden. Als Abstrahlungsfläche kann lediglich die Glasfläche betrachtet werden. Eine Beheizung ist für dieses Gewächshaus durchaus ökonomisch, wenn sie in die Heizung der Wohnung einbezogen wird. Die **Nutzung** kann in Grundbeeten, Bankbeeten, aber auch auf Tischen und Stellagen erfolgen. Als Besonderheit kann angesehen werden, daß an der Rückwand ein Spalier befestigt werden kann und daran geeignete Pflanzen emporgezogen werden können. In den Sommermonaten sollten die Fenster entfernt werden. Sie dienen in den Wintermonaten als Frostschutz. Es ist aber auch möglich, bei ausreichender Breite des Hauses, an der Vorderfront Pflanzen im Grundbeet anzubauen.
Viel Freude würde sicher auch ein Kakteenzüchter mit diesem Anlehnhaus haben. Er hat hier die Möglichkeit, die verschiedenen Arten unterzubringen. Auf einem Tisch kann er die schon größeren Exemplare anordnen. Dazu wird eine flache Plastewanne mit Kies gefüllt, und die Töpfe mit den Pflanzen werden in den Kies eingebettet. Es ist aber auch möglich, die Kakteen direkt auszupflanzen. Mit etwas größeren Steinen kann das Bild abgerundet werden. Für die vielen kleinen Töpfe mit Kakteen kann an der Vorderfront des Hauses ein Leiterregal angebracht werden. Weitere Hängeböden können mit schmalen Glasscheiben oder ähnlichem Material, das man in Schlaufen aus Plasteschnur einhängt, geschaffen werden.
Die Südseite des Hauses dürfte für die Kakteen günstig sein, und sie werden es mit gutem Wachstum und schönen Blüten danken. Das Halten von Orchideen ist in einem Anlehnhaus eben-

falls denkbar. Für die Pflanzen, die wohl die schönsten sind, eignet sich eine Ostwand ebenso gut wie eine nach Westen gerichtete Außenwand des Hauses. Die Südseite sollte nur dann genutzt werden, wenn ausreichende Beschattung möglich ist. Eine reine Nordlage ist allerdings auch nicht günstig, obwohl es Orchideen gibt, die eine solche Lage bevorzugen. Für die Anzucht der bekannten Topf- und Zimmerpflanzen eignen sich die bereits mehrmals erwähnten Stellagen, wobei zur besseren Lichtausnutzung die Rückwand mit den Stellagen versehen wird und an der Vorderfront die Pflanzen auf Tischen stehen können.

Wintergarten und Glasveranda

Der **Wintergarten** ist eine Einrichtung, die schon seit vielen Jahren bekannt ist. Der Name deutet auf den Sinn dieser Einrichtung hin. Ein Teil des Formen- und Farbenreichtums der Natur in den Sommermonaten soll hier für die Wintermonate eingefangen und bewahrt werden. Im großen Stil angelegte Wintergärten konnten sich früher nur wenige leisten. Wintergärten vergangener Zeiten stehen heute als botanische Gärten jedem offen.

Wenn wir von einem Wintergarten sprechen, dann kann es nur ein unseren Verhältnissen angepaßtes Kleingewächshaus sein, welches wir uns in den Wohnbereich einbezogen haben. Es ist meist so angelegt, daß zwischen sinnvoll geordneten, teilweise auch seltenen Pflanzen eine Sitzecke eingerichtet wird. Von der Grundfläche her eignet sich demnach ein quadratischer Raum besser als ein schmaler rechtekkiger.

Ist der Wintergarten von den Wohnräumen aus nur durch eine Tür getrennt, dann sollte besonders auf die **Beschaffenheit des Fußbodens** geachtet werden. Sehr gut wirken Natursteinplatten, mit denen dieser Raum ausgelegt sein könnte. Es lassen sich aber auch die verschiedensten Kunststeinplatten verwenden.

Wichtig ist, daß sie einen ordentlichen Unterbau erhalten und gut mit Zementmörtel verfugt werden.

Die Unterbringung der Pflanzen ist auf verschiedene Weise möglich. Sehr gut wirkt ein mit Natursteinen gemauertes **Bankbeet.** Es kann direkt bepflanzt werden, es ist aber auch möglich, auf eine Kiesfüllung Töpfe zu stellen. Mit Hängeborden und Ampeln kann das Bild ergänzt werden.

Nicht ganz einfach ist die Auswahl geeigneter Pflanzen. Man sollte die klimatischen Anforderungen beachten und auch daran denken, daß möglichst ganzjährig Blüten zu finden sind.

Bei ausreichendem Platz wirkt in einem solchen Wintergarten auch ein kleines **Wasserbecken** gut. Es kann in das Mauerwerk des Bankbeetes einbezogen werden. Ein ständiger Zulauf über eine Pumpe und Filteranlage hält das Wasser sauber. Blühende Wasserpflanzen setzen auf diese Fläche ebenso ihre Farbtupfer, wie die Blüten aus dem Grün der Beetbepflanzung hervorstechen.

Für einen Wintergarten ist eine **Heizung** unumgänglich. Hier ist es nicht zweckmäßig, eine Primitivlösung zu realisieren, da diese Einrichtung orts-

Abb. 132 Pumpe und Filteranlage für ein kleines Wasserbecken

fest ist und viele Jahre genutzt werden soll. Eine selbständige Warmwasserheizung oder der Anschluß an den Heizkreislauf des Wohnhauses ist zweckmäßig.

Auch unter den heutigen Bedingungen ist ein solcher Wintergarten eine kostspielige Angelegenheit und doch etwas mehr als nur ein Hobby. Viele werden sich bereits mit einer **Glasveranda** zufriedengeben, in der sie einen Teil ihrer Zimmerpflanzen unterbringen und pflegen. Sie wird aber den Wohncharakter nicht verlieren. Eine Glasveranda bietet dem Pflanzenfreund auf Grund der günstigen Lichtbedingungen viel Spielraum für Experimente. Allerdings wird man sich auf das Aufstellen von Blumentöpfen, Pflanzschalen und eventuell Blumenkästen beschränken müssen.

In einem solchen Raum kann man z. B. einen Teil der Jungpflanzen für den eigenen Garten in sauberen Saatkästen oder Töpfen heranziehen.

Das Pflanzenfenster

Vielseitig kann die Bedeutung sein, die sich hinter diesem Begriff verbirgt. Man kann ein mit vielen Pflanzen dekoriertes Fenster darunter verstehen, aber auch die Kleinstausgabe eines Wintergartens. In jedem Fall sollen aber in einem solchen Fenster gute Wachstumsbedingungen für Pflanzen geschaffen werden.

Viele der bekannten Zimmerpflanzen gedeihen bereits bei normalen Raumtemperaturen und der Luftfeuchte des Wohnraumes. Sie schmücken die Fensterbänke sowohl im Raum als auch von der äußeren Ansicht her. Richtet man ein einfaches Pflanzenfenster ein, sollte es dementsprechend dekorativ gestaltet werden. Da die Fensterbank meist nicht ausreicht, werden vielfach kräftige Äste von Laubbäumen diagonal ins Fenster gestellt und daran weitere Pflanzen, zum Teil mit Körben u. ä., befestigt. Bei der Pflanzenauswahl ist Vorsicht geboten, denn ein überfülltes Fenster verliert seinen eigentlichen Wert.

Ein anspruchsvolleres Pflanzenfenster wird in den meisten Fällen **bauliche Veränderungen** notwendig machen. Zunächst muß die erforderliche Breite der Fensterbänke hergestellt werden. Dafür bestehen zwei Möglichkeiten. Mit entsprechender Verkleidung wird die Fensterbreite in den Wohnraum hineingezogen, oder man setzt von außen einen Rahmen auf, um das Fenster nach außen zu verbreitern. So ergeben sich bessere Wachstumsvoraussetzungen für die Pflanzen. Wird der Wohnraum mit eingeschobenen Glasscheiben vom Fenster getrennt, dann

Abb. 133 Schlauchbewässerung über eine Sprühdüse im Pflanzenfenster

entwickelt sich zwischen beiden Scheiben ein eigenes Klima, welches lediglich durch äußere Einwirkungen beeinflußt wird. Da dieser Luftraum verhältnismäßig klein ist, kann er auch sehr gut beheizt werden. Eine Temperaturregelung ist dabei besonders wichtig, um die Pflanzen vor zu hohen Temperaturen zu schützen. Ist eine Vorrichtung für die Luftbefeuchtung vorhanden, dann ist es sinnvoll, auch hierfür eine Regelung vorzusehen.

Unter solchen Bedingungen können dann auch Ordideen gedeihen. Allerdings ist für sie ein Fenster an der Südseite ungünstig. Eine Ost- oder Westlage des Pflanzenfensters ist für das Wachstum dieser anspruchsvollen Gattungen am besten geeignet. Kakteen dagegen lieben einen sonnigen Standort, so daß sich für sie das Fenster in südlicher Richtung besser eignet.

Für den Bau eines Pflanzenfensters bietet sich eine ganze Reihe interessanter Lösungen. Die Tiefe eines solchen Fensters sollte mindestens 30 bis 40 cm betragen. Die Höhe und Breite richten sich nach den baulichen Gegebenheiten. Bei einem Neubau sollte es sich geschmackvoll in das architektonische Gesamtbild einordnen.

Das Fenster sollte mit einer flachen Fensterbank oder mit einer Wanne ausgestattet sein. Man kann dann die Pflanzen in Töpfen oder Schalen aufstellen oder direkt in der Pflanzenwanne auspflanzen. Ein solches **Pflanzbecken** ist folgendermaßen herzurichten: An der tiefsten Stelle erhält es ein Ablaufrohr für versickertes Gießwasser. Darüber legt man eine Drainageschicht aus Tonscherben oder grobem Kies. Aufgefüllt wird das Pflanzenbecken mit guter Humuserde, deren Zusammensetzung den jeweiligen Pflanzen angepaßt wurde. Ein Becken, das für Hydrokultur vorgesehen ist, wird nur mit grobem Kies gefüllt.

Zur **Beheizung** kann die sich unter dem Fenster befindende Zentralheizung dienen. Dazu sind entsprechende Luftkanäle, die sich mit einem Schieber verschließen lassen, vorzusehen.

Frischluft kann auf ähnliche Weise von außen in das Fenster eingeleitet werden.

Neben der Temperaturführung spielt

Abb. 134 Warmwasserheizkörper unter dem Blumenfenster

auch hier die richtige **Beschattung** eine Rolle. Für ein Pflanzenfenster ist es relativ einfach, gleich eine technische Lösung vorzusehen. Dafür gibt es verschiedene Möglichkeiten. Eine natürliche Beschattung wäre gegeben, wenn vor dem Haus Bäume stehen, die einen von der Tageszeit abhängigen Schatten spenden. Es können aber auch Jalousien aus verschiedenen Materialien Verwendung finden. Werden sie vor dem Fenster angebracht, dann sollten sie wetterfest sein.

Für manche Pflanzen kann sich in lichtschwachen Jahreszeiten eine **Zusatzbelichtung** erforderlich machen. Grundlegende Dinge wurden dazu bereits gesagt. Im Pflanzenfenster lassen sich diese Probleme wesentlich einfacher lösen. Bei normaler Raumhöhe genügt es, wenn zwei bis drei Leuchtstoffröhren angebracht werden.

An eine ordnungsgemäße Pflege des Pflanzenfensters sollte bereits vor dem Umbau gedacht werden, weil sonst Probleme auftauchen können. Besonders durch den geringen Abstand der Pflanzen von der Glasscheibe und die hohe Luftfeuchtigkeit kann die Scheibe schnell verunreinigt und das Äußere des Pflanzenfensters beeinträchtigt werden. Bei sorgfältiger Planung und Ausführung wird jedoch ein Pflanzenfenster sehr viel Freude bereiten.

Das Minigewächshaus in der Wohnung

Im Wohnraum kann man Pflanzen auch in Vitrinen unterbringen. Eine solche **Vitrine** besteht aus einem Schrank mit verglasten Wänden. Vorder- und Rückwand sollten mit Schiebefenstern versehen werden. Der Innenraum muß den ausgewählten Pflanzen genügend Platz bieten. Diese Pflanzenvitrine eignet sich sehr gut als Raumteiler. Da solche Raumteiler innerhalb der Wohnung aufgestellt werden, reicht die Belichtung meist nicht aus. Es werden deshalb innerhalb einer Vitrine Leuchtstoffröhren angebracht, die allerdings bei ungünstigem Lichteinfall auch tagsüber brennen müssen. Günstig ist es auch, wenn Temperatur und Luftfeuchtigkeit über entsprechende Einrichtungen geregelt werden können. Eine solche Vitrine in der Wohnung kann bei dieser teilautomatisierten Betreuung auch eine gewisse Zeit ohne Aufsicht gelassen werden.

Wesentlich geringere Platzansprüche stellt ein Minigewächshaus in Form von **geschlossenen Glasbehältern.** Dafür eignen sich Weinballons, Bonbongläser, Gläser für medizinische Zwecke u. ä. Sie müssen nur durchsichtig sein und ein ausreichendes Vo-

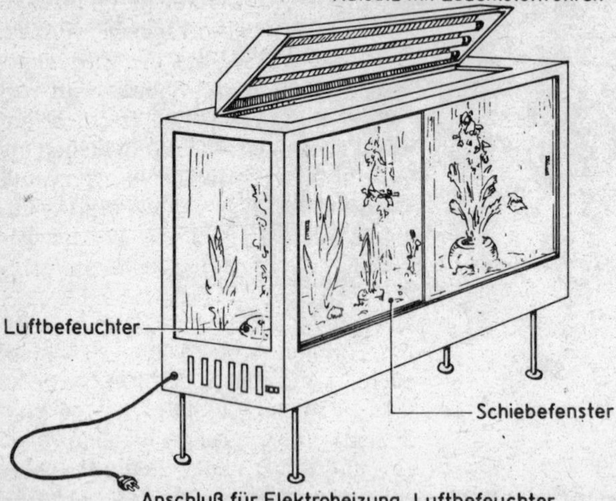

Abb. 135 Pflanzenvitrine

lumen besitzen. In diesen luftdicht abgeschlossenen Gefäßen kann man unterschiedliche Pflanzen kultivieren, die darin ausgezeichnet wachsen und gedeihen.

In einem solchen Glasgefäß bildet sich ein eigenes Mikroklima heraus. Für die Assimilation wird die erforderliche Lichtmenge durch entsprechende Beleuchtung von außen bereitgestellt. Zwischen Assimilation (Kohlendioxidverbrauch) und Atmung (Kohlendioxidproduktion) entsteht ein Gleichgewicht, das von außen lediglich durch das Licht gesteuert werden kann. Die benötigte Feuchtigkeit wird beim Bepflanzen zugeführt und bleibt im Glasgefäß erhalten. Von der Pflanze wird die aufgenommene Feuchtigkeit durch Verdunstung wieder ausgeschieden. Das Wasser schlägt sich an der Glaswand nieder und läuft in den Boden zurück. Die Pflanze kann es erneut über die Wurzeln mit den nunmehr gelösten Nährstoffen aufnehmen. Somit wird der Feuchtigkeitsbedarf der Pflanze selbsttätig in einem Kreislauf reguliert. Ohne das Glas zu öffnen, kann der Kreislauf etwa ein Jahr aufrechterhalten werden.

Die **Bepflanzung** des Glasgefäßes ist nicht schwierig. Das vorgesehene Gefäß wird gründlich gereinigt und ausgetrocknet. Als untere Schicht wird ein Gemisch aus kleinen Holzkohlestückchen und Kies vorsichtig hineingegeben. Die Stärke der Schicht sollte etwa 2 bis 3 cm betragen. Bei größeren Gefäßen ist es günstiger, wenn die Schichtstärke erhöht wird.

Hat das Gefäß nur eine kleine Öffnung, dann wird aus Papier ein Trichter geformt und in das Glas gesteckt. Damit ist es leichter möglich, den Kies und auch die nachfolgende Blu-

Abb. 136 Minigewächshaus

menerde einzuschütten. Je nach Größe des Glases genügt eine Schichtstärke von 3 bis 8 cm. Mit einem langstieligen Spatel werden die Schichten gleichmäßig ausgebreitet. Zum Bepflanzen werden weitere „Spezialwerkzeuge“ benötigt, die man sich selbst anfertigt. Neben dem Spatel benötigt man mehrere Stäbe mit unterschiedlich großen Drahthaken. Sie dienen zum Festhalten der Pflanze und zum Andrücken des Bodens. Aus zwei dünnen Holzleisten läßt sich eine Pinzette anfertigen, mit der die Pflanze an die Stelle gebracht werden kann, an der sie gepflanzt werden soll. Die Glaswandungen dürfen bei diesen Arbeiten möglichst nicht berührt werden.

Bei einem engen Flaschenhals ist die Arbeit etwas schwierig und erfordert Geduld. Die Pflanze wird am besten vorsichtig in Papier eingerollt und durch die Öffnung gesteckt. Das untere Ende sollte dabei unmittelbar über die Pflanzstelle gehalten werden. Mit leichtem Schütteln rutscht die Pflanze in das vorbereitete Pflanzloch. Mit den „Spezialwerkzeugen“ wird sie nun festgehalten und die Erde angedrückt. Nach dem Pflanzen wird vorsichtig angegossen. Das geschieht am besten, wenn ein dünner Schlauch bis dicht an die Pflanze herangeführt und tropfenweise Wasser zugeführt wird. Es ist auch möglich, das Wasser vorsichtig an der Glaswand herunterlaufen zu lassen. Wichtig ist dabei, daß keine Spritzer an das Glas kommen. Sie würden unschöne Flecken hinterlassen, die von außen sichtbar sind.

Der Glasbehälter wird etwa eine Woche offen stehen gelassen, damit überflüssige Feuchtigkeit verdunsten kann. Das Glas kann danach luftdicht verschlossen werden. Bei einem Weinballon wird am besten ein Gummistopfen eingesetzt. Werden Glasdeckel verwendet, ist es günstig, wenn man sie verkittet. In den Morgenstunden und abends beschlägt die Glaswandung. Das ist ein Zeichen dafür, daß Feuchtigkeit in ausreichendem Maße im Glasbehälter vorhanden ist. Beschlägt er nicht, fehlt Feuchtigkeit. Das Glas muß noch einmal geöffnet und die Pflanzen befeuchtet werden. Ist das Glas ständig beschlagen, muß man lüften.

Zur Bepflanzung eignen sich solche Gattungen und Arten, die schwach wachsen und viel Feuchtigkeit benötigen. Das können Efeu, Farne und Moose sein. Mit Erfolg wurden auch Glanzkölbchen *(Aphelandra)*, Chinesischer Roseneibisch *(Hibiscus)*, Usambaraveilchen *(Saintpaulia)*, *Guzmania* und *Tradescantia* verwendet.

Anbau unter Glas und Folie

Anforderungen an den Boden

Zusammensetzung

Der Anbau unter Glas und Folie ist eine Möglichkeit für eine intensive Bodennutzung. Von verhältnismäßig kleinen Flächen können hohe Erträge erzielt werden.
Auf den relativ kleinen Flächen unter Glas und Folie im Kleingarten ist es günstig, wenn die Erde oft erneuert und die für die jeweilige Nutzung geeignete Zusammensetzung gewählt wird.
Grundlage für die **Erdmischungen** wird aber immer die jeweils vorhandene Bodenart sein.
Die obere Bodenschicht ist mit einem mehr oder weniger starken Humusanteil versetzt. Diese Schicht ist die Voraussetzung für das Wachstum der Pflanzen.
Im Oberboden leben zahllose Kleinlebewesen, die Tier- und Pflanzenreste in Humus umwandeln. Die Tätigkeit dieser Organismen trägt damit zur Nährstoffversorgung der Pflanzen bei. Hinzu kommt, daß die Bodenlebewesen den Boden mischen und lockern. Dabei wird er gleichzeitig durchlüftet, und der Wasserhaushalt wird reguliert. Ein humusreicher lockerer Boden bietet gute Voraussetzungen für die Nährstoffaufnahme der Pflanzen. Durch **Kompostierung** organischer Bestandteile kann man im Kleingarten ein Substrat herstellen, mit dem man Erdmischungen für Frühbeete, Folienzelte oder Kleingewächshäuser anreichert.
Sehr schnell kann Komposterde gewonnen werden, wenn Stallmist (auch von Kleintieren) kompostiert wird. Auf einer lockeren Erdschicht wird eine Schicht Stallmist aufgesetzt, die mit weiterer Erde abgedeckt wird. Diese Schichten wiederholen sich bis etwa zu einer Höhe von einem Meter. Innerhalb von 3 bis 4 Monaten ist dieser Komposthaufen mehrmals umzusetzen.
Die gewonnene Komposterde kann auch als Kopfdünger angewendet werden. Zur Kompostierung sind außerdem geeignet Fäkaldünger, Klärschlamm, Fluß- und Seeschlamm sowie Torf. In letzter Zeit werden in verstärktem Maße Entrindungsabfälle eingesetzt. Sie erhöhen die Bodenfruchtbarkeit beträchtlich, wobei ihre Wirkung sehr nachhaltig ist.
Entrindungsabfälle, speziell Kiefernrinde, kann man den Erdmischungen für Gurken, Tomaten und verschiedene Zierpflanzen beigeben.
Für die Gewächshausgrundbeeterde kann ein Rindenanteil von etwa 60 % gewählt werden. Zur Jungpflanzenanzucht ist der Zusatz grober Rindenabfälle nicht geeignet.
Der Gartenfreund wird sich entsprechend seinen Möglichkeiten Substrate

herstellen, die er für seine Zwecke benötigt. Er sollte jede örtliche Möglichkeit nutzen, um organisches Ausgangsmaterial für seine Erdmischungen zu beschaffen.
Spezielle Düngestoffbetriebe stellen fertige Mischungen her, die über örtliche Fachgeschäfte bezogen werden können. Der Vorteil in der Anwendung dieser Erden liegt darin, daß sie bereits mit den erforderlichen Nährstoffen angereichert sind und eine gleichbleibende Zusammensetzung aufweisen. Die Nährstoffanteile sind damit bekannt, und es läßt sich leichter der Bedarf an bestimmten Stoffen ermitteln. Möchte der Gartenfreund, der selbst eine eigene Substratzusammensetzung entwickelt hat, den Nährstoffgehalt erfahren, dann kann er eine Bodenprobe entnehmen und sie an die bekannten Labors einsenden. Die Bodenreaktion kann der Gartenfreund selbst feststellen, und im Zusammenhang mit dem Kalkbedarf der jeweiligen Pflanzen kann er die erforderliche Kalkdüngung durchführen.

Bodenbearbeitung und Zuführung von Nährstoffen

Die Bearbeitung des Bodens dient dazu, dem Boden eine Beschaffenheit zu verleihen, die das Pflanzenwachstum fördert. Entgegen der Bearbeitung im Freiland wird im Gewächshaus der Boden gesondert aufbereitet und vor der Nutzung ausgebreitet. Damit ergibt sich schon von vornherein eine günstige Struktur, falls ein geeignetes Erdgemisch verwendet wird. Die weitere Bearbeitung bezieht sich auf eine gute Durchlüftung des Bodens und die Erhaltung der Krümelstruktur.
Durch die Bewässerung nach den unterschiedlichsten Methoden kommt es im Boden zu Verdichtungen. Es bildet sich auch teilweise eine Kruste. Hier muß durch leichtes, oberflächliches Hacken die ursprüngliche Struktur wieder hergestellt werden. Damit wird auch verhindert, daß ein Teil des zugeführten Wassers verdunstet. Ist der verwendete Boden nicht unkrautfrei, so wird mit der Bearbeitung das keimende Unkraut beseitigt. Für die **flache Bearbeitung** eignet sich ein Grubber ebenso wie eine Zugbügelhacke. Diese Geräte dürfen für die Arbeit im Kleingewächshaus nicht zu groß sein. Kurzstielige Geräte lassen sich hier sehr gut anwenden. Mit einem Eisenrechen wird der durch Hacken gelokkerte Boden glatt geharkt, und die Oberfläche erhält eine ebene, krümelige Beschaffenheit.
Erfolgt eine **Bodenbedeckung** mit organischem Material, strohigem Mist, Stroh oder ähnlichen Substraten, wird die einmal erzielte krümelige Bodenstruktur ebenso erhalten. Der Unkrautwuchs wird eingedämmt und die Feuchtigkeit kann nicht so schnell verdunsten. Die Mikroorganismen werden besser wirksam, und es wird auch Kohlendioxid durch deren Tätigkeit frei.
Eine gründliche Bodenbearbeitung läßt sich in Grund- und auch in Bankbeeten vornehmen. Beim Anbau in Töpfen und anderen Pflanzgefäßen ist die Bearbeitung des Bodens nur bedingt möglich, da hier nur die Oberfläche mit Kleinstgeräten aufgelockert werden kann. Es sollte deshalb von vornherein auf die richtige Struktur der Pflanzerde geachtet werden.

Nährstoffe können entsprechend dem Bedarf auf verschiedene Weise zugeführt werden. Im Kleingarten steht die Verwendung von Humuserden mit einem hohen Nährstoffgehalt im Vordergrund. Sie werden durch Kompostierung hergestellt. Neben dem Nährstoffgehalt hat die Humuserde eine bodenverbessernde Wirkung, besonders auf schweren Böden. Nährstoffhaltige humose Erden können auch unter Verwendung von Stallmist, Laub und Torf erzielt werden, wobei den beiden zuletzt genannten Materialien Mineraldünger zugesetzt werden muß.

Mineraldünger sind Mineralsalze mit den Hauptbestandteilen Stickstoff, Phosphor, Kalium, Magnesium und Kalzium sowie Spurenelementen. Durch ihre Löslichkeit im Boden sind sie für die Wurzeln der Pflanzen aufnehmbar. Sie sollten vorwiegend im Zusammenhang mit Humusdünger angewendet werden. Mineraldünger beeinflussen die Bodenreaktion entweder sauer oder alkalisch.

Stickstoff ist der Dünger, der von den Pflanzen am meisten aufgenommen wird. Er sollte deshalb häufiger in kleinen Mengen verabreicht werden. Größere Mengen in kurzer Zeit wirken sich nachteilig auf die Pflanzen aus. Je nach Art des Düngers werden stickstoffhaltige Dünger mit einem Stickstoffgehalt von 21 % bis etwa 46 % hergestellt und im Handel angeboten. Harnstoff enthält beispielsweise 43 bis 46 % Stickstoff und besitzt damit die höchste Konzentration an diesem Nährstoff.

Unproblematisch ist die Versorgung mit Phosphor. Er kann auch in größeren Mengen verabreicht werden, da er als Vorratsdünger wirkt und erst von den Pflanzen aufgenommen wird, wenn er durch die Säureausscheidungen der Pflanzenwurzeln aufnahmefähig gemacht wird. Es genügt eine Menge von etwa 3 g Phosphor pro m^2 im Jahr. Günstig ist es, wenn der Phosphordünger in den Wurzelbereich gebracht wird. Mit Komposterde vermischt kann er in die Saatrillen verteilt werden.

Kali wird als Düngesalz in verschiedenen Verbindungen im Handel angeboten. Mit einem Anteil von 33 % Kaliumchlorid und 10 % Magnesiumsulfat wird Kalidüngesalz unter der Bezeichnung „Kamex" im Handel angeboten. Das Kalium ist hierbei an Chlor gebunden, dagegen ist das schwefelsaure Kali chloridfrei. Bei der Anwendung von Kalidüngern ist die Chloridverträglichkeit der Pflanzen zu beachten.

Kalkdünger wird verabreicht zur Verbesserung der Bodenfruchtbarkeit. Er fördert die Bildung der Krümelstruktur, womit eine bessere Wasserführung und Durchlüftung des Bodens erzielt wird. Er fördert aber auch die Entwicklung der Bodenbakterien und neutralisiert Bodensäure. Einige Nährstoffe werden für die Pflanzen erst durch Kalk aufnehmbar gemacht.

Die Anwendung der verschiedenen Düngemittel erfordert, den Nährstoffgehalt des Bodens und die Ansprüche der jeweiligen Pflanzenart zu kennen. Es ist sonst möglich, daß der eine oder andere Nährstoff in zu großer Menge verabreicht wird und damit eine Überdüngung entsteht. Einfacher, beson-

ders für den Kleingärtner, ist Mehrnährstoff- bzw. Volldünger zu handhaben. Besonders geeignet sind sie überall dort, wo ein ausgeglichenes Nährstoffverhältnis im Boden vorliegt.
Der Dünger S1 enthält 10,5 % Stickstoff, 1,2 % Phosphor, 25,7 % Kalium, 0,8 % Magnesium, 3,7 % Kalk sowie die Spurenelemente Mangan, Kupfer, Zink und Eisen. Er wird als Volldünger besonders auf kaliarmen Böden verwendet.
Wopil enthält 15 % Stickstoff, 6,5 % Phosphor, 20 % Kalium, 1,4 % Kalzium, 1,8 % Magnesium und die Spurenelemente Eisen, Mangan, Bor, Kupfer, Zink, Kobalt und Molybdän. Wopil ist leicht wasserlöslich und eignet sich gut für die Anwendung als Flüssigdünger im Gewächshaus.
Unter der Bezeichnung Piaphoskan rot und blau-extra werden weitere für den Kleingärtner wichtige Mehrnährstoffdünger angeboten. Piaphoskan rot enthält 14 % Stickstoff, 3,5 %Phosphor und 11,5 % Kalium sowie Magnesium und die Spurenelemente Bor, Mangan, Kupfer, Zink, Molybdän und Kobalt. Piaphoskan blau-extra enthält dagegen nur 12,5 % Stickstoff, 3 % Phosphor, aber 16 % Kalium. Dieser Volldünger ist chloridfrei und daher für chlorempfindliche Pflanzen besonders geeignet.
Piaphoskan grün enthält 42 % Stickstoff und außerdem 2,5 % Magnesium. Humustan ist ein hochwertiger organisch-mineralischer Mischdünger und weitgehend für alle Kulturen geeignet. Er enthält 5 % organischen Stickstoff, 10 % Phosphorsäure, 9 % Kali, 1 % Magnesium und etwa 13 % Kalk. Als Hauptrohstoffe werden Knochen- und Hornmehl sowie Kali zu diesem wertvollen Dünger verarbeitet.
Der Volldünger ist meist granuliert. Er wird gleichmäßig über die zu düngende Fläche ausgestreut. Es empfiehlt sich, die Düngergabe leicht einzuarbeiten und anschließend zu wässern. Damit wird der Dünger für die Pflanzen schneller aufnehmbar.
Im Kleingewächshaus kann aber auch mit einfachen Mitteln eine **Flüssigdüngung** vorgenommen werden. Bereits mit der Gießkanne kann in Wasser gelöster Dünger den Pflanzen zugeführt werden. Über einen Hochbehälter, der die Stammlösung enthält und Schläuche bzw. Plasterohre kann eine tröpfchenweise Versorgung mit Flüssigdünger erfolgen. Häufiges Umrühren im Stammlösungsbehälter ist notwendig, da sich die unlöslichen Bestandteile am Boden absetzen.

Bodenhygiene

Der Anbau von Pflanzen unter Glas und Plasten stellt hohe Anforderungen an die Qualität des Bodens. Unter den Wachstumsbedingungen des Gewächshauses oder Frühbeetes ergeben sich auch günstige Entwicklungsmöglichkeiten für Krankheiten und Schädlinge. Vielfach handelt es sich dabei um Erreger, die sich im Boden entwickeln und aufhalten. Jungpflanzen werden besonders schnell von solchen Krankheitskeimen und Schädlingen befallen. Dabei können Keimlinge umfallen, es können Welkeerscheinungen auftreten, alle Teile der Pflanze können von den verschiedenen Fäulniserregern befallen werden und auch tierische Schädlinge können den Erfolg der Arbeit beeinträchtigen. Eine Überdüngung mit Stickstoff wirkt sich auf die Anfälligkeit begünstigend aus. Die Bekämpfung und vor allem vorbeugende Maßnahmen verdienen unsere besondere Beachtung. Da Krankheitserreger und Schädlinge übertragbar sind, muß alles getan werden, um das Verschleppen zu verhindern. Hygiene spielt in diesem Zusammenhang eine große Rolle. Im Freiland wird bereits mit der Fruchtfolge ein Teil der Übertragungsmöglichkeiten ausgeschlossen. Unter Glas und Folie kann die Fruchtfolge nur ungenügend eingehalten werden.

Bereits für die Jungpflanzenanzucht sind Hygienemaßnahmen erforderlich. Das verwendete Saatgut sollte vor der Aussaat gebeizt werden, um schon die ersten Übertragungsmöglichkeiten auszuschließen. Die Saatgefäße müssen vor der Nutzung gereinigt werden. Ebenfalls sauber zu halten sind Stäbe, Spaliere, Schnüre und Arbeitsgeräte. Die größte Aufmerksamkeit gilt dem Boden selbst. Die in ihm enthaltenen Krankheitskeime, Schädlinge und Unkrautsamen müssen unwirksam gemacht werden. Voraussetzung ist dabei, daß die natürliche Widerstandskraft des Bodens erhalten bleibt. Das kann erreicht werden durch gute **Humus-** und **Nährstoffzufuhr** sowie gründliche **Bodenbearbeitung**. Vorhandene Krankheitserreger und Schädlinge können durch **Dämpfen** des Bodens beseitigt werden.

Diese Maßnahme der Bodenhygiene ist sehr aufwendig und im Garten deshalb nur bedingt anwendbar. Voraussetzung für eine solche Arbeit ist ein Dampferzeuger.

Für die Gemeinschaften in den Siedlungen und Sparten des VKSK würde sich hierbei ein Betätigungsfeld bieten. Vielfach werden gemeinschaftliche Kompostanlagen genutzt. Mit einem transportablen Dampferzeuger, wie er auch in Gartenbaubetrieben genutzt wird, könnte die Komposterde an Ort und Stelle gedämpft werden. Wird dieses Gerät von vielen Gartenfreunden genutzt, ist seine Anwendung auch wirtschaftlich.

Mit einer Dämpfgabel kann die Erde

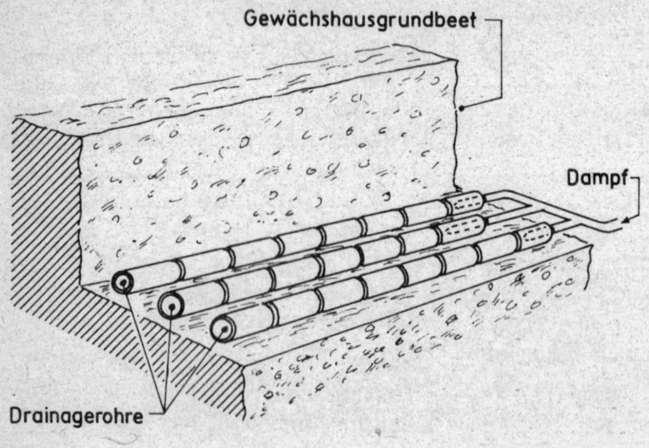

Abb. 137 Dämpfen der Erde in einer stationären Anlage

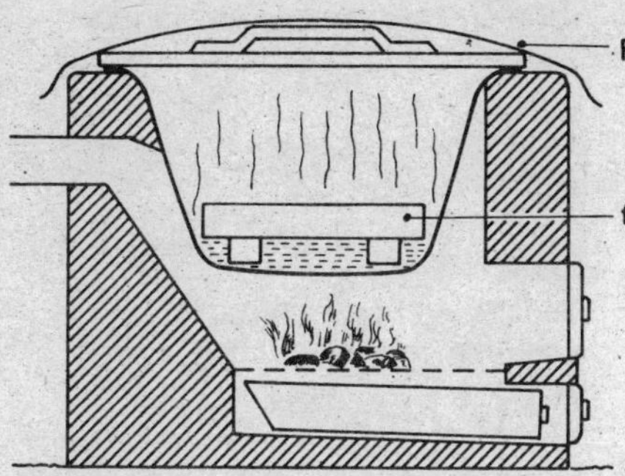

Abb. 138 Dämpfen von Anzuchterde in einem Waschhauskessel

in der Schubkarre gedämpft und danach sofort an die richtige Stelle transportiert werden. Für den Anbau in Kleingewächshäusern und Frühbeeten ist diese Form ausreichend.

Eine sehr gute Wirkung würde man erzielen, wenn die Erde im Gewächshaus mit einer stationären Anlage gedämpft werden kann. Am Boden des Grundbeetes werden dazu Drainagerohre verlegt, durch die bei Bedarf Dampf geleitet wird. Der locker aufgeschüttete Boden wird dabei mit einer Folie abgedeckt. Der Dampf durchdringt den Boden und erwärmt ihn auf 90 bis 95 °C. Diese Temperatur sollte etwa eine halbe Stunde gehalten werden. Nach einer Ruhepause von einer Woche kann der behandelte Boden bestellt werden.

Viele Gartenfreunde möchten nicht diesen hohen Aufwand für den Anbau unter Glas und Folien betreiben. Ihnen genügt es bereits, wenn die **Anzuchterde gedämpft** werden kann. Diese kleine Menge kann man sehr einfach in einem Waschhauskessel dämpfen. Ein rundes, engmaschiges Sieb wird in den Kessel gelegt. Zum Kesselboden muß ein Abstand von etwa 15 cm gehalten werden. Am besten legt man Steine oder ähnliches unter das Sieb in den Kessel. Bis etwa 2 cm unter dem Sieb wird Wasser aufgefüllt. In das Sieb schüttet man die aufbereitete Anzuchterde. Der Kessel muß gut abgedeckt werden, damit kein Dampf entweichen kann. Über den Deckel sollte auch wieder Folie oder Zelttuch gelegt werden. Nach etwa einer Stunde wird die Erde herausgenommen und im Freien auf einer Folie ausgebreitet, das ist besonders wichtig, damit die Mikroorganismen wieder aktiv werden. Nach einer Woche ist die Anzuchterde gebrauchsfähig.

Mit dieser Maßnahme werden Krankheitserreger, tierische Schädlinge und Unkrautsamen abgetötet. Neben dieser Wirkung verbessert sich der Boden, da sich die Aufnehmbarkeit der Pflanzennährstoffe wesentlich erhöht.

Gemüseanbau

Fruchtgemüse

Der Anbau von Fruchtgemüse im Gewächshaus oder Folienzelt hat große Bedeutung und wird von vielen Gartenfreunden als Hauptanbau in diesen Einrichtungen betrieben. Geeignet sind vor allem Gurken, Tomaten und Paprika, wobei der Anteil der Gurken am höchsten ist.

Gurken

Für den Anbau von Gurken im Gewächshaus sind einige grundlegende Bedingungen zu beachten. Die Gurke ist eine Pflanze, die an Spalieren oder Schnüren hochrankt, deshalb ist der Anbau im Grundbeet die günstigste Variante. Hohe Anforderungen werden an den Zustand des Bodens, die Lufttemperatur und an die Wasserversorgung gestellt.
Die **Erde** für den Gurkenanbau muß entsprechend aufbereitet werden. Eine grobe Struktur durch Strohanteile bzw. strohigen Mist und Entrindungsabfälle dient einer guten Durchlüftung. Die bei der Zersetzung freiwerdende Wärme erzeugt günstige Wachstumsbedingungen. Obwohl die Gurkenpflanze ein Flachwurzler ist, sollte die Erde trotzdem in einer Höhe von 40 bis 50 cm aufgeschüttet werden.
Ein hoher Anteil an Stallmist verleiht der Erde bereits den überwiegenden Anteil an Grundnährstoffen. Bei einem Gehalt bis zu 30 % Stallmist sollten pro m^3 Substrat etwa 1,75 kg Kalk-

Abb. 139 Die Gurkenfrüchte können mit plastisoliertem Draht am Spalier angehangen werden

Abb. 140 Glas, unter die Gurke gelegt, verhindert Fruchtfäule

Abb. 141 Entspitzter Seitentrieb

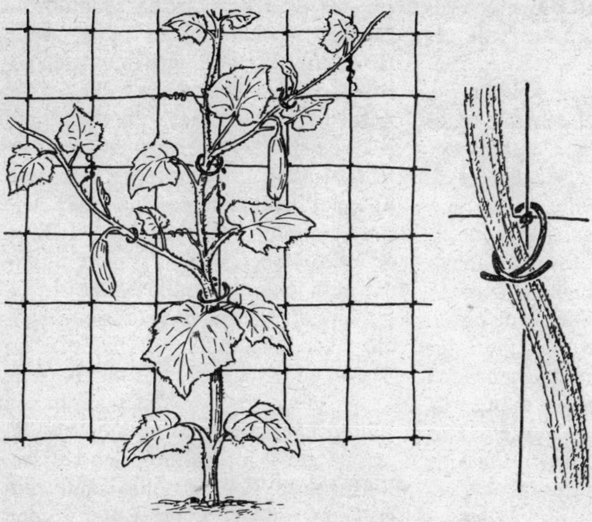

Abb. 142 Rankende Gurkenpflanze am Spalier mit Drahtringen befestigt

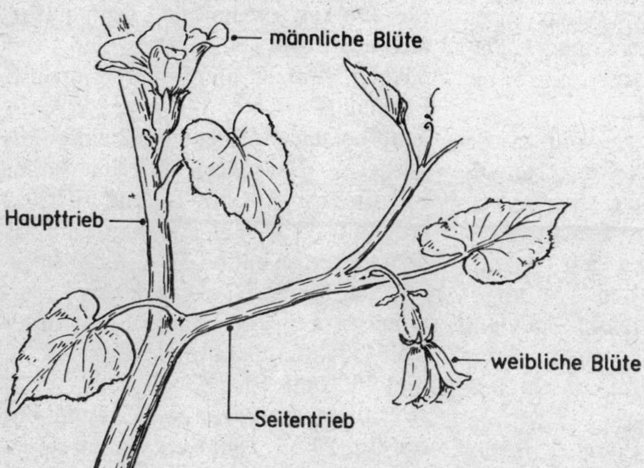

Abb. 143 Blüten der Gurkenpflanze

ammonsalpeter, 1,1 kg Superphosphat und 1 kg Kamex beigemischt werden. Auch bei nährstoffarmen Substratbestandteilen sollten diese Mineraldünger zugegeben werden. Verschiedene Zusammensetzungen sind möglich, es muß nur dabei darauf geachtet werden, daß die Erde genügend Nährstoffe enthält und eine lockere Struktur aufweist. Die Ausgangsstoffe der Gurkenerde müssen frei von Krankheitskeimen und

Schädlingen sein. Kann das nicht garantiert werden, so sollte die Erde gedämpft werden.
Gepflanzt wird in Reihen, wobei diese Reihen in Gewächshäusern mit einer Breite zwischen 2 und 3 m entlang der beiden Längsfronten angelegt werden. Innerhalb der Reihe sollten die Pflanzen einen Abstand von 50 cm besitzen. Da Gurken rankende Pflanzen sind, müssen entsprechende Vorrichtungen geschaffen werden. Eine einfache Lösung ist es, wenn über der Reihe unter dem Gewächshausdach ein Draht gespannt wird, an dem senkrecht Schnüre befestigt werden. Das untere Ende einer Schnur wird jeweils lose an den Wurzelhals der Pflanze gebunden. Obwohl sich die Pflanzen selbst an der Schnur festhalten, ist es günstig, wenn sie außerdem mit Plasteringen in Abständen von 30 bis 50 cm befestigt werden.
Bei einsetzendem Ertrag können die Früchte die Pflanzen herunterziehen. Deshalb erweist es sich als günstig, wenn die Gurken am Fruchtansatz mit einem Drahthaken am Spanndraht aufgehangen werden. Tief angesetzte Früchte sollten nicht auf dem Erdreich zu liegen kommen. Hier kann eine Glasscheibe untergelegt werden.
Ein weitmaschiges Plastspaliernetz läßt sich ebenfalls sehr gut als Rankgerüst verwenden. Die Pflanzen können sich weit besser daran festhalten. Hier kann ebenfalls eine Unterstützung mit Ringen gegeben werden. Auch die Seitentriebe lassen sich befestigen, und die Früchte können sie nicht nach unten ziehen.
In der Höhe sollten die Gurkenpflanzen bis über den oberen Spanndraht gezogen werden. Haben sie die volle Höhe erreicht, wird der Haupttrieb gestutzt. Die entstehenden Seitentriebe werden jeweils nach dem zweiten Blatt entspitzt. Außerdem ist gelegentliches Auslichten erforderlich und Krüppelfrüchte sind zu entfernen. Die Fruchtansätze entstehen in den Blattachseln, wobei sich an deren Spitze die weiblichen Blüten befinden. In ihrer äußeren Form ähneln sie bereits einer kleinen Gurke. Die männlichen Blüten enthalten keinen Fruchtansatz. Es ist günstig, wenn die männlichen Blüten ebenfalls entfernt werden, damit es nicht zur Befruchtung kommt. Befruchtete Gurken entwickeln ein größeres Samengehäuse. Bitter werden die Gurken, wenn sie Temperaturschwankungen ausgesetzt sind und das Gießwasser nicht temperiert ist.
Besonders wichtig für gesunde Gurkenpflanzen sind entsprechende **klimatische Bedingungen.** Bei hoher Lichtintensität sind Tagestemperaturen um 25 °C am günstigsten. Als obere Grenze sollten 32 °C nicht überschritten werden. Nach solchen Tagestemperaturen und hohem Lichteinfall sind Nachttemperaturen zwischen 18 und 20 °C am besten.
An trüben Tagen genügen Temperaturen um 20 °C, wobei die Nachttemperaturen auf maximal 15 °C absinken können. Hohe Bodentemperaturen (zwischen 20 und 24 °C) wirken sich positiv auf das Pflanzenwachstum aus. Diese Temperaturen können auf biologischem Wege durch eine Mistpakkung oder mit technischen Mitteln erzielt werden. In diesem Fall kann die Raumtemperatur, besonders in den

Tabelle 12 Einfluß unterschiedlicher Tag- und Nachttemperaturen auf den Früh- und Gesamtertrag bei der Gewächshausgurke (nach Drews)

Variante	Lufttemp.	Ertrag kg/m² bis Ende			Gesamtertrag
	Nacht °C	März	April	Juli	%
1	14,2	1,4	6,9	33,7	100
2	16,8	2,8	7,9	30,7	92
3	18,3	3,6	8,2	27,9	83
4	22,3	3,7	6,8	20,5	61

Die angeführten Werte sind als Durchschnittswerte zu betrachten. Die Tagestemperaturen liegen dabei etwa 5 bis 7 Grad höher als die Nachttemperaturen.

Tabelle 13 Empfehlungen zur Temperaturgestaltung bei Gewächshausgurken (Beleuchtungsstärkequotient 65 %, Bodentemperatur 22–24 °C), nach Drews

Monat	Jan./Febr.	März/April	Mai bis Aug.
Mittlere Beleuchtungsstärke im Freiland (klx)	6–12	21–28	30–35
Temperatur (°C)			
Nacht	17	18	18–20
Tag, trüb	18	20–22	22
Tag, hell	20	20–24	24–26
Lüften bei	28 °C		
Temperatur, die nicht überschritten werden soll	30 °C		
Bodentemperatur	22–24 °C		

Nachtstunden, um 1 bis 2 °C niedriger angenommen werden.
Im zeitigen Frühjahr sind die Temperaturen nur sehr schwer zu halten. Besonders vor Nachtfrösten sind die Pflanzen zu schützen. Bereits 2 °C genügen, um die Pflanze absterben zu lassen. Temperaturen unter 15 °C verursachen Wachstumsstörungen. Ein zeitiger Anbau lohnt sich nur dort, wo auch entsprechende Temperaturen garantiert werden können.
Zum Erzielen frühzeitiger Erträge ist besonders in den ersten Monaten auf eine **maximale Lichtausnutzung** zu achten. Die Glasscheiben sind zu reinigen, wobei diese Arbeit je nach Verschmutzung zu wiederholen ist. Schmutzige Folie ist vor der Verwendung ebenfalls gründlich zu säubern. Die Verminderung des Beleuchtungsstärkequotienten um 1 % ergibt eine Ertragsminderung bei Gurken von mindestens 1 %. Bei ungünstigen Lichtverhältnissen entwickeln sich die Pflanzen nur ungenügend, wobei die Stengel schwach bleiben und lange Internodien entstehen. Die Blätter blei-

ben weich, und die Pflanzen sind besonders anfällig gegenüber Krankheits- und Schädlingsbefall.
Wesentlichen Anteil am Wachstum der Gurkenpflanze hat eine ausreichende **Bewässerung** und hohe **Luftfeuchtigkeit.** Der Wasserbedarf steigt mit der Intensität der Sonneneinstrahlung. Das bedeutet, daß im zeitigen Frühjahr die benötigte Wassermenge nicht so hoch ist wie in den Sommermonaten. Sinkt die Luftfeuchtigkeit, steigt der Wasserbedarf der Pflanze ebenfalls. Als Richtwert sollte bis zum Monat Mai täglich bis zu 2 l Wasser pro Pflanze gerechnet werden. In den folgenden Monaten mit hoher Lichteinstrahlung und hohen Temperaturen sollte etwa 50 % mehr gewässert werden.
Die hohe Luftfeuchtigkeit wird erzielt durch täglich mehrmaliges Übersprühen der Pflanzen mit Wasser. Eine Wassermenge von etwa $\frac{1}{4}$ l pro Pflanze ist ausreichend. Im Folienzelt wird die Luftfeuchtigkeit besser gehalten. Durch hohe Sonneneinstrahlung erhitzt sich der verhältnismäßig geringe Luftraum des Gewächshauses schnell. Es ist deshalb für eine ausreichende **Lüftung** und, falls erforderlich, für Schattierung zu sorgen. Die Lüftung darf nur so erfolgen, daß für die Gurkenpflanzen keine Zugluft entsteht. Wird das nicht beachtet, können Bitterstoffe die Qualität der Gurken beeinträchtigen. Lüftungsfenster im Dach sind am besten geeignet.
Zu hohe Temperaturen und auch intensive Sonneneinstrahlung können Schäden und Wachstumsstockungen hervorrufen. Bei der Verwendung von Folie entfällt eine Beschattung. Die Lufttemperatur wird auch durch das Sprühen mit Wasser infolge der Verdunstung verringert.
Neben der Schaffung günstiger klimatischer Bedingungen muß auch für eine ausreichende **Nährstoffzuführung** gesorgt werden. Nährstoffmangel wird schnell sichtbar an der Verfärbung der Blätter. Verlieren sie das satte Grün und werden gelblich, dann liegt meist Stickstoffmangel vor. Stickstoff kann im Wechsel mit einem Volldünger verabreicht werden. Der Dünger wird am besten in Wasser aufgelöst und den Pflanzen in Rationen von etwa 1 bis 2 l pro Woche zugeteilt. Es genügt, wenn etwa 30 g Dünger in 10 l Wasser aufgelöst werden. Durch die Verwendung eines Volldüngers, z. B. S 1, werden alle benötigten Nährstoffe und Spurenelemente in einem ausgewogenen Verhältnis zugeführt. Darüber hinaus empfiehlt es sich, daß von Zeit zu Zeit eine dünne Schicht Humuserde aufgetragen wird. Damit erhöht sich der Nährstoffgehalt des Bodens, aus der Erde hervortretende Wurzeln werden wieder abgedeckt, und aufkeimendes Unkraut wird beseitigt.
Vor einer Überdüngung sollte man sich jedoch hüten. Eine zu hohe Nährsalzkonzentration im Boden kann zum Absterben der Pflanzen führen.
Eine Bodenbearbeitung ist nur schwer möglich, da das Wurzelsystem sehr flach verläuft und eine große Fläche beansprucht. Günstig ist es, um die lockere Struktur der Erde zu erhalten, sie mit strohigem Mist abzudecken. Torf mit Rindenstücken eignet sich für diesen Zweck ebenso.
Die **Ernte** beginnt, wenn die Früchte

noch schwach gerieft sind und noch nicht übermäßig schwer und groß sind. Gurken über 500 g sollten nicht an den Pflanzen hängenbleiben, da sie zu viele Nährstoffe in Anspruch nehmen würden und sich dadurch Fruchtansätze und kleine Früchte nur schlecht entwickeln könnten.

Kranke und verkrüppelte Früchte sind sofort zu entfernen. Die Pflanzen sind auch regelmäßig auf Krankheits- und Schädlingsbefall zu untersuchen. Wird das unterlassen, können größere Verluste in den Pflanzenbeständen auftreten.

Die Gurken können im Gewächshaus, im Folienzelt und auch im Frühbeet angebaut werden. Die Bedingungen im **Folienzelt** entsprechen denen des Glasgewächshauses. Die Luftfeuchte wird unter der Folie besser gehalten und ein zusätzliches Beschatten entfällt. Im **Frühbeet** sind die Bedingungen doch etwas anders, da nur ein Anbau auf der Fläche möglich ist. In den warmen Kasten können die Jungpflanzen bereits im April und in den kalten Kasten erst im Mai oder Anfang Juni gepflanzt werden. Für diese Anbauform ist es wichtig, die geeigneten Sorten auszuwählen. Je nach Größe des Kastens wird die Pflanze jeweils in die Mitte gesetzt. Nachdem die Pflanze angewachsen ist, wird sie entspitzt. Vier Seitentriebe läßt man stehen und zieht sie in Richtung der vier Ecken des Kastens. Nach dem vierten oder fünften Blatt werden auch diese Triebe entspitzt. Die weitere Pflege entspricht der für Gewächshausgurken. Es muß für ausreichende Feuchtigkeit und Nährstoffe gesorgt werden. Die Früchte sollten auch hier nicht auf dem Boden liegen bleiben. Es ist gut, Glas- oder Folienstücke unterzulegen. Das für das Wachstum erforderliche Klima kann im Kasten nur erhalten werden, wenn dieser mit den Fenstern abgedeckt wird. Eine Schattierung ist bei starker Sonneneinstrahlung unumgänglich. Muß gelüftet werden, dann sollte an die benötigte Luftfeuchte für die Gurkenpflanzen gedacht werden. Mehrfaches Übersprühen ist vorteilhaft. Die Erde im Frühbeetkasten kann eine ähnliche Zusammensetzung wie im Gewächshaus aufweisen. Auch hier muß für eine lockere Struktur gesorgt werden.

Zur besseren Ausnutzung der Flächen unter Glas und Folie ist ein Mischanbau zu empfehlen. Vor dem Pflanzen der Gurken und solange die Pflanzen noch klein sind, können bestimmte Gemüsearten als Unterkultur angebaut werden. Es ist jedoch darauf zu achten, daß sie rechtzeitig die Fläche räumen und Frühsorten verwendet werden.

Tomaten

Große Bedeutung für den Anbau unter Glas und Folie besitzt die Tomate. Der Anbau dieser Frucht ist weit verbreitet. Die in ihr enthaltenen organischen Säuren wirken belebend und erfrischend.

Im Gegensatz zur Gurkenpflanze ist die Tomate ein **Tiefwurzler.** Der Boden sollte dementsprechend gründlich und in einer Tiefe bis zu 50 cm bearbeitet werden. Folgt der Tomatenanbau in der Fruchtfolge auf die Gurke, ist ein Teil der Gurkenerde in den Boden einzuarbeiten.

Eine Dämpfung des Bodens wirkt sich bei der Tomate besonders günstig auf die Pflanzenverfügbarkeit der im Boden enthaltenen Nährstoffe aus. Die **Zusammensetzung der Erde** sollte der für Gurken entsprechen, wobei als Grundlage sandiger Lehm oder lehmiger Sand dienen kann. Es ist auf jeden Fall darauf zu achten, daß keine stauende Nässe auftreten kann. Zu Beginn des Wachstums ist auf eine Stickstoffzufuhr zu verzichten, da sonst eine zu starke Blattentwicklung eintritt und die Ernte verzögert wird. In der lichtschwachen Jahreszeit ist der Bedarf an Kalium besonders hoch. Ausreichende Kaliversorgung sichert gesunde und kräftige Pflanzen mit einem guten Fruchtansatz. Nach der Entwicklung des dritten oder vierten Blütenstandes wird eine Stickstoffgabe verabreicht, die mit einer Kaligabe kombiniert werden kann. Auf alle Fälle ist es günstig, bereits vor der Pflanzung eine Kalimenge bis zu 20 g/m^2 zu verabreichen. Am besten wird dazu schwefelsaures Kali verwendet. Eine Kalkdüngung ist zu vermeiden. Die Tomatenpflanze reagiert empfindlich darauf. Magnesium und Phosphor wird in den üblichen Mengen zugeführt. Zur Sicherung des richtigen Nährstoffverhältnisses ist auch bei der Tomate ein Volldünger zu empfehlen.

Gepflanzt werden Stabtomaten in einem Abstand von etwa 50 cm in der Reihe. Unter den Bedingungen des Kleingewächshauses und der im Garten üblichen Folienzelte werden kaum mehr als zwei Reihen in einem Mindestabstand von 80 cm angelegt.

Neben dem Anbau in Grundbeeten ist der Tomatenanbau auch in Bankbeeten mit Erfolg möglich. Es wird jeweils nur eine Reihe mit einem Pflanzabstand von 40 bis 50 cm gepflanzt.

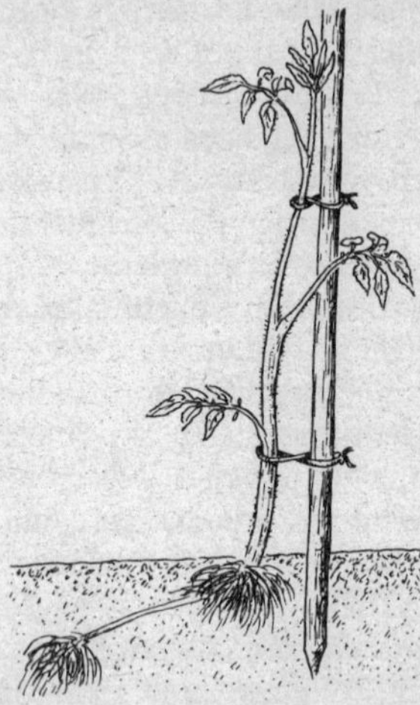

Abb. 144 Schräg gepflanzte Tomatenpflanze mit Adventivwurzeln

Nur gesunde und kräftige Pflanzen werden für die **Pflanzung** ausgewählt; Pflanzen, die etwas zu lang geraten sind, werden schräg und tiefer eingesetzt. Auf diese Weise bilden sich Adventivwurzeln, und gute Erträge werden gesichert. Tief angesetzte Blütenstände ermöglichen einen frühen und reichen Ertrag. Im Gewächshaus sollten nicht mehr als 10 bis 12 Blütenstände an der Pflanze belassen werden. Nach dem letzten Blütenstand läßt man noch ein Blatt stehen, danach wird die Pflanze gestutzt. Auf diese Weise können sich die Tomaten gut entwickeln und ausreifen. Seitentriebe werden ebenfalls entfernt. Blütenstände sollen sich nur am Haupttrieb entwickeln.

Das **Ausgeizen** der Tomatenpflanze erfordert einige Aufmerksamkeit, da hierbei Krankheitserreger übertragen werden können. Deshalb werden die Triebspitzen mit den Fingern gefaßt und zur Seite ausgebrochen. Ein Messer sollte nicht verwendet werden, da an ihm die Krankheitskeime haften bleiben können.

Der Haupttrieb ist nicht in der Lage, die Pflanze mit zunehmender Länge aufrecht zu halten. Damit er nicht abknickt, werden die Pflanzen an einem Stab festgebunden. Im Gewächshaus eignen sich dafür sehr gut an der Dachkonstruktion befestigte Schnüre, um die der Haupttrieb spiralenförmig gelegt wird. Im Abstand von etwa 30 cm wird ein Drahtring um Schnur und Trieb gebogen. Im Gegensatz zur Gurke muß bei der Tomatenpflanze darauf geachtet werden, daß die Blüten bestäubt werden. Im geschlossenen Raum ist die Bestäubung durch Insekten nur begrenzt möglich. Günstig wirken sich Luftbewegung und Rütteln an der Pflanze aus. Bei Temperaturen unter 15 °C ist die Bestäubung nicht gewährleistet. Optimale Bedingungen herrschen bei Raumtemperaturen von 20 bis 25 °C und Bodentemperaturen um 18 °C.

Auch beim Tomatenanbau müssen die Wachstumsfaktoren richtig aufeinander abgestimmt werden. Von vornherein ist auf eine ausreichende **Lichtmenge** zu achten. Die Gewächshauskonstruktion sollte einen Lichtgenuß von mindestens 70 % der Freilandhelligkeit gewährleisten. Verschmutzte Scheiben sind gründlich zu reinigen. In den Sommermonaten ist eine Schattierung nicht erforderlich. Die **Luftfeuchtigkeit** sollte gering gehalten werden, dagegen ist eine ausreichende **Bodenfeuchtigkeit** erforderlich. Aus diesen Ansprüchen ist bereits schon ersichtlich, daß ein Mischanbau mit der Gewächshausgurke nicht möglich ist. Trocknet der

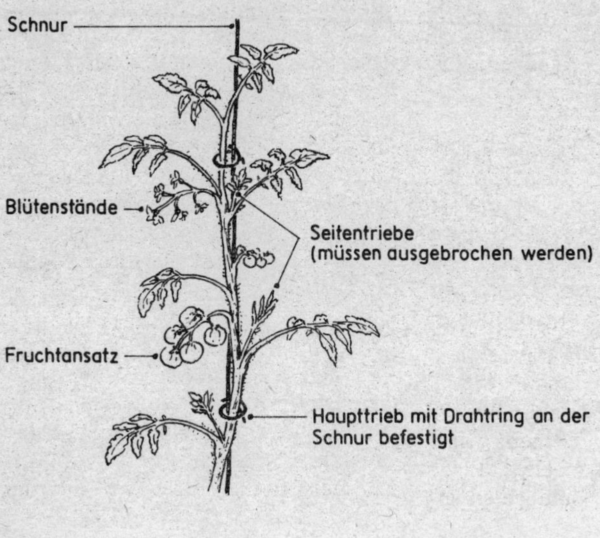

Abb. 145 Tomatenpflanze

Tabelle 14 Gestaltung der Raumtemperatur für Tomaten in Abhängigkeit von den Lichtbedingungen in °C (nach „Ratgeber ...")

Monat	Gute Lichtbedingungen		Schlechte Lichtbedingungen	
	Tag-temperaturen	Nacht-temperaturen	Tag-temperaturen	Nacht-temperaturen
Januar	15–18	13–15	13–15	12
Februar	15–18	13–15	13–15	12
März	18–20	15–18	14–16	14
April	22–24	18–20	18–20	14–16
Mai	24–28	18–20	20–22	16–18
Juni	24–28	18–20	22–24	16–18
Juli	26–28	18–20	22–24	16–18
August	26–28	18–20	22–24	16–18
September	24–26	15–18	18–20	15–18
Oktober	18–20	15–16	18–20	15–16
November	15–18	14–16	15–18	14–16
Dezember	15–18	14–16	15–18	14–16

Boden stark aus und wird dann wieder gewässert, neigen die Früchte zum Platzen. Die Wassergaben richten sich nach der Sonneneinstrahlung, wobei nach trübem Wetter ein geringerer Bedarf entsteht als nach intensiver Einstrahlung. Gegossen wird etwa zweimal pro Woche. Tägliches Gießen ist ungünstig. Die Wassermengen, die verabreicht werden, sollen als Einzelgaben zwischen 20 und 30 l/m² liegen. Die Blätter der Tomatenpflanzen sind beim Gießen nicht zu benetzen, da sonst die Ausbreitung der Braunfleckenkrankheit möglich ist. Nach dem Gießen ist der Boden zu lockern und eventuell mit geeignetem Material zu bedecken, damit die Feuchtigkeit nicht so schnell verdunsten kann.

In den Sommermonaten, bei ausreichenden Lichtverhältnissen, kann die **Raumtemperatur** maximal 27 bis 30 °C betragen. Die untere Grenze liegt im zeitigen Frühjahr bei 10 °C, wobei die Tomatenpflanze auch kurzzeitig Temperaturen bis zu +1 °C ohne Schaden zu erleiden vertragen kann.

Der **Lüftung** des Gewächshauses ist großes Augenmerk zu schenken, damit die Temperaturen nicht die obere Grenze überschreiten, die Luftfeuchtigkeit nicht übermäßig ansteigt und eine ausreichende Zufuhr von Kohlendioxid erfolgt. Die Bodentemperatur sollte 15 °C nicht unterschreiten. Liegt sie darunter, ist die Aufnahme des für die Tomaten so wichtigen Nährstoffes Phosphor erschwert. Geerntet werden die Tomaten im vollreifen Zustand.

Gemüsepaprika

Von den Paprikaarten hat wohl der Gemüsepaprika für den Anbau im Garten die größte Bedeutung. Seine Früchte sind, je nach Sorte, grün bis rot mit spitzer oder gedrungener

Form. Bedeutend ist der hohe Vitamin-C-Gehalt und der angenehm milde Geschmack. 100 g Frischsubstanz enthalten 200 bis 300 mg Vitamin C. Paprika ist eine mehrjährige Pflanze, wird aber gewöhnlich nur einjährig angebaut. Die klimatischen Anforderungen sind hoch, so daß ein Anbau im Freiland in der DDR nur schwer möglich ist. Die Ansprüche des Paprikas ähneln denen der Tomate, wobei höhere Temperaturen erforderlich sind.

Als **Erde** sollte ein nährstoffreiches, lockeres Substrat verwendet werden. Zu empfehlen ist die Einarbeitung von 3 bis 4 kg organischen Düngestoffen pro m². Mineraldünger wird entsprechend der Bodenuntersuchung verabreicht. Als Richtwert kann pro m² Anbaufläche mit 60 g Superphosphat, 80 g schwefelsaurem Kali und 25 g Kalkammonsalpeter eine Grunddüngung vorgenommen werden. Die Düngung mit Kalkammonsalpeter wird in gleicher Menge 5 Wochen nach der Pflanzung und mit der ersten Ernte vorgenommen. Hohe Salzkonzentrationen im Boden sind zu vermeiden, Paprika reagiert darauf sehr empfindlich.

Die Paprikapflanzen werden in einem Abstand von etwa 40 × 40 cm gepflanzt. Schwachwüchsige Sorten können dichter gesetzt werden. In diesem Fall ist es auch möglich, zwei Pflanzen an die gleiche Stelle zu setzen. Mit einem Stab werden die Pflanzen gestützt. Ein Ausgeizen wie bei der Tomatenpflanze ist nicht notwendig. Die Bildung von Seitentrieben wird beim Paprika dadurch gefördert, daß die Mittelblüte am Haupttrieb ausgebrochen wird. Extreme Temperaturschwankungen sowie **Temperaturen** unter 15 °C und über 35 °C sind zu vermeiden. Sie können dazu führen, daß Blüten und auch Blätter abgeworfen werden. Je nach Lichteinstrahlung sind Tagestemperaturen zwischen 22 und 28 °C günstig. Die Nachttemperaturen sollten dabei etwa 3 bis 5 °C darunter liegen. Der Ertrag wird wesentlich von der **Wasserversorgung** bestimmt. Der tägliche Bedarf liegt dabei etwa bei 2,5 l/m². Ist der Boden zu trocken, werfen die Pflanzen ebenfalls leicht die Blätter ab. Bereits bei der Pflanzung sollte intensiv gewässert werden. Danach ist der Boden gründlich zu lockern.

Die Luftfeuchtigkeit sollte etwa bei 70 % liegen. Sie ist vor allem für die Befruchtung der Blüten ausschlaggebend. Höhere Feuchtigkeit bewirkt schlechte Befruchtung.

Nach etwa zwei Monaten beginnt die Ernte. Bei guter Pflege kann mit einem **Ertrag** von 5 bis 7 kg/m² gerechnet werden. Die Pflanzen brechen leicht, deshalb ist bei der Ernte große Vorsicht geboten. Am besten werden die Früchte mit einer Gartenschere abgeschnitten. Die Ertragsperiode verläuft bis in den Herbst.

Paprika kann als Erst- oder Hauptfrucht im Gewächshaus oder Folienzelt angebaut werden. Im Frühbeetkasten ist auch eine Zweitnutzung mit Paprika möglich. Als Vorfrucht würden sich Salat oder Kohlrabi eignen. Im Gewächshaus kann die Paprikapflanzung nach der Jungpflanzenanzucht erfolgen. Es kann sowohl das Grundbeet als auch das Bankbeet genutzt werden.

Eierfrucht (Aubergine)

Die Eierfrucht ist noch wenig in unserer Republik bekannt. Sie stammt aus Indien und hat in den südeuropäischen Ländern bereits viele Freunde gefunden. Die Eierfrucht enthält einen beachtlichen Anteil an Mineralstoffen. Sie soll auch eine gewisse Heilkraft gegen Rheuma und Nierenleiden besitzen.
Die **Anbaubedingungen** ähneln denen des Paprikas und der Tomate. Mit der Aussaat wird Ende Februar begonnen. Etwa 5 Tage nach dem Auflaufen werden die Sämlinge in Töpfe pikiert. Anfang Mai werden die inzwischen herangewachsenen Pflanzen in das Gewächshaus gepflanzt. Der Pflanzabstand sollte etwa 50 cm betragen.
Die günstigste **Temperatur** liegt am Tage bei 20 bis 22 °C und in der Nacht zwischen 18 und 19 °C. Der Boden sollte tiefgründig gelockert und gut mit Humus versorgt sein. Pro Quadratmeter wird eine Grunddüngung von 5 g Stickstoff, 10 g Phosphor und 20 g Kalium gegeben. Eine weitere Stickstoffgabe sollte als Kopfdündung verabreicht werden.
Die Pflanzen können eine Höhe von 2 m erreichen und müssen deshalb gestützt werden. Der Haupttrieb wird am besten an einen Stab gebunden. Bis zu drei Seitentriebe können an der Pflanze belassen werden. Alle übrigen Triebe entfernt man. Die Seitentriebe kann man an Schnüren ziehen. Als Stütze eignen sich auch Spaliernetze wie bei den Gurkenpflanzen.
Der **Wasserbedarf** ist mäßig, wobei die Pflanzen einzeln gegossen werden. Ein Überbrausen der Blätter ist nicht zu empfehlen. Die **Ernte** beginnt im August, wenn die Früchte ausgewachsen sind. Die noch festen Früchte werden mit ihrem Kelch abgeschnitten. Die Eierfrüchte haben dann einen Durchmesser von 4 bis 7 cm. Sie werden nicht in rohem Zustand verzehrt. In Lagerräumen können sie bei Temperaturen von 8 bis 10 °C und hoher Luftfeuchte bis zu 10 Tagen gelagert werden.

Melonen

Eine sehr wohlschmeckende und beliebte Frucht ist die Melone. Ihr Anbau ist nur im Gewächshaus oder Frühbeet möglich. Die Ansprüche an den Boden gleichen denen der Gewächshausgurke. Die **Erde** soll mittelschwer, humos und stark mit Nährstoffen angereichert sein. Eine grobe Struktur sorgt für eine gute Durchlüftung des Bodens.
Das Grund- oder Bankbeet kann so angelegt werden, daß auf eine starke Schicht Humus eine Schicht verrotteter Mist aufgetragen und diese wieder mit einer etwa 15 cm starken Schicht humoser Erde abgedeckt wird.
Die **Düngung** beginnt mit einer Grunddüngung, bei der dem Boden pro m^2 5 g Stickstoff, 8 g Phosphor und 20 g Kalium zugeführt werden. In der Folgezeit wird nach dem Fruchtansatz eine Kopfdüngung mit 5 g Stickstoff vorgenommen, die nach etwa 4 Wochen wiederholt wird.
Der **Pflanzabstand** beträgt 30 bis 40 cm, wenn die Pflanzen am Spalier gezogen werden. Gepflanzt wird nur so tief, wie die Pflanzen in den Anzuchtgefäßen gestanden haben, wobei darauf zu achten ist, daß die Keim-

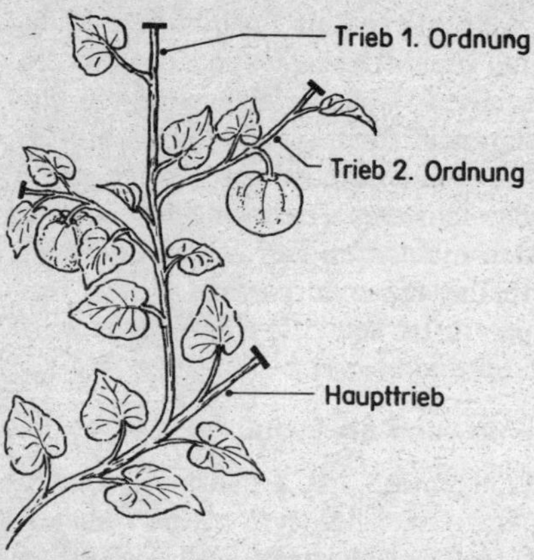

Abb. 146 Triebschnitt bei der Melone

blätter nicht mit der Erde in Berührung kommen (Gefahr der Stengelfäule). Als Spalier eignen sich gespannte Drähte oder Dederonnetze.

Besondere Aufmerksamkeit muß dem **Triebschnitt** gewidmet werden. Die Melonen reifen im Gegensatz zur Gurke an der Pflanze aus. Deshalb sollten nur drei bis vier Früchte pro Pflanze reifen, um die Wuchskraft nicht vorzeitig zu erschöpfen. Die Früchte bilden sich meist an Seitentrieben zweiter Ordnung, deshalb wird der Haupttrieb bereits über dem 5. Blatt gestutzt. Von den sich bildenden Seitentrieben wird der kräftigste an das Spalier gebunden. Auch dieser Trieb wird nach dem 5. Blatt entspitzt. Damit wird die Bildung von Seitentrieben zweiter Ordnung angeregt. Diese Seitentriebe werden dann ein Blatt hinter dem Fruchtansatz gestutzt. Nach einiger Zeit werden alle nicht tragenden Teile entfernt.

Die sich entwickelnden Früchte sollten am Spalier befestigt werden, da sie sonst die Pflanze durch das hohe Gewicht herunterziehen könnten. Am besten eignet sich dafür ein Netz.

Gegossen werden die Melonenpflanzen nicht allzu oft, dafür aber sehr gründlich. Es sollte möglichst leicht erwärmtes Wasser verwendet werden. Sobald Blüten erscheinen, wird die Wassermenge etwas verringert. Da die Melonen viel Licht und Wärme benötigen, wird nicht schattiert. Die Blüten werden unter Glas am besten künstlich bestäubt. Dazu werden die Staubgefäße der männlichen Blüte in der weiblichen Blüte abgestreift. Der günstigste Zeitpunkt dafür ist die Mittagszeit, wenn der Blütenstaub trocken ist.

Die **Ernte** erfolgt, wenn der Stielansatz an der Frucht zu reißen beginnt. Die Frucht verbreitet dann einen charakteristischen Duft. Ist dieser Reifezustand erkannt worden, sollte sofort geerntet werden, da Melonen sehr schnell überreif werden.

Der Anbau der Melonen ist auch im Frühbeet möglich. Es sollte dabei jedoch für ausreichende Fußwärme gesorgt werden. Dazu können Bodenheizkabel oder auch die biologische Erwärmung genutzt werden. Pro Fenster kann eine Pflanze untergebracht werden. Sie wird bereits nach dem 4. Blatt entspitzt, und man läßt vier Seitentriebe für den Fruchtansatz. Der weitere Anbau entspricht dem im Gewächshaus. Die Triebe ranken im Kasten nicht, sondern kriechen am Boden entlang. Früchte sollen auf eine Glasscheibe gelegt werden, damit keine Fäulnis eintreten kann.

Patisson

Patisson ist ein Kürbisgewächs mit exotisch anmutenden Früchten. Sie ähneln einer flach gedrückten Kugel mit einem welligen Rand. Die **Früchte** werden im unreifen Zustand geerntet. Sie haben dann einen Durchmesser von etwa 20 cm. Bei einer Größe von 10 bis 15 cm erreichen sie ein Gewicht von 250 bis 500 g. Anfang April sät man in Töpfe. Nachdem sich die ersten zwei Laubblätter entwickelt haben, pflanzt man in das Gewächshaus im Abstand von 75 cm. Der Boden sollte locker und humusreich sein, wobei Patisson in erster Tracht angebaut wird. Die Pflanzen werden buschig und erreichen eine Höhe von über 1 m. Es ist deshalb günstig, sie an Stäben anzubinden.
Die **Ernte** beginnt etwa 4 Wochen nach dem Pflanzen.

Zucchini

Die **Früchte** dieses Kürbisgewächses haben eine längliche Form und können eine Länge von 90 cm bei einem Durchmesser von 10 bis 20 cm erreichen. Als Gemüse werden die noch nicht ausgereiften Früchte bis zu maximal 25 cm Länge verwendet. Anfang April sät man die Körner einzeln in Töpfe. Nachdem die Jungpflanzen die ersten zwei Laubblätter entwickelt haben, wird im Abstand von etwa 75 cm mit Wurzelballen ausgepflanzt. Ein guter Wurzelballen ist entscheidend für das Anwachsen. Der Boden sollte locker und humusreich sein.
Zucchini steht am besten in erster Tracht. Die Bodenoberfläche ist stets locker zu halten. Mit einer Mulchdecke aus grobem organischem Material wird dieser Zustand des Bodens erhalten, wobei gleichzeitig die Bodenorganismen aktiviert werden.
Die Zucchinipflanzen erreichen im Gewächshaus eine Höhe bis zu 2 m. Deshalb sollten sie an Stäbe oder ein Spalier gebunden werden.
Die **Ernte** setzt etwa 4 Wochen nach dem Pflanzen ein.

Blatt- und Stielgemüse

Blattgemüse hat ernährungsphysiologisch einen hohen Wert, da es hauptsächlich roh verzehrt wird. Der Anbau unter Glas und Folie ermöglicht es, dieses Gemüse bereits in der vitaminarmen Jahreszeit zu ernten.

Kopfsalat

Die Bedeutung des Kopfsalates liegt darin, daß er zu einer Jahreszeit angebaut werden kann, in der es noch wenig Gemüse gibt. Verwendet wird er vorwiegend für Rohkostsalate. Er liefert die ersten Vitamine, die im zeitigen Frühjahr besonders wichtig für die menschliche Ernährung sind.
Kopfsalat kann vor Gurken oder Tomaten im Gewächshaus oder Frühbeet angepflanzt werden. Die **Ansprüche an den Boden** sind nicht so hoch wie die der Gurke oder Tomate. Wird Kopfsalat als **Vorfrucht** gewählt, so sollte der Boden vorher den Anforderungen der Hauptfrucht entsprechend aufbereitet werden. Frisch gedämpfter Boden ist zu vermeiden. Für den Kopfsalat genügt es, wenn der Boden in einer Tiefe von etwa 25 cm gelockert wird. Günstig ist es, wenn strukturbeständiges Material, wie Rindenabfälle, eingearbeitet werden. Frischer Stall-

mist darf nicht verwendet werden. Der optimale pH-Wert liegt für den Kopfsalat bei 7. Als Grunddüngung sollten 5 g Stickstoff, 4 g Phosphor und etwa 12 g Kalium pro m^2 Anbaufläche verabreicht werden. Vor dem Auspflanzen muß sich der Boden in einem lokkeren, feuchten Zustand befinden. Der **Pflanzabstand** beträgt 25 × 20 cm, wobei der Zwischenraum kurzzeitig mit Radies genutzt werden kann. Die Salatjungpflanzen werden am besten mit Ballen gepflanzt. Es ist dabei darauf zu achten, daß die Pflanzen nicht tiefer eingesetzt werden, als sie bei der Anzucht gestanden haben. **Mischanbau** von Tomaten und Kopfsalat ist möglich. Wird dabei rechtzeitig gepflanzt und verwendet man kräftige Jungpflanzen, so ist der Salat schnittreif, bevor die Tomaten durch ihr Längenwachstum den Salat beschatten können.

Wird Salat im gepackten Frühbeetkasten angebaut, kann er bereits im März ausgepflanzt werden.

Die **Lichtansprüche** des Kopfsalates sind hoch. Die **Temperaturgestaltung** sollte den der jeweiligen Jahreszeit entsprechenden Lichtbedingungen angepaßt werden. Hohe Temperaturen bei geringem Lichteinfall wirken ungünstig. Die Verdunstung der Blätter ist dann höher als die Fähigkeit, Wasser durch die Wurzeln aufzunehmen. Die günstigste Bodentemperatur liegt zwischen 8 und 16 °C. Kopfsalat unter Glas und Folie sollte möglichst viel gelüftet werden. Damit wird auch der hohe Bedarf an Kohlendioxid weitgehend gedeckt. Der **Wasserbedarf** richtet sich nach der jeweiligen Jahreszeit. Besitzt der Boden beim Pflanzen ausreichende Feuchtigkeit, so ist erst etwa zwei Wochen nach dem Auspflanzen wieder zu wässern. Im Durchschnitt wird der Salatbestand etwa einmal in der Woche gegossen. Die Blätter dürfen nach Möglichkeit nicht naß werden. Es ist günstig, wenn nur der Boden unter den Blättern mit der Gießkanne gewässert wird. Die Vormittagsstunden eignen sich dafür am besten, da die Pflanzen bis zur Nacht abtrocknen können. Dementsprechend ist es auch notwendig, daß

Tabelle 15 Gestaltung der Tag-Nacht-Temperaturen bei Kopfsalat, Werte in °C (nach „Ratgeber ...")

Monat	Geringe Lichteinstrahlung		Hohe Lichteinstrahlung	
	Tag	Nacht	Tag	Nacht
Januar	10–12	4–6	16–18	6–8
Februar	10–12	4–6	16–18	6–8
März	14–16	5–8	20–22	8–10
April	16–18	6–8	22–25	8–12
Oktober	8–10	4–6	16–18	6–8
November	8–10	4–6	14–16	6–8
Dezember	8–10	4–6	12–14	4–6

die Luftfeuchtigkeit gering gehalten wird.
Da Kopfsalat seine Wurzeln nur flach ausbreitet, ist bei der Bodenbearbeitung die oberste Schicht vorsichtig zu lockern, damit der Boden nicht verkrustet und eine gute Durchlüftung gewährleistet wird.
Die **Ernte** erfolgt, wenn sich ein fester Kopf gebildet hat und kein weiterer Massezuwachs zu erwarten ist. Von einem m^2 Anbaufläche kann ein Ertrag von etwa 1,5 bis 2,5 kg erzielt werden.

Chicorée

Ein sehr wohlschmeckendes Blattgemüse ist der Chicorée. Er wird vorwiegend für Rohkostsalate verwendet. Mit Chicorée kann in den Wintermonaten das kalte und auch das beheizbare Gewächshaus gut genutzt werden. Der Flächenertrag liegt dabei sehr hoch. Verwendet wird vom Chicorée nur der Sproß.
Zunächst müssen im Freiland die **Wurzeln** erzeugt werden. Jeder normale Gartenboden eignet sich für die Anzucht. Es wird Anfang Mai in einem Reihenabstand von 30 cm ausgesät, und die aufgegangenen Pflanzen werden in einem Abstand von 10 bis 15 cm in der Reihe verzogen. Der Pflegeaufwand beschränkt sich auf die Unkrautbekämpfung. Im November bis Anfang Dezember werden die Wurzeln gerodet. Das Blattwerk wird etwa 3 bis 5 cm über dem Kopf entfernt und kann als Futter für die Kleintierhaltung verwendet werden.
Um die gewünschten Sprosse zu gewinnen, müssen die **Chicoréewurzeln getrieben** werden. Damit ein Bleicheffekt entsteht, wird im Dunkeln getrie-

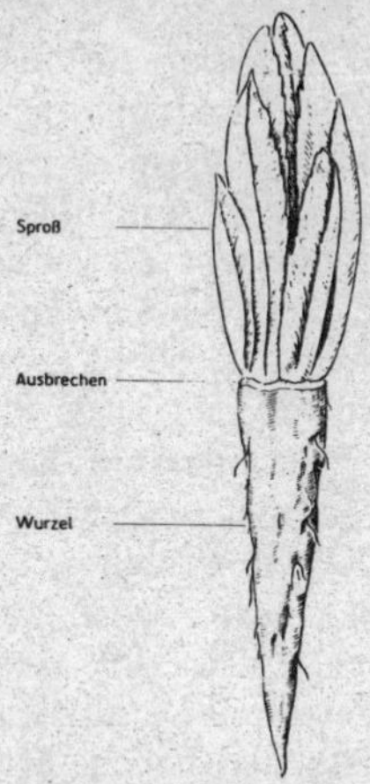

Abb. 147 Chicoréewurzel mit Sproß

ben, das heißt, die Wurzeln werden mit Erde abgedeckt. Die Deckerde bewirkt gleichzeitig, daß die sich bildenden Sprosse fest bleiben und damit eine gute Qualität aufweisen. Entscheidend für den Treiberfolg und die Treibdauer ist die **Bodentemperatur.** Die Lufttemperatur hat nur unwesentlichen Einfluß auf das Treiben. Eingeschlagen werden Wurzeln mit einem Durchmesser von 3 bis 6 cm. Der vorgesehene Boden im Gewächshaus wird etwa 20 cm tief entfernt und die Sohle aufgelockert. Die Wurzeln werden dicht aneinander senkrecht eingesetzt. Längere Wurzeln, über 15 cm, können auf diese Länge gekürzt werden. Je dichter der Einschlag vorgenommen werden kann, desto größer ist der Flächenertrag.
Bevor die Wurzeln mit Erde abgedeckt werden, muß gründlich gewässert werden. Die Wurzeln haben während der Treiberei einen hohen **Was-**

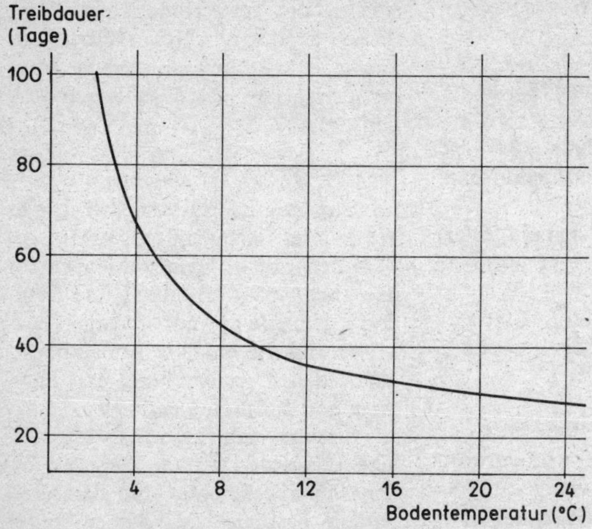

Abb. 148 Schematische Darstellung der Beziehung Bodentemperatur und Treibdauer bei Chicorée (nach „Ratgeber“)

serbedarf. Es ist deshalb auch möglich, zwischen den Wurzeln senkrecht Rohre einzulassen, in die nach dem Abdecken öfter Wasser gefüllt wird. Die Deckerde wird dagegen nicht gegossen.

Als **Deckerde** wird gut verrotteter Kompost verwendet. Sie wird 15 bis 20 cm aufgetragen und mit Stroh abgedeckt. Die Sprosse können gebrochen werden, wenn sie eine Länge von etwa 10 bis 15 cm haben und noch fest und geschlossen sind. Um den richtigen Zeitpunkt festzustellen, ist probeweise an einer Stelle die Erde zu entfernen.

Chicoréewurzeln können auch in kleinen Mengen für den Eigenbedarf in Kisten und Eimern getrieben werden. Günstig ist die Methode im Plasteimer. Die Wurzeln werden dicht hineingestellt, und der Eimer wird etwa 6 cm hoch mit Wasser aufgefüllt. Die Deckerde ist hier nicht erforderlich. Die Wurzeln werden in einem dunklen Kellerraum untergebracht, bei entsprechender Temperatur kann nach etwa einem Monat mit der Ernte gerechnet werden.

Die Größe des Eimers ergibt eine ausreichende Portion. Werden mehrere Eimer gefüllt, zunächst kühl gehalten und dann in Abständen in wärmere Räume gestellt, ist eine kontinuierliche Versorgung mit Chicorée möglich.

Winterendivie

Winterendivien sind ähnlich dem Chicorée ein wertvolles Salatgemüse. Beide gehören zur Gattung *Cichorium.* Der Erntezeitpunkt liegt bei Winterendivien im November und Dezember und damit in einer Jahreszeit, in der wenig Salat zur Verfügung steht. Der **Anbau** ist **im Frühbeet** am günstigsten. Bis spätestens Mitte Juli er-

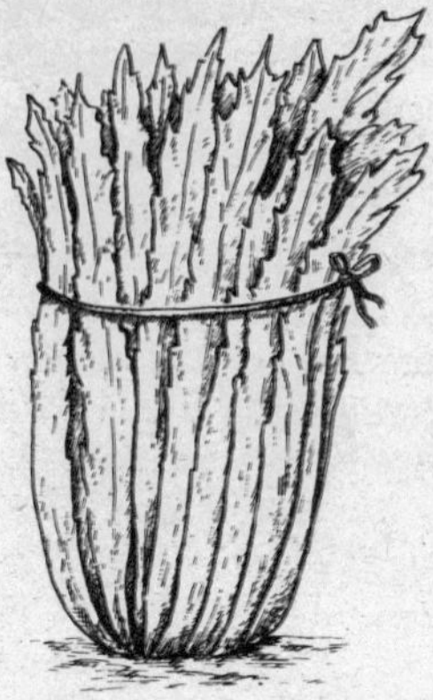

Abb. 149 Winterendivie zum Bleichen zusammengebunden

folgt die Aussaat der Winterendivien. Der noch im Boden vorhandene Nährstoffvorrat reicht völlig aus, so daß eine Grunddüngung überflüssig ist. Nach etwa 4 bis 5 Wochen werden die Pflanzen auf einen Abstand von 25 cm × 25 cm ausgepflanzt. Sie dürfen dabei nicht tiefer gesetzt werden, als sie vorher gestanden haben.
Beim Gießen der Winterendivien sollte nur eine **Bodenbewässerung** vorgenommen werden, da die Köpfe leicht faulen können. Der Boden sollte immer feucht und locker gehalten werden. Für eine gute **Lüftung** sind die Pflanzen dankbar, wobei darauf geachtet werden muß, daß sie frostempfindlich sind.
Etwa 3 Wochen vor der Ernte wird mit dem **Bleichen** begonnen. Dazu werden die Pflanzen mit Bindfaden zusammengebunden. Es ist auch möglich, den Frühbeetkasten so abzudekken, daß der Bleicheffekt ohne Zusammenbinden entsteht. Geerntet werden die gebleichten Herzblätter, die etwa 50% der Gesamtblattmasse ausmachen. Pro m^2 Anbaufläche kann ein Ertrag von etwa 3 kg erzielt werden.

Gartenkresse

Gartenkresse ist ein schnellwüchsiges Würz- und Salatgemüse. Es wird gewöhnlich nur in kleinen Mengen für den Eigenbedarf angebaut und erfordert demzufolge nur wenig Platz. Meist wird der erdelose Anbau bevorzugt, so daß Aufbereitung und Düngung der Kulturerde entfallen.
Als **Substrat** kann eine Zellstoffunterlage verwendet werden. Sie wird ordentlich angefeuchtet und dicht mit Samen bestreut. Der Samen keimt schnell, und nach etwa zwei Wochen ist die Gartenkresse erntereif.
Die Anzucht der Gartenkresse kann mit sehr gutem Erfolg auch in der Wohnung erfolgen. Es muß lediglich darauf geachtet werden, daß sie ein **Lichtkeimer** ist und auch für die kurze Wachstumsperiode ausreichend Licht benötigt. Sicher findet sich in der Wohnung ein solcher Platz. Wird die Anzuchtschale unter eine Leuchtstoffröhre gestellt, kann ein durchaus befriedigender Ertrag erzielt werden. Die **Raumtemperatur** sollte zwischen 15 und 18 °C liegen. Haben die Pflanzen eine Höhe von 6 bis 8 cm erreicht, so werden sie einschließlich der Keimblätter abgeschnitten.

Petersilie

Petersilie ist ein weit verbreitetes, vitaminreiches Würzgemüse. Der Gehalt an Vitamin C liegt für 100 g Frischmasse bei 194 mg. Auch der Gehalt an

Provitamin A liegt mit 5 mg verhältnismäßig hoch. Allgemein wird Petersilie im Freiland angebaut. Auf Grund des hohen Vitamingehaltes und der Würzeigenschaften sollte frische Petersilie auch in den Wintermonaten zur Verfügung stehen. Eine geeignete Methode ist die **Treiberei von Petersilienwurzeln.** Dazu werden die Wurzeln im Freiland herangezogen. Der Anbau gleicht dem der Speisemöhre. Die Aussaat erfolgt in der Zeit zwischen Ende März bis Anfang April in Reihen mit einem Abstand von 25 cm. Da Petersilie eine lange Keimzeit benötigt, ist eine Markiersaat mit Radies sinnvoll. Bereits im Freiland kann Petersilienlaub geerntet werden. Die Wurzeln der Blattpetersilie werden schon im August geerntet, dagegen die der Wurzelpetersilie Ende Oktober bis Anfang November. Die Herzblätter dürfen nicht beschädigt werden. Der Boden des Gewächshauses wird gut gelockert und mit einer Grunddüngung von 5 g Stickstoff, 3 g Phosphor und 12 g Kalium pro m² versehen.

Zum Treiben werden im November etwa 150 bis 200 Wurzeln/m² der Wurzelpetersilie oder bereits Mitte August bis Anfang September 50 bis 60 Wurzeln/m² der Blattpetersilie eingeschlagen. Blattpetersilie benötigt eine größeren Abstand zueinander. Mit einem Pflanzholz werden die Wurzeln in ähnlicher Weise gesetzt wie beim Pflanzen.

Der Boden soll gut durchgefeuchtet sein, sonst sind nur geringe Wassermengen zu geben. Die **Bodentemperaturen** sollten zwischen 8 und 12 °C gehalten werden. Die **Raumtemperatur** liegt am günstigsten zwischen 10 und 12 °C, wobei Temperaturen unter 0 °C einen Wachstumsstillstand herbeiführen, aber die Pflanzen werden sonst nicht wesentlich geschädigt.

Nach 4 bis 6 Wochen kann die Wurzelpetersilie das erste Mal abgeerntet werden. Bei der Blattpetersilie dauert die Entwicklung etwa 12 Wochen. Die Länge der Blätter sollte zum Zeitpunkt der Ernte etwa 10 bis 15 cm betragen. Für den Eigenbedarf können Wurzeln in Töpfen getrieben werden. Man setzt dazu 5 bis 6 Wurzeln in einen 12-cm-Topf. Die Zwischenräume werden gut mit feuchter Humuserde aufgefüllt. Die Pflege und Behandlung gleichen dem Treiben im Gewächshaus. Es kann auch ein heller und kühler Platz in der Wohnung oder auf dem Balkon dazu genutzt werden. Blattpetersilie kann außerdem direkt ausgesät und mit einem Folienzelt abgedeckt werden. Die Aussaat erfolgt im Juni oder Juli an dem für das Folienzelt vorgesehenen Standort. Das Beet wird über Winter unbedeckt gelassen und erst im März mit dem Folienzelt abgedeckt. Die Ernte der Blätter kann dann im April beginnen.

Rhabarber

Rhabarber ist eine Gemüseart, die im Freiland angebaut wird. Durch geeignete Maßnahmen kann eine Ernteverfrühung oder Verlagerung des Erntetermins in die Wintermonate erzielt werden. Die einfachste Methode ist das **Überbauen mit Folie.** Damit wird eine Verfrühung von drei bis vier Wochen möglich.

Eine andere Methode ist die **Treiberei.** Bereits ein Jahr vor dem Treiben

muß den dafür vorgesehenen Pflanzen besondere Aufmerksamkeit geschenkt werden. Die Rhabarberpflanzen sollen für die Treiberei etwa zwei bis drei Jahre alt und kräftig sein.
Im Frühjahr wird eine Düngergabe von 5 g Stickstoff, 4 bis 5 g Phosphor und 17 bis 25 g Kalium pro m^2 verabreicht. Später erfolgt mehrmals eine Kopfdüngung von 5 g Stickstoff pro m^2. Die letzte Ernte der Rhabarberstiele sollte im Juni/Juli abgeschlossen werden.
Im November werden die Rhabarberklumpen ausgegraben und zunächst auf dem Freiland liegen gelassen. Nach der Einwirkung von Frost werden sie im Gewächshaus eingeschlagen, wobei etwa 10 Pflanzen pro m^2 untergebracht werden können. Die Hohlräume zwischen den Pflanzen werden mit feuchtem Torf ausgefüllt. Rhabarber kann auch an lichtungünstigen Stellen getrieben werden. Dafür bieten sich die Flächen unter Tischen und Stellagen an. Für den Eigenbedarf kann Rhabarber in Kisten im Keller auf gleiche Weise getrieben werden. Die günstigste Temperatur zum Treiben liegt bei etwa 15 °C. Die Ernte kann beginnen, wenn die Stiele eine Mindestlänge von 25 cm haben. Auch diese Gemüseart ist geeignet für eine Winternutzung des Gewächshauses.

Kohlgemüse

Blumenkohl

Blumenkohl gedeiht wie alle übrigen Kohlarten am besten auf mittleren bis schweren Böden. Sie sollen einen ausreichenden Gehalt an Humus besitzen und gut die Feuchtigkeit im Boden halten. Vor dem Pflanzen ist der Boden mindestens 30 cm tief und gründlich zu bearbeiten. Pro m^2 werden dabei etwa 6 bis 8 kg verrotteter Stallmist oder Kompost eingearbeitet. Gleichzeitig sind als Grunddüngung 8 g Stickstoff, 8 g Phosphor und 25 g Kalium pro m^2 zu geben. Je nach Sorte beträgt der Pflanzabstand 30 cm × 30 cm bis 40 cm × 40 cm. Wird im Februar gepflanzt, so sollte das Gewächshaus oder Folienzelt beheizbar sein. Ab März kann in unbeheizte Häuser gepflanzt werden. Sehr gut eignet sich für einen **Frühanbau** der gepackte Frühbeetkasten.
Die **Pflegemaßnahmen** beschränken sich auf ausreichende Lüftung und regelmäßige Bodenlockerung. Der Wasserbedarf liegt in einer Wachstumsperiode bei etwa 150 bis 250 l pro m^2. Die Luftfeuchtigkeit sollte unter 80 % bleiben.
Während der Ausbildung der Blumen ist besonders auf eine ausreichende Bodenfeuchtigkeit zu achten. Damit die Blumen schön weiß bleiben, sind sie vor direkter Sonneneinstrahlung durch Umknicken von Umblättern zu schützen.
Die Temperaturen am Tag sollten zwischen 12 und 15 °C gehalten werden. Nachts können sie bis auf 5 °C absinken ohne Wachstumsstörungen hervorzurufen. Hohe Temperaturen bei gleichzeitigem Lichtmangel wirken sich ungünstig auf die Entwicklung kräftiger Blumen aus.
Bei einem Anbau von Mitte März bis Ende Mai in nichtbeheizbaren Häusern erfolgt die Ernte etwa nach 10 bis 12 Wochen. Es ist mit einem Ertrag von 3 kg pro m^2 zu rechnen.

Besonders im Kleinanbau kann die Anbaufläche gut genutzt werden, wenn Kohlrabi, Salat und Radies zwischen die jungen Blumenkohlpflanzen gepflanzt bzw. gesät werden. Die Pflanzabstände für den Blumenkohl sollten dann 40 cm × 40 cm, besser noch 40 cm × 50 cm betragen. Mit einem solchen **Mischanbau** können die Flächen unter Glas und Folie sehr rentabel genutzt werden.

Kohlrabi

Für eine zeitige Nutzung des Gewächshauses, des Folienzeltes oder auch des Frühbeetkastens eignet sich gut Kohlrabi. Kohlrabi ist eine beliebte Gemüseart, die einen hohen Gehalt an Vitaminen und Wertstoffen besitzt und einen angenehmen Geschmack aufweist. Die Anbaudauer ist relativ kurz, so daß Kohlrabi als **Vor- oder Nachfrucht** eingeordnet werden kann. An den Boden stellt er ähnliche Anforderungen wie der Blumenkohl, wobei auf eine organische Düngung verzichtet werden kann. Als Grunddüngung werden 5 g Stickstoff, 4 bis 5 g Phosphor und 12 bis 18 g Kalium pro m² gegeben.
Gepflanzt wird Kohlrabi in einem Abstand von 20 cm × 20 cm. Er eignet sich gut als Unterfrucht für Tomaten, wobei für beide Gemüsearten auf entsprechende Lüftung zu achten ist. Eine solche Nutzungsweise ist auf den relativ kleinen Flächen der Klein- und Siedlergärten sehr zu empfehlen.
Der günstigste Anbautermin für gepackte Frühbeete ist der März. Beheizbare Gewächshäuser können je nach Möglichkeiten im Januar oder Februar bepflanzt werden. Die beste

Tabelle 16 Raumtemperaturen für den Anbau von Kohlrabi in Abhängigkeit von der Jahreszeit (nach Geissler, Baumann)

Monat	Raumtemperatur Tag °C	Raumtemperatur Nacht °C
Januar	10–12	6–8
Februar	12–15	8–10
März	15–18	10–12
April	15–18	10–12
Oktober	13–17	8–10
November	12–15	8–10
Dezember	8–10	4–6

Bodentemperatur liegt bei etwa 16 °C. Die Raumtemperaturen in den unterschiedlichen Anbauzeiträumen gehen aus der Tabelle hervor. Temperaturen über 35 °C sollten nicht auftreten. Der Wasserverbrauch liegt in einer Wachstumsperiode bei 150 l pro m². Schwankungen der Bodenfeuchtigkeit sind besonders bei niedrigen Raumtemperaturen zu vermeiden, da sie zum Platzen der Knollen führen.
Während des Anbauzeitraumes ist der Boden ein- oder zweimal zu lockern. Bei starkem Temperaturanstieg durch intensive Sonneneinstrahlung ist ausreichend zu lüften.
Die **Ernte** erfolgt je nach Sorte in 35 bis 45 Tagen. Die Frühsorten werden geerntet, wenn sie einen Knollendurchmesser von 4 bis 5 cm aufweisen. Bei diesen Sorten kann auch das frische Laub verzehrt werden, da es einen hohen Wertstoffgehalt besitzt.

Zwiebelgemüse

Lauchzwiebel

Der Bedarf an Lauchzwiebeln liegt besonders im Frühjahr. Für den Garten-

freund bietet sich hier eine einfache Möglichkeit, zumindest den eigenen Bedarf an Lauchzwiebeln zu decken. Aus der vorjährigen Ernte werden Zwiebeln mit einem Durchmesser von 2 bis 3 cm ausgesucht und im folgenden Frühjahr zum **Treiben** verwendet. Die Ansprüche an Boden und klimatische Bedingungen sind gering und deshalb ist ein **Mischanbau** mit Frühgemüse zu empfehlen. Der Unterfruchtanbau bei Gurken und Tomaten ermöglicht, mehrere Sätze Lauchzwiebeln zu treiben.
Im allgemeinen liegt die Pflanzweite bei 5 cm × 8 cm. Die günstigsten Temperaturen liegen bei 15 bis 18 °C. Die Wasseransprüche sind nicht übermäßig hoch und betragen etwa 50 l in einer Wachstumsperiode. Die Ernte erfolgt in drei bis fünf Wochen, wenn die Schlotten etwa 20 cm lang sind.

Schnittlauch

Schnittlauch ist ein begehrtes Würzgemüse mit dem größten Bedarf in der gemüsearmen Jahreszeit. Ein Freilandanbau ist in dieser Zeit nicht möglich. Schnittlauch kann demzufolge nur durch **Treiben** unter Glas und Folie erzeugt werden.
Zum Treiben sind die benötigten **Schnittlauch-Ballen** im Freiland heranzuziehen. Auf ein unkrautfreies Beet wird im März oder April ausgesät, im Spätherbst werden dann die Ballen ausgegraben. Sie können bereits in den nachfolgenden Wintermonaten und im zeitigen Frühjahr zum Treiben verwendet werden.
Erfolgt die Aussaat zur Gewinnung von treibfähigen Schnittlauch-Ballen im Sommer, können sie erst im nächsten Herbst ausgegraben werden, wobei natürlich entsprechende Freilandernten möglich sind. Bei der Aussaat im Frühjahr sollten Freilandernten unterbleiben, weil dadurch der Ertrag beim Treiben im selben Jahr verringert wird. Da Schnittlauch etwa drei Wochen zum Keimen benötigt, ist darauf zu achten, daß sich kein Unkraut entwickeln kann und der Boden nicht verkrustet. Auch während des weiteren Wachstums muß der Boden unkrautfrei und ausreichend feucht gehalten werden. Mehrmalige Stickstoff-Kopfdüngungen fördern die Entwicklung kräftiger Ballen.
Zum Treiben werden die Ballen entweder im Grundbeet oder in Kisten eingeschlagen. Günstig ist es, wenn die Ballen nach dem Ausgraben kurze Zeit am Standort liegen bleiben, um nachreifen zu können, wobei leichter Frost keinen Schaden verursacht. Eine nachfolgende Warmwasserbehandlung mit Temperaturen von 35 bis 40 °C über eine Zeitdauer von 12 bis 15 Stunden wirkt sich fördernd auf den Treibprozeß aus. Für die Frühtreiberei ist diese Behandlung unbedingt notwendig. Beim Einschlagen der Ballen werden lediglich die Zwischenräume mit Torf oder Komposterde ausgefüllt. Der gesamte Einschlag wird ständig feucht gehalten.
Ausschlaggebend für den Erfolg der Schnittlauchtreiberei ist die **Raumtemperatur.** In den ersten zwei Wochen sollte sie bei 20 bis 22 °C liegen. Nach erfolgtem Austrieb kann die Temperatur auf etwa 15 °C vermindert werden. Die Treibdauer ist abhängig von der Temperaturgestaltung und kann damit gesteuert werden. Die Be-

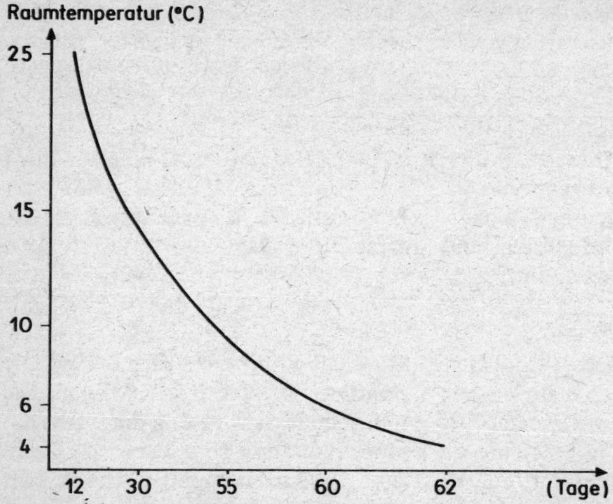

Abb. 150 Beziehung zwischen Raumtemperatur und Treibdauer bei Schnittlauch

ziehungen zwischen diesen beiden Größen sind aus der Abbildung 150 ersichtlich.
Wenn die Schlotten etwa 15 cm lang sind, kann man ernten.
Der Schnittlauch wird mit einem scharfen Messer 2 cm über dem Wurzelhals abgeschnitten. Es sollte nur soviel geschnitten werden, wie sofort verbraucht wird. Bei Abgabe an Aufkaufstellen sollte das noch am gleichen Tag erfolgen, damit der Schnittlauch frisch zum Verbraucher gelangen kann.
Für den Eigenbedarf eignet sich die **Treiberei in Töpfen.** Sie hat den Vorteil, daß die Töpfe zu unterschiedlichen Zeitpunkten zum Treiben angesetzt werden können, und damit steht ständig frischer Schnittlauch zur Verfügung. Die Ballen werden kühl gelagert und nach und nach in Töpfe gepflanzt. Vor dem Pflanzen sollte auch wieder eine Warmwasserbehandlung durchgeführt werden. Die bepflanzten Töpfe können einen hellen Standort in der Wohnung finden. Die Erde im Topf wird ebenfalls feucht gehalten. Je nach Temperatur kann nach drei bis vier Wochen der erste Schnittlauch geerntet werden. Bei einem zweiten und dritten Schnitt wird der Ertrag geringer.

Wurzel- und Knollengemüse

Besonders für den Anbau unter Glas und Folie eignen sich Radies, Rettich und Speisemöhren. Der Anbau von Frühkartoffeln hat besonders in letzter Zeit an Bedeutung gewonnen. Die verschiedenen Arten und Sorten des Wurzel- und Knollengemüses eignen sich meist wegen ihrer kurzen Entwicklungsdauer zur besseren Auslastung der Anbauflächen unter Glas und Folie in den verschiedenen Jahreszeiten.

Radies

Die Ansprüche an den Boden sind relativ gering. Er sollte flach bis zu einer

Tabelle 17 Zusammenstellung der Anbautermine für Radies unter Glas und Folie

Anbaufläche	Anbautermin Monat	Anbauzeitraum in Wochen
Heizbare Gewächshäuser, Frühbeete, gepackt einschl. Frostschutz	M. 1–M. 3	4–6
Heizbare Folienzelte	M. 2–M. 4	4–5
Nichtheizbare Gewächshäuser und Folienzelte	M. 3–M. 4	4–5
Heizbare Gewächshäuser, Frühbeete und Folienzelte	A. 9–M. 12	10–12
Nichtheizbare Einrichtungen	A. 9–A. 11	6–8

A. = Anfang; M. = Mitte

Tiefe von 15 cm gelockert und glatt geharkt werden. Auf eine organische Düngung kann verzichtet werden. Es genügt, wenn Kalium in einer Menge von 8 g pro m^2 und Stickstoff bei beginnender Knollenbildung in einer Menge von etwa 3 g gegeben werden. Radies wird an Ort und Stelle gesät. Die Aussaat erfolgt in Reihen mit einem Abstand von 10 cm in das Grund- oder Bankbeet. Auch die Nutzung des Frühbeetes ist möglich. Die **Saattiefe** beträgt 0,5 bis 1 cm. Die aufgehende Saat wird in der Reihe auf einen Abstand von 2 cm vereinzelt. Das Vereinzeln und auch Saatgut können eingespart werden, wenn eine Einzelkornaussaat erfolgt. Das Saatgut muß dabei eine gute Keimfähigkeit aufweisen.

Aus der Tabelle 17 sind die möglichen **Anbautermine** ersichtlich. Sie sollten sich den Terminen des Hauptfruchtanbaus unterordnen. Die Hauptanbauzeit für Radies wird im März liegen. Günstig ist hierbei ein Mischanbau mit anderen Frühgemüsearten.

Wichtig ist, daß die Temperaturen nicht zu hoch ansteigen, da sonst die Krautentwicklung auf Kosten der Knollen stark gefördert wird. Die günstigsten Temperaturen sind in der Tabelle 18 dargestellt. Eine Verringerung der Temperatur auf 2 °C kann besonders im Spätherbst die Ernte verzögern, womit ein späterer Erntetermin erzielt werden kann.

Der Wasserbedarf ist nicht hoch. Der Boden sollte gleichmäßig feucht und locker gehalten werden. Die Ernte erfolgt, wenn die Knollen den erforderlichen Durchmesser erreicht haben.

Tabelle 18 Raumtemperaturgestaltung beim Anbau von Radies und Rettich unter Glas und Folie in Abhängigkeit von der Jahreszeit (nach Geissler, Baumann)

Monat	Temperatur Tag °C	Temperatur Nacht °C
Januar	8–10	4– 6
Februar	10–12	6– 8
März	12–15	8–10
April	15–18	10–12
September	12–15	8–10
Oktober	10–12	6– 8
November	8–10	4– 6
Dezember	6– 8	4– 6

Rettich

Die Wachstumsansprüche ähneln denen der Radieschen. Der Frühanbau von Rettich unter Glas und Folie hat nur geringe Bedeutung, soll aber hier erwähnt werden, da sich auch diese Gemüseart gut zum Schließen von Anbaulücken eignet.
Auf Grund des größeren Wurzelvolumens wird in einem Abstand von etwa 20 cm ausgesät. Auch beim Rettich ist eine Einzelkornablage sehr sinnvoll. Für den Kleinanbau kann Rettich auch in Erdtöpfen herangezogen und mit diesen ausgepflanzt werden. In unbeheizten Gewächshäusern wird dadurch eine weitere Verfrühung erreicht. Die Pflanzen können in einem warmen Raum (10 bis 12 °C) ausgesät werden. Wenn sie kräftig genug sind, pflanzt man sie nach etwa 5 Wochen in das vorbereitete Beet des Gewächshauses. Mischanbau mit anderen Frühgemüsearten ist zur Sicherung des Eigenbedarfs am günstigsten.
Der Boden wird mit einer **Grunddüngung** von 10 g Kalium, 3 g Phosphor und 3 g Stickstoff pro m^2 zu Beginn des Anbaus versehen. Eine Stickstoff-Kopfdüngung wird in Höhe von 5 g bei beginnender Knollenentwicklung gegeben.
Die **Bodentemperaturen** sollten etwa 8 bis 10 °C betragen in Verbindung mit einer gleichmäßigen Bodenfeuchtigkeit. Die Raumtemperaturen gleichen denen beim Anbau von Radies und sind aus der Tabelle 18 ersichtlich.

Speisemöhre

In Gewächshäusern und Folienzelten ohne Heizung wird beim Anbau von Speisemöhren eine Ernteverfrühung von vier Wochen erzielt. Ende Februar, Anfang März wird in einem Reihenabstand von 15 cm ausgesät und in der Reihe auf 2 cm vereinzelt. Die Saattiefe beträgt etwa 1,5 cm.
Da die Keimdauer 2 bis 3 Wochen beträgt, ist eine **Markiersaat** sinnvoll. Das dafür verwendete Saatgut wird am besten mit dem Möhrensamen gemischt. Gut eignet sich dazu Kohlrabi oder Salatsamen. Die dabei entstehenden Jungpflanzen werden nach dem Auflaufen des Möhrensamens verpflanzt.
Der **Erntetermin** liegt Ende Mai bis Anfang Juni. Damit wird der Anbau der Speisemöhre zur Hauptfrucht. Ein

Tabelle 19 Zusammenstellung der Anbautermine für Rettich unter Glas und Folie

Anbaufläche	Anbautermin Monat	Anbauzeitraum in Wochen
Heizbare Gewächshäuser,	M. 1–A. 4	12–15
Frühbeete und Folienzelte	M. 2–M. 4	10–12
	A. 3–E. 4	8–10
Nichtheizbare Einrichtung	M. 3–A. 5	8–10
Heizbare Einrichtung	A. 9–E. 12	12–16

A. = Anfang; M. = Mitte; E. = Ende

Mischanbau ist auf Grund der erforderlichen Maximaltemperaturen zwischen 10 bis 15 °C nur mit Gemüsearten möglich, die ähnliche Ansprüche stellen. Wärmeliebende Gemüsearten wie Gurken, Tomaten und Paprika eignen sich demzufolge nicht für einen Mischanbau mit Speisemöhren. Günstiger ist jedoch der Herbstanbau, da bereits abgeerntete Flächen genutzt werden können. Die Aussaat erfolgt im August in gleicher Weise. Anfang Januar kann geerntet werden. Wichtig ist dabei, daß die Temperatur einige Grade über Null gehalten werden kann. Das Laub soll bis zur Ernte die gute und gleichmäßige Grünfärbung behalten, was mit der Temperatur geregelt werden kann.

Die **Ansprüche** an den Boden sind gering. Ein leichter humoser Boden ermöglicht die Ausbildung qualitativ hochwertiger Möhren. Frische organische Düngung ist für das Wachstum der Möhren nicht günstig, obwohl sie ausreichend Nährstoffe benötigen. Besser ist es, wenn Möhren nach Gurken oder anderen Gemüsearten, die mit organischem Dünger versehen wurden, angebaut werden. Als Grunddünger werden Superphosphat und schwefelsaures Kali gegeben. Nach dem Auflaufen und 4 bis 5 Wochen danach ist eine Kopfdüngung angebracht. Eine tiefgründige Bearbeitung des Bodens ist unbedingt notwendig, wobei auf ausreichende Feuchtigkeit geachtet werden sollte. Beim Anbau im Frühjahr sind Temperaturen von 10 bis 15 °C einzuhalten. Werden sie überschritten, ist reichlich zu lüften.

Die **Ernte** beginnt mit den kräftigsten Möhren, so daß sich die übrigen noch etwas entwickeln können. Damit das Wachstum der verbleibenden Pflanzen nicht gestört wird, ist der Boden vor der Teilernte gut zu wässern.

Kartoffeln

Die Kartoffel ist ein weit verbreitetes krautiges Nachtschattengewächs. Die Heimat ist Südamerika, und sie wurde etwa 1550 von den Spaniern nach Europa gebracht. Für Nahrungszwecke werden nicht deren grüne Früchte geerntet, sondern die unterirdischen Knollen. Die Vermehrung erfolgt vegetativ durch diese Knollen. Der Anbau der Kartoffeln wird überwiegend feldmäßig durchgeführt. Anfang April werden die Kartoffeln gelegt, und die Ernte beginnt im August. Der Bedarf an Frühkartoffeln wird zum größten Teil durch Importe gedeckt. Es wurden deshalb von vielen Gartenfreunden Versuche unternommen, eine Verfrühung der Kartoffelernte für den Eigenbedarf zu erzielen.

Da die Kartoffel nicht frostbeständig ist, muß ein Schutz mit Glas und Folie erfolgen. Gelingt es, die Beete frostfrei zu halten, können die Kartoffeln bereits im August des Vorjahres gelegt werden, sie treiben dann im zeitigen Frühjahr aus. Mit einer dicken Schicht Stallmist oder Laub und bei extremen Temperaturen mit einer zusätzlichen Heizung kann ein echter **Frostschutz** erreicht werden. Sobald die Kartoffeln zu treiben beginnen, ist die Schutzschicht zu entfernen, und die Raumtemperaturen sind auf technischem Wege über dem Gefrierpunkt zu halten.

Diese Methode ist sehr aufwendig, wobei aber der frühestmögliche Erntetermin erreicht wird.
Das Institut für Kartoffelforschung Groß-Lüsewitz hat mit Erfolg den Anbau von Frühkartoffeln unter **perforierter Folie** erprobt. Dazu wird ein Freilandbeet genutzt, welches tiefgründig bearbeitet und mit 120 g Piaphoskan blau pro m² versehen wurde. Pflanzknollen der Frühkartoffelsorte 'Astilla' werden bei einer Raumtemperatur von 10 bis 25 °C im perforierten Plastebeutel vorgekeimt. Nachdem sich 20 mm lange, kräftige Lichtkeime gebildet haben, wird der Folienbeutel in einem kühleren Raum (5 bis 10 °C) zum Abhärten etwa eine Woche aufgehangen. Diese Form des Vorkeimens wird auch bei anderen Anbaumethoden angewendet.
Gepflanzt werden nun die **vorgekeimten Knollen** bis spätestens 10. April. Der Pflanzabstand beträgt 62,5 × 40 cm, wobei die Oberkante der Knollen etwa 2 bis 3 cm tief liegen sollte. Mit einer Hacke werden die Reihen angehäufelt. Eine perforierte Folie wird locker über die Beetfläche gelegt und ringsherum mit Erde befestigt.
Sind keine Fröste mehr zu erwarten, wird die Folie entfernt. Die Pflanzen haben nun schon eine Höhe von etwa 20 bis 25 cm erreicht. Nach dem Abnehmen der Folie wird gründlich gewässert. Die Ernte beginnt ab Anfang Juni. Der Frühkartoffelanbau für den Eigenbedarf im Garten ist eine durchaus lohnenswerte Sache. Die beschriebenen Methoden sollen zum Experimentieren anregen und dienen lediglich als Hinweis.

Jungpflanzenanzucht

Allgemeines und Zielstellung

Die Anzucht von Jungpflanzen im Gewächshaus ist nicht nur ein Erfordernis für den einzelnen Gartenfreund, sondern auch eine Nutzungsmöglichkeit für das Kleingewächshaus. Es besteht damit die Möglichkeit, durch Arbeitsteilung innerhalb einer Kleingartensparte die Jungpflanzenanzucht für einige Gartenfreunde zu organisieren. Da diese Aufgabe ausreichende Kenntnisse erfordert, kann so noch unerfahrenen Gartenfreunden geholfen werden.
Mit der Jungpflanzenanzucht wird bereits Mitte Februar begonnen, deshalb besteht für viele Gartenfreunde das größte Problem in der Temperaturführung. Ein heizbarer Frühbeetkasten oder ein Kleingewächshaus würden diese Aufgabe lösen. Im unbeheizten Gewächshaus kann man sich mit einem **Anzuchtkasten** helfen, der eine regelbare elektrische Heizung besitzt. Wie ein solcher Kasten selbst gebaut werden kann, wurde bereits beschrieben.
Der Vorteil dieses Anzuchtkastens besteht darin, daß nur geringe Energiemengen benötigt werden, weil nicht das gesamte Gewächshaus aufgeheizt werden muß. Mit einer entsprechenden Schaltung läßt sich diese elektrische Heizung sehr gut automatisch regulieren, was Bedingungen schafft, die für die Jungpflanzenanzucht sehr dienlich sind.
Das Ziel der Jungpflanzenanzucht besteht darin, die Ernte zu verfrühen. Es können aber nicht nur Pflanzen herangezogen werden, die unter Glas und

Folie weiterkultiviert werden, sondern auch solche für den Anbau im Freiland. Besonders im Freiland wirkt sich die Verwendung von kräftigen Jungpflanzen positiv auf den Ertrag und den Erntetermin aus.

Saatgut

Die Beschaffung des Saatgutes erfolgt bereits in den Wintermonaten über das Versandhaus oder den Einzelhandel. Vor dem Kauf sollte man sich völlig über die benötigte Menge und Sorte im klaren sein. Die benötigte Menge kann man aus der Tabelle 20 entnehmen.

Jede Samentüte ist mit dem Abfülljahr versehen. Obwohl die Keimfähigkeit der verschiedenen Gemüsearten mehrere Jahre besteht, wird sie doch

Tabelle 20 Benötigte Menge und Keimfähigkeit für Gemüsesaatgut

Gemüseart	Keimfähigkeit		Keimdauer	Saatgutmenge in g für		Pflanzenmenge
	in %	in Jahren	in Tagen	10 m²	10 lfd. m	für 10 m
Blumenkohl	75	4	8	1	0,6	50
Kohlrabi	85	4–5	5–6	2	2,2	110
Rosenkohl	85	4–5	5–7	1	2,3	40
Wirsingkohl	85	4–5	5–7	1	2,7	40
Grünkohl	85	4–5	5–7	1	3,3	60
Rotkohl	85	4–5	5–7	1	1,0	40
Weißkohl	85	4–5	5–7	1	1,5	40
Möhren	60	3–4	14–30	10	3,6	
Schwarzwurzel	70	1	10–12	30	7,2	
Radies	80	4–5	5–7	30	5,1	
Rettich	80	4–5	5–8	25	5,1	
Wurzelpetersilie	70	2–3	18–22	15	5,0	
Rote Rübe	75	5–6	8–14	30	5,0	
Zwiebel	75	2	14–21	20	3,7	
Schnittlauch	70	1–2	14–21	1,5	1,1	250
Porree	60	2	14–20	2	1,2	150
Kopfsalat	80	4	6–10	0,5	3,7	150
Schnittpetersilie	70	2–3	18–22	15	5,3	
Gartenkresse	85	3	2–5	20	27,7	
Chicorée	75	6–8	6–10	6		
Feldsalat	60	3–5	8–14	15	5,4	
Spinat	80	3–4	10–12	50	22,9	
Gurke	80	6–8	5–8	Einzelkornaussaat		15
Tomaten	80	2–4	6–8			20

Die Keimfähigkeit gilt für anerkanntes und zugelassenes Saatgut und entspricht dem Standard TGL 14 197

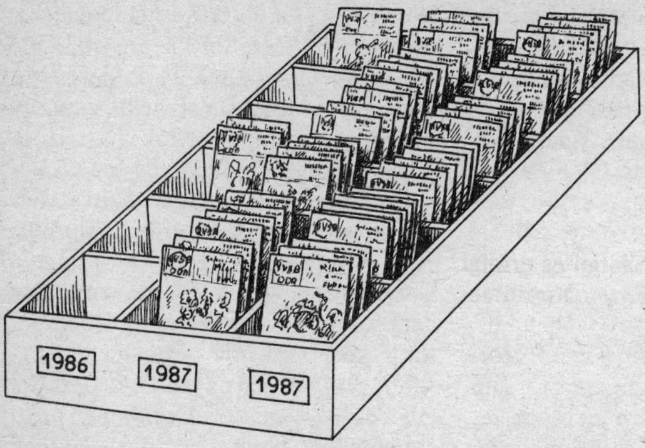

Abb. 151 Holzkasten zur Aufbewahrung von Saatgut, geordnet nach Sorte und Jahr

im Verlaufe der Zeit beträchtlich gemindert. Es ist also nicht sinnvoll und ökonomisch, Saatgut für mehrere Jahre einzukaufen.

Saatgut sollte man an einem trockenen und frostsicheren Ort aufbewahren. Es ist günstig, wenn die Samen in einem kleinen Holzkasten übersichtlich untergebracht werden. Somit hat man ständig einen Überblick über vorhandenes Saatgut.

Entstehen Zweifel über die Keimfähigkeit von Saatgut, dann sollte vor dessen Verwendung unbedingt eine **Keimprobe** gemacht werden. Dazu werden 100 Samenkörner des jeweiligen Saatgutes abgezählt und auf saugfähiges Papier gelegt. Dieses Papier wird ständig feucht gehalten und gleichbleibender Temperatur ausgesetzt. Je nach Keimdauer (s. Tab. 20) werden einzelne Samen aufgehen. Nach Abschluß der jeweiligen Keimdauer werden die nicht gekeimten Samenkörner ausgezählt. Diese Zahl wird von 100 abgezogen und man erhält die Keimfähigkeit in Prozent. Die Keimkraft der Samenkörner liegt meist noch unter diesem Prozentsatz, so daß man Samen mit einer Keimfähigkeit von 30 bis 40 % nicht mehr aussäen sollte, da die daraus hervorgehenden Pflanzen nicht kräftig genug werden und nur eine ungenügende Widerstandskraft besitzen.

Bei großkörnigen Samen wie Bohne, Erbse u. ä. genügen bereits 50 Körner. Für die Berechnung der Keimfähigkeit wird die Zahl der nicht gekeimten Samen mit 2 multipliziert.

Die Größe der Samenkörner einer Art ist oft recht unterschiedlich. Große, kräftige Körner garantieren meist auch kräftigere Jungpflanzen. Wer sich die Mühe des **Auslesens** machen will, wird sicher auch den Erfolg nicht vermissen.

Der Erfolg kann aber auch ausbleiben, wenn das Saatgut vorher nicht behandelt wurde. Wird das **Saatgut** vor der Aussaat **gebeizt,** werden Krankheitskeime, die dem Saatgut anhaften, abgetötet. Damit können die ersten Verluste vermieden werden. Zu beachten ist allerdings, daß Saatgut von Salat und Tomate nicht gebeizt werden darf. Allgemein wird zum Beizen Trockenbeize verwendet. Das Saatgut wird in eine offene Schachtel geschüttet und mit Beizmittel in Pulverform überpudert. Durch Hin- und Herschwenken der Schachtel werden die Samenkörner vollständig mit einer dünnen Schicht des Beizmittels überzogen.

Großkörnige Samen werden mitunter auch mit Naßbeizmittel behandelt. Dazu wird eine Lösung nach Vorschrift des Herstellers angefertigt. Die Samenkörner werden in einen wasserdurchlässigen Beutel geschüttet, dieser wird in die Flüssigkeit getaucht. Nach Beendigung des Beizvorganges muß das Saatgut an der Luft getrocknet werden.

Gebeiztes Saatgut darf nicht als Futtermittel und für Nahrungszwecke verwendet werden. Die verschiedenen Beizmittel enthalten giftige Stoffe.

Aussaat

Die Aussaat erfolgt in Saatgefäße oder in ein Saatbeet. Die Beschaffenheit der Saaterde sollte locker und feinkrümlig sein. Es wird gut verrotteter Kompost, der mit etwas Torf und Sand gemischt wurde, verwendet.

Die **Erde** soll in jedem Fall frei von Krankheitskeimen, Schädlingen und Unkrautsamen sein. Es ist deshalb gut, wenn diese geringe Menge gedämpft wird. Einfache Möglichkeiten wurden bereits beschrieben. Wichtig ist, daß die Bodenorganismen nach dem Dämpfen wieder aktiviert werden. Es genügt, wenn die gedämpfte Erde etwa zwei Wochen ausgebreitet liegen bleibt.

Als **Saatgefäße** eignen sich am besten Holzkisten mit einer Kantenlänge von 40 × 60 × 12 cm. Solche Kisten können dann später auch als Pikierkisten verwendet werden. Verpackungsmaterial aus Schaumpolystyrol läßt sich je nach Ausführung ebenfalls für diesen Zweck verwenden. Gleichzeitig werden diese Materialien einer Zweitnutzung zugeführt.

Die Saatkiste wird bis etwa 2 cm unter dem Rand mit Erde gefüllt. Mit einem Brettchen wird die sehr locker liegende Erde etwas angedrückt und die Oberfläche geglättet. Der Samen wird gleichmäßig dünn über diese Fläche verteilt, und mit einem Sieb wird Saaterde etwa in Samenstärke über den Samen gesiebt. Damit der Samen guten Kontakt mit der Saaterde bekommt, wird mit dem Brettchen noch einmal angedrückt. Zum Abschluß wird die Kiste mit lauwarmem Wasser überbraust. Dabei darf die Erde nicht abgeschwemmt werden. Wenn die Kiste zum Keimen aufgestellt wird, deckt man sie mit einer Glasscheibe bis zum Auflaufen ab. Zwischen Erdoberfläche und Glasscheibe sollten etwa 2 bis 3 cm Luftraum verbleiben, damit sich die Keimlinge entwickeln können.

Die günstigsten **Keimtemperaturen** liegen für Gemüsepflanzen bei etwa 20 °C im Boden und 18 °C in der Luft. Nach der Keimung genügen Bodentemperaturen von 10 bis 12 °C und Lufttemperaturen von 10 bis 14 °C. Wärmeliebende Pflanzen benötigen auch höhere Temperaturen.

Besonders wichtig für die Anzucht der Jungpflanzen ist ein optimaler **Lichteinfluß**. Stehen die Temperatur und die Lichtmenge nicht im richtigen

Verhältnis, so können die Pflanzen vergeilen. Die Keimdauer ist der Tabelle 20 zu entnehmen.

Pikieren

Die sich in den Saatkisten entwickelnden Sämlinge benötigen bald mehr Platz und behindern sich gegenseitig. Es ist deshalb notwendig, daß sie auseinandergepflanzt werden. Diese Tätigkeit nennt man Pikieren. Die Sämlinge werden in Töpfe oder Kisten umgepflanzt. Hierzu kann die gleiche Erdzusammensetzung wie bei der Aussaat verwendet werden.
Der günstigste Zeitpunkt für das Umpflanzen ist gekommen, sobald die **Keimblätter voll entwickelt** sind. In der geglätteten Erde der Pikierkisten werden Pflanzstellen mit einer Holzleiste oder dem Pikierstab markiert. Die Sämlinge werden vorsichtig aus der Saatkiste gehoben und eingesetzt. Lange Wurzeln können etwas eingekürzt werden, damit sich kräftige Seitenwurzeln bilden. Mit dem Pikierstab wird die Pflanze leicht und vorsichtig angedrückt. Die Wurzeln dürfen dabei nicht eingeknickt werden. Ist die Kiste bepflanzt, werden die Pflanzen vorsichtig angegossen.
Sind die Pflanzen kräftig genug, können sie an Ort und Stelle ausgepflanzt werden. Besser ist es jedoch, wenn ein zweites Mal pikiert wird, um **Ballenpflanzen** zu erzeugen. Günstiger ist es jedoch, wenn die Sämlinge sofort in Behältnisse pikiert werden. Gut eignen sich dazu die Neukatop-Anzuchtpaletten. Es handelt sich dabei um aus Torf gepreßte Anzuchttöpfe, zu Paletten zusammengefügt. Die Jungpflanzen werden später mit Anzuchttopf ausgepflanzt, wobei die Wurzeln die Topfwandung durchdringen. Die Pflanze wird in ihrem Wachstum nicht noch einmal gestört. Ähnliche Wirkung wird mit **Erdpreßtöpfen** erzielt. Wie es die Abbildung 153 zeigt, wird ein Stück Plastrohr mit feuchter Anzuchterde gefüllt und mit einem Stück Rundholz gepreßt. Mit dem Pikierstab wird dann die Jungpflanze eingesetzt. Dieser Plastetopf ohne Bo-

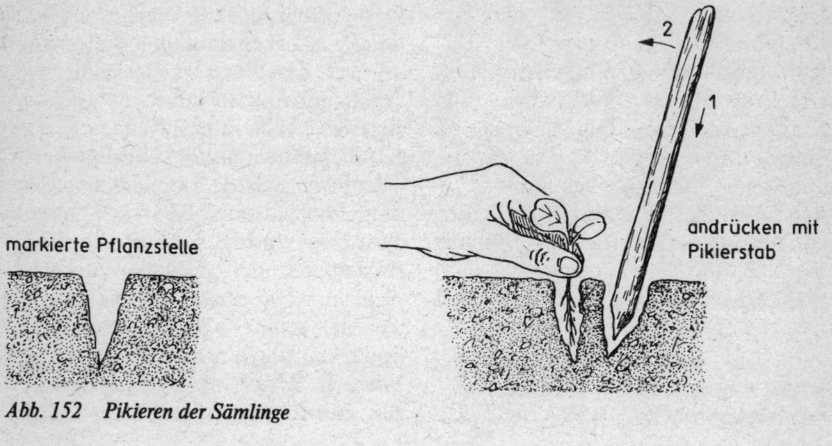

Abb. 152 Pikieren der Sämlinge

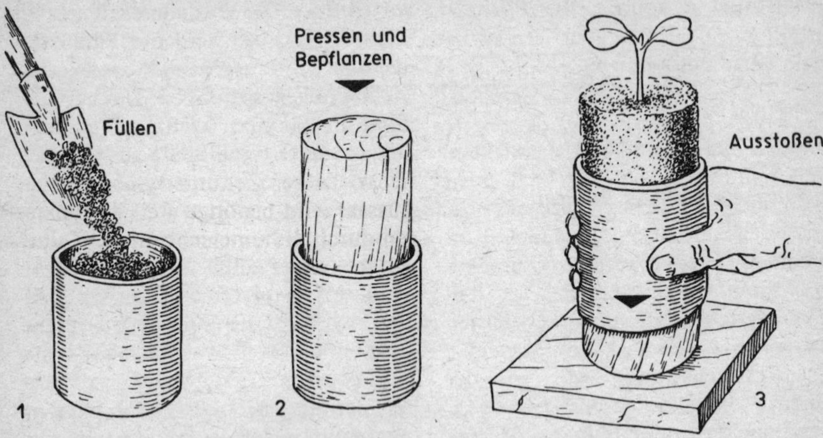

Abb. 153 Herstellung von bepflanzten Erdtöpfen

den wird nun auf ein passendes Stück Rundholz gedrückt, so daß sich der Erdtopf nach oben herausschiebt. Die so hergestellten Erdtöpfe werden in eine flache Obstkiste, die mit einer Folie ausgelegt wurde, dicht an dicht

Abb. 154 Verpackungsmaterial von Lebensmitteln kann als Pflanzbehälter verwendet werden, wenn der Boden mit einem Loch versehen wird.

gestellt. Die Pflanze kann nunmehr den gesamten Topf durchwurzeln, und ihr Wachstum wird durch das Verpflanzen nicht unterbrochen.

Ballenpflanzen können aber auch gewonnen werden, wenn in Ton- oder Plasttöpfe pikiert wird. Je nach Art der Jungpflanzen werden Töpfe in verschiedenen Größen verwendet. Sehr gut eignen sich für diesen Zweck auch Plastebecher, die als Verpackungsmaterial von Lebensmitteln anfallen. Damit sich das Wasser nicht staut, wird der Boden durchlöchert. Es ist günstig, wenn auch solche Töpfe in Kisten gestellt werden, da sie auf diese Weise besser transportiert werden können.

Beim Gießen ist darauf zu achten, daß Tontöpfe Wasser aufsaugen und in Plastetöpfen sich das Wasser stauen kann. Es ist auf jeden Fall zu vermeiden, daß stauende Nässe entsteht. Sie begünstigt die Wurzelfäule.

Vor dem Auspflanzen der Jungpflanzen sind diese, den jeweiligen Standortbedingungen entsprechend, abzuhärten. Dazu werden die Temperaturen schrittweise den künftigen Bedingungen angepaßt. Im Gewächshaus oder Frühbeet kann das durch ausreichende Lüftung erzielt werden.

Besonderheiten bei der Anzucht von Hausgurken

Der Anbau von Hausgurken erfordert besondere Aufmerksamkeit bei der Vorbeugung von Krankheiten. Häufig tritt bei den Gurken Fusariumwelke auf. Sie führt zum vollständigen Absterben der befallenen Pflanze.

Vorbeugend kann der Gurkensämling auf den feigenblättrigen Kürbis *(Cucurbita ficifolia)* veredelt werden. Die so entstandene Pflanze ist wesentlich widerstandsfähiger und wird nicht von der Welke befallen. Zum Pfropfen eignet sich die Sorte 'Saladin'.

Der Gurkensamen wird auf bekannte Weise in Einzelkornaussaat gesät. Fünf Tage später wird der Kürbissamen in 25 °C warmem Wasser etwa 24 Stunden vorgequollen. Der gequollene Samen wird leicht aufgedrückt und in das vorbereitete Saatgefäß gesteckt. Dieser Zeitunterschied in der Aussaat wird benötigt, weil die Pflanzen durch die unterschiedliche Keimdauer sonst beim Veredeln nicht gleich weit entwickelt wären. Veredelt wird, wenn das erste Laubblatt beider Pflanzen eine Länge von etwa 2 bis 3 cm erreicht hat. An dem Kürbissämling ist 1 cm unter den Keimblättern ein schräg nach unten geführter Schnitt mit einer Länge von 1,5 cm vorzunehmen. Als Werkzeug eignet sich eine Rasierklinge, die parallel zur Achse der beiden Keimblätter anzusetzen ist. Am Gurkensämling ist der Schnitt schräg von unten nach oben zu führen, so daß er etwa 2 cm unter

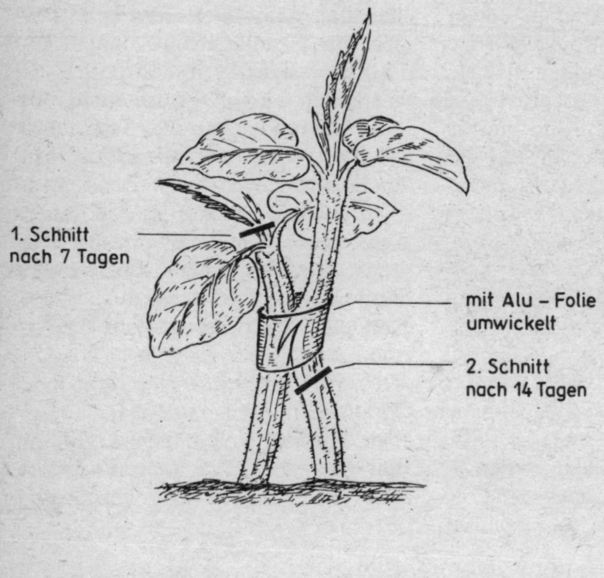

Abb. 155 Veredlung der Hausgurke

den Keimblättern endet. Die Rasierklinge ist dabei im rechten Winkel zur Achse der Keimblätter anzusetzen.
Werden viele Pflanzen veredelt, sollte die Rasierklinge nach einigen Schnitten durch Auskochen in Wasser desinfiziert werden.
Die beiden an den Sämlingen entstandenen Zungen werden ineinander geschoben. Die Gurkenpflanze kommt dabei über der Kürbispflanze im rechten Winkel zu den Keimblättern zu stehen. Damit die Schnittstellen gut verwachsen können, wird ein schmaler Streifen Alu-Folie umgelegt.
Beide Pflanzen werden gemeinsam eingetopft und etwa 8 Tage bei hoher Luftfeuchtigkeit und vor direkter Sonneneinstrahlung geschützt aufgestellt. Danach wird der Kürbistrieb zurückgeschnitten. Nach einer weiteren Woche unterbricht man mit einem Schnitt die Verbindung zur Gurkenwurzel.
Die veredelte Pflanze wird im Topf kultiviert, bis die Veredlungsstelle gut verwachsen ist. Beim Auspflanzen muß darauf geachtet werden, daß sich die Veredlungsstelle außerhalb des Erdsubstrates befindet, weil sich sonst an der Gurkenpflanze Adventivwurzeln bilden. Der Stiel ist vorsichtig an einen Stab zu binden, damit die Pflanze nicht abknicken kann.

Zierpflanzen unter Glas und Plaste

Allgemeine Betrachtung

Neben dem Gemüseanbau haben viele Gartenfreunde Interesse daran, Zierpflanzen, die nicht unter den Bedingungen des Freilandes gedeihen, im Gewächshaus oder Pflanzenfenster zu kultivieren. Oft handelt es sich dabei um Pflanzen, die in wärmeren Gegenden der Erde beheimatet sind. Manche können aber auch zu Jahreszeiten zum Blühen gebracht werden, in denen der Blumenflor des Freilandes noch fehlt. Die Palette reicht von Schnittblumen über Schnittgrün, Grünpflanzen, Topfblumen, Beet- und Gruppenpflanzen, Sommerblumen, Stauden bis hin zu Ziergehölzen.
Viele Zierpflanzen werden unter Glas und Folie zum Blühen gebracht, für andere Pflanzen wird der Schutz lediglich während der Anzucht benötigt. Es ist nicht möglich, auf den Anbau der verschiedenen Zierpflanzen unter Glas und Plaste ausführlich einzugehen. Deshalb sollen nur die wichigsten erwähnt werden.

Kultursubstrate

Für die Anzucht und Kultur der meisten Zierpflanzen unter Glas und Folie sind **humose Erden** einsetzbar. Wie im Gemüseanbau können Torf und Rindenabfälle in den Boden eingearbeitet werden. Es ist auch möglich, Lehm oder Ton und Sand beizumischen. Für die Jungpflanzenanzucht eignet sich ein Mischungsverhältnis von 1:2:1. Für ältere Pflanzen kann ein Mischungsverhältnis von 3:5:3 gewählt werden. Zur weiteren Auflockerung des Kultursubstrates können Schaumpolystyrolabfälle verwendet werden.
Diesem Kultursubstrat wird je nach Pflanzenart Mineraldünger zugegeben. Gut läßt sich dafür ein **Volldünger** verwenden. Für ältere und starkwüchsige Pflanzen wird die Dünger-

gabe etwas erhöht. Der optimale *p*H-Wert des Substrats sollte für die meisten Zierpflanzen zwischen 5 und 7 liegen. Einzelne Pflanzen benötigen eine stark saure Bodenreaktion, z. B. *Erica* und *Camellia* etwa 4 bis 4,5.
Für Zierpflanzen wird häufig die **erdelose Kultur** bevorzugt. Hierfür wird ein spezielles, steriles und chemisch neutrales Substrat benötigt. Sehr oft wird dafür Kies verwendet. Gut eignen sich aber auch PVC-Borsten, die unter der Handelsbezeichnung Biolaston angeboten werden. Diese Substrate haben die Aufgabe, den Wurzeln ausreichend Halt zu bieten und die Nährstoffaufnahme zu gewährleisten.

Technische Einrichtungen

Für den Zierpflanzenanbau unter Glas und Folie gilt im allgemeinen auch das für den Gemüseanbau Gesagte. Besonders eignen sich für die ganzjährige Nutzung heizbare Gewächshäuser, Pflanzenfenster, Wintergärten und Vitrinen. In jedem Fall steht der besondere Schmuckwert der Pflanzen im Vordergrund.
Die Unterbringung dieser Pflanzen erfordert etwas gestalterisches Talent. Schon beim Zusammenstellen der verschiedenen Pflanzen sollten die unterschiedlichen Ansprüche an die Wachstumsfaktoren berücksichtigt werden. Man muß wissen, daß beispielsweise Kakteen einen hohen Lichtbedarf besitzen und Farne dagegen schon mit geringen Lichtmengen auskommen. Ebenso unterschiedlich sind die Ansprüche an die Temperatur und Luftfeuchtigkeit.
Ausschlaggebend für das Wachstum der Pflanzen ist auch die Dauer der Lichteinwirkung. In den Tropen beheimatete Pflanzen benötigen für ein optimales Wachstum einen Tag-Nacht-Rhythmus von 12 Stunden Licht und 12 Stunden Dunkelheit. Wollen wir diese Bedingungen realisieren, so ist eine **Zusatzbelichtung** unumgänglich. Andererseits gibt es Pflanzen, die nur unter den Bedingungen des Kurztages blühen. Ein Vertreter ist die Chrysantheme. Eine künstliche Verkürzung des Tages erfolgt durch Abdecken.
Einige Zierpflanzen benötigen eine spezielle **Stützeinrichtung**, um aufrecht wachsen zu können. Das trifft besonders für Edelnelken, Chrysanthemen und Freesien zu. In mehreren Lagen werden Netze mit einer Maschenweite von 10 cm × 10 cm bis 20 cm × 20 cm in Abständen von 20 cm gespannt. An den Ecken werden sie an Metallbügeln oder Holzrahmen befestigt.
Die Beete für den Zierpflanzenanbau können als Grundbeet, Bankbeet oder Tischbeet angelegt werden. Für den Anbau in Töpfen eignen sich Stellagen. Als Hydrogefäße eignen sich flache, mit Kies gefüllte Wannen.
Die Aussaat erfolgt in flache Holzkisten oder in Schaumpolystyrolkästen. Diese Gefäße können auch zum Pikieren oder zur Stecklingsvermehrung verwendet werden. Viele Zierpflanzen werden in Töpfe aus Ton oder Plast gepflanzt.

Schnittblumen

Edelnelke (Dianthus caryophyllus)

Eine dankbare Schnittblume ist die Edelnelke, die das ganze Jahr über Blüten hervorbringt. Als Standort ist

Abb. 156 Gewinnung von Stecklingen bei der Edelnelke durch Schnitt der Seitentriebe

ein heizbares Gewächshaus mit hoher Lichtdurchlässigkeit erforderlich. Für die Sommermonate ist eine ausreichende Lüftung notwendig, damit die Temperaturen die obere Grenze von 21 °C nur wenig überschreiten. Bei flächenmäßigem Anbau ist eine Fußrohrbewässerungsanlage vorzusehen.

Nelken werden durch Stecklinge vermehrt. In der Zeit von November bis März werden nichtblühende Seitentriebe von den Mutterpflanzen geschnitten. Sie sollten etwa 7 bis 10 cm lang sein. Am besten bewurzeln die Stecklinge im scharfen Sand bei Temperaturen um 16 °C. Sobald sich die ersten Wurzeln gebildet haben, müssen die Pflanzen in kleine Töpfe umgepflanzt werden. Dieser Zeitpunkt wird etwa nach drei Wochen gekommen sein. Die dazu verwendete Erde sollte ein Gemisch aus Komposterde, Torf und Sand sein. Sobald der Topf durchwurzelt ist, werden sie in größere Töpfe umgepflanzt. Hat die Jungpflanze das 6. Blattpaar erreicht, wird sie entspitzt. Aus den Blattachseln treiben dann blühfähige Seitentriebe aus. Die Pflanze wird buschig und bringt mehr Blumen hervor. Im Kleinanbau ist es außerdem auch möglich, die Seitentriebe nach dem dritten Blattpaar zu entspitzen.

Wenn die Nelkenpflanze Blütenknospen ansetzt, bilden sich an einem Stiel mehrere Knospen. Damit große Blüten entstehen, werden nur die endständigen Knospen belassen. Alle Nebenknospen werden ausgebrochen. Auf diese Weise erzielt man qualitativ hochwertige Nelkenblüten.

Da die Pflanzen bis zu einem Meter hoch werden können, sind sie in geeigneter Weise zu stützen. Dazu können weitmaschige Netze über das Beet gespannt werden.

Baut man die Nelkenpflanzen in Töpfen an, so müssen diese mindestens einen Durchmesser von 20 cm haben. Pflanzencontainer aus Plastfolie mit perforiertem Boden können ebenfalls verwendet werden. Zum Abstützen werden bei Einzelpflanzen ein Stab und Drahtringe benutzt.

An den **Boden** stellt die Nelkenpflanze relativ hohe Ansprüche. Grundbeete müssen 50 cm tief gelokkert werden. Bis zu einer Tiefe von 30 cm werden Komposterde und mit Nährstoffen angereicherter Torf gründlich eingearbeitet. Als Grund-

düngung wird eine Gabe Phosphordünger verabreicht.
Falls erforderlich, kann auch etwas Kalk eingearbeitet werden. Der *p*H-Wert des Bodens sollte bei 6,0 bis 6,8 liegen. Sind die Pflanzen gut angewachsen, ist eine regelmäßige Flüssigdüngung erforderlich. Ein Volldünger mit hohem Anteil an Kalium ist dem Wachstum der Edelnelken besonders dienlich.
In den Sommermonaten ist der Boden regelmäßig gründlich zu wässern, dagegen sind die Wassergaben in den Wintermonaten einzuschränken. Die **Temperaturen** sind den jeweils herrschenden Lichtverhältnissen anzupassen. Durchschnittswerte können der Tabelle 21 entnommen werden. Temperaturen zwischen +1 °C und +43 °C werden von den Nelkenpflanzen überstanden. Selbst einige Grade unter Null werden kurzzeitig vertragen. Es muß aber beachtet werden, daß die Temperatur wesentlichen Einfluß auf die ablaufenden Stoffwechselprozesse besitzt. Durch Zuatzbelichtung kann der Blühtermin beeinflußt werden.

Tabelle 21 Optimale Temperaturen beim Anbau von Edelnelken (nach Kaufmann)

Monat	Tag °C	Nacht °C
Januar	10	7
Februar	10–12	8–10
März	12–14	10–12
April	14–18	12–14
Mai	15–20	14
Juni	15–22	14–16
Juli	15–22	14–16
August	15–22	14–16
September	15–20	14
Oktober	14–16	12
November	10–12	9
Dezember	10	7

Edelnelken können von zahlreichen **Schädlingen** und **Krankheiten** befallen werden. Bei trockener Wärme entwickeln sich besonders Blattläuse, Spinnmilben und Thrips. Feuchte Wärme dagegen fördert die Entwicklung von Rost und Fusariose. Blattläuse und Thrips übertragen außerdem verschiedene Viren. Deshalb sind die Pflanzenbestände ständig auf Befall zu kontrollieren und geeignete Schädlingsbekämpfungsmittel anzuwenden, wenn es erforderlich ist. Bei Virusbefall müssen die kranken Pflanzen sofort entfernt und vernichtet werden.

Chrysanthemen (Chrysanthemum-Indicum-Hybriden)

Chrysanthemen mit ihren großen Blüten und ihrer langen Haltbarkeit erfreuen sich großer Beliebtheit. Die Blumen sind außerordentlich vielgestaltig. Außerdem werden Chrysanthemen nach ihrem Blühtermin unterschieden. Frühblühende Sorten zeigen bereits im August bis September ihre Blüten, mittelfrühe Sorten kommen im Oktober bis November zum Blühen, und späte Sorten erblühen im November bis Januar.
Die Chrysantheme ist eine **Kurztagpflanze**, der Blühtermin kann über die Dauer der Lichteinwirkung gesteuert werden (Tabelle 22).
Für den Gartenfreund ist die Chrysantheme deshalb günstig, weil sie die schützenden Glas- und Plastfolienflächen erst mit Beginn des Herbstes benötigt. Es ergibt sich damit eine sehr

Tabelle 22 Termine beim Chrysanthemenanbau (nach Kaufmann)

	Stecken	Auspflanzen Topfen	Entspitzen	Blütezeit	Anbaudauer (Monate)
Normal-	A III	M V	M IV	E IX–E X	7 bis 8
anbau	A IV	E V	A V	M X–A XI	6,5 bis 7
Großblumig	A V	E VI	–	E X–E XI	5,5 bis 6,5
Mittelblumig	M III	E V	M IV	E IX–E X	6,5 bis 7,5
	A IV	A VI	A V	M X–M XI	6,5 bis 7,5
	M V	E VI	M VI	M X–M XI	5 bis 6
	M VI	M VII	–	A XI–A XII	5 bis 5,5
Kleinblumig	E III	E V	E IV–E VI	E IX–M X	6 bis 6,5
	E IV	M VI	E V–A VII	M XI–E XI	6,5 bis 7
	A VI	A VIII	–	M XI–E XI	4,5 bis 5
Töpfe					
Mittelblumig	E III	M V	E IV–E VI	M X–E X	6,5 bis 7
Kleinblumig	E III	M V	E IV–E VI	E IX–A X	6 bis 6,5

Anmerkung: A – Anfang
M – Mitte
E – Ende

z. B.: E IX–E X
Ende September bis
Ende Oktober

lange Nutzungszeit. Das Gewächshaus kann im zeitigen Frühjahr zunächst für die Jungpflanzenanzucht einschließlich der Stecklingsvermehrung von Chrysanthemen genutzt werden. In der weiteren Folge wird Frühgemüse angebaut, dem sich Gurken, Tomaten oder Paprika anschließen können. Zum Abschluß der Nutzungsperiode werden dann die im Freiland herangewachsenen Chrysanthemen in das Gewächshaus geräumt.

Die Jungpflanzen der Chrysanthemen werden durch Stecklingsvermehrung gewonnen. Mutterpflanzen werden nach der Blüte zurückgeschnitten und ausgegraben. Diese Pflanzen pflanzt man mit geringem Abstand in ein Gemisch aus Komposterde und Torf. Wenn sie ausreichend Licht und etwas Wärme erhalten, treiben sie bald Wurzelschosse. Diese Triebe können als Stecklinge für die Anzucht weiterer Pflanzen verwendet werden.

Aber selbst die an den Pflanzen entstehenden Seitentriebe kann man für die **Stecklingsvermehrung** nutzen. Sie sollen schön kräftig und etwa 5 cm lang sein. Mit einem scharfen Messer werden sie vom Stamm abgetrennt. Man taucht die Schnittfläche kurz in Bi-Bewurzelungspulver. Gesteckt wird in Kisten in ein Gemisch aus Torf, Sand und Komposterde. Die Kisten werden bei einer Temperatur von 7 °C aufgestellt und sollen vor direkter Sonneneinstrahlung geschützt werden.

Unterschiedliche Sorten sollten getrennt untergebracht oder mit Stecketiketten versehen werden. Bewurzelte Stecklinge werden am besten in 8-cm-Töpfe eingetopft. Sie werden gut angegossen und an einem hellen Platz bei Temperaturen um 10 °C aufgestellt. Haben die Pflanzen den Topf durchwurzelt, können sie direkt an ihren Standort ausgepflanzt oder noch einmal umgetopft werden. Man kann sie in einem 20-cm-Topf oder in einem Grundbeet weiterkultivieren.

Das **Substrat** sollte ein nährstoffreicher Lehmboden, mit Torf und Rindenabfällen gemischt, sein. Der günstigste *p*H-Wert liegt bei 5,5 bis 6,5. Vor der Pflanzung wird eine Grunddüngung von etwa 80 g/m^2 Volldünger gegeben. In der Folge sind Chrysanthemen dankbar für eine ausreichende Stickstoffdüngung in mehreren Gaben. Wopil kann als Flüssigdünger in Abständen mit dem Gießwasser verabreicht werden. Es ist günstig, wenn dazu Regenwasser verwendet wird, um zu hohe Salzkonzentrationen zu vermeiden.

Sollen große Blüten erzielt werden, dann sind die Seitenknospen regelmäßig auszugeizen. Wenn sie noch klein sind, lassen sie sich leicht mit den Fingern wegbrechen.

Großblumige Chrysanthemen können nur erzielt werden, wenn auch entsprechende Sorten verwendet werden. Bei kleinblumigen Sorten bringt das Ausbrechen der Seitenknospen keine größeren Blüten.

Da die Pflanzen recht lang werden, muß man sie abstützen. Das kann auf gleiche Weise wie beim Anbau von Edelnelken mit einem weitmaschigen Netz geschehen oder auch mit einzelnen Stäben, an denen die Pflanzen befestigt werden. Es ist dabei darauf zu achten, daß genügend Arbeitsfreiheit zum Ausgeizen gelassen wird.

Haben sich die Blüten herausgebildet, muß darauf geachtet werden, daß kein Wasser eindringen kann. Die Blüte wird sonst unansehnlich und für Schmuckzwecke unbrauchbar. Es ist deshalb erforderlich, daß die im Freiland stehenden Chrysanthemen überdacht oder ins Gewächshaus geräumt werden.

Die späten Sorten sollten etwa in der zweiten Hälfte des Septembers in das Gewächshaus gebracht werden. Die Temperaturansprüche liegen dann noch bei etwa 7 bis 12 °C.

Gegen **Schädlinge** und **Krankheitskeime** sind die Anbauräume auszuschwefeln. Hierfür werden handelsübliche Schwefelpräparate verwendet. In dieser Zeit dürfen keine Pflanzen in dem betreffenden Anbauraum sein, sie würden absterben.

Vorbeugend sind die bekannten Hygienemaßnahmen durchzuführen. Besonders Blattwanzen, Minierfliegen und Blattläuse befallen Chrysanthemen und werden mit geeigneten Insektiziden bekämpft. Regelmäßig sollte der Pflanzenbestand auf Befall durchgesehen werden. Da das Ausgeizen recht oft vorgenommen werden muß, sollte bei dieser Gelegenheit auch auf Schädlingsbefall oder beginnende Krankheiten geachtet werden.

Gerbera (Gerbera jamesonii)

Die Gerbera liefert ebenfalls beliebte Schnittblumen, sie stellt jedoch höhere Ansprüche.

Zur Gewinnung der Jungpflanzen hat überwiegend die **vegetative Vermehrung** praktische Bedeutung. Sie erfolgt durch Teilung von Mutterpflanzen, wobei bis zu 10 Teilpflanzen von einer Mutterpflanze gewonnen werden können. Damit sie gut bewurzeln, werden sie in ein Vermehrungsbeet gepflanzt und mit einem Folientunnel abgedeckt, um eine hohe Luftfeuchtigkeit zu halten. Die Temperaturen sollten dabei um etwa 20 °C liegen.

Der **Boden** wird für die eigentliche Anbaufläche tiefgründig gelockert und muß wasserdurchlässig sein. Ein Gemisch aus lehmhaltiger Komposterde, Torf und Rindenabfällen eignet sich am besten.

Es ist erforderlich, diese Erde in einer Stärke von 40 cm aufzuschütten. Der *p*H-Wert liegt mit 4,5 bis 6,0 am günstigsten. Gepflanzt werden die Gerberapflanzen in einem Mindestabstand von 30 cm × 30 cm. Bei mehrjähriger Nutzung und kräftigen Pflanzen ist der Abstand zu vergrößern.

Die Verwendung von Pflanzcontainern ist bei Gerberapflanzen beliebt. Geeignete Plastbeutel werden im Boden perforiert und mit dem Kultursubstrat gefüllt. Der Vorteil besteht vor allem darin, daß die Abstände der einzelnen Pflanzen zueinander zu verändern sind. Kranke Pflanzen lassen sich viel schneller entfernen, und die Gefahr der Übertragung von Krankheiten und Schädlingen über den Boden ist etwas eingedämmt.

Die **Temperaturen** können zwischen 15 und 25 °C liegen, wobei der Boden gleichermaßen erwärmt werden sollte. Temperaturen bis zu 10 °C sind im Winter noch vertretbar.

Die Schnittblumen können geerntet werden, wenn der dritte Kranz der Staubgefäße erblüht ist. Dieser Reifezustand hat Bedeutung für die Haltbarkeit und die Qualität der Blumen. Damit sich die Stiele der Blumen nicht krümmen, werden sie nach dem Schnitt sofort ins Wasser gestellt. Für den Transport sind die Blütenblätter in geeigneter Weise zu schützen.

Freesien (Freesia-Hybriden)

Sehr schöne, farbenfrohe Blüten treiben die Freesien besonders in den Wintermonaten. Als **Winterblüher** bereichern sie das Angebot an Schnittblumen in dieser Jahreszeit. Ist der Gartenfreund in der Lage, sein Kleingewächshaus bis einschließlich Januar auf Temperaturen nicht unter +4 °C zu halten, ist der Anbau dieser duftenden und farbenprächtigen Blumen möglich. Die **Anzucht** ist sowohl **aus Knollen** als auch **durch Aussaat** möglich. Erfolgt der Anbau in größerem Umfang, so eigenen sich Holzkisten als Pflanzbehälter. Der direkte Anbau im Gewächshausbeet ist nicht zu empfehlen, da hierbei das Gewächshaus zu lange in Anspruch genommen wird.

Das **Substrat** besteht aus humusreicher Komposterde, die zur Strukturverbesserung mit Torf und Sand vermischt wurde. Damit der Boden Feuchtigkeit und Wärme besser speichert, wird er mit einer etwa 3 cm dikken Schicht Torf bedeckt.

Die Anzucht der Freesien aus Samen beginnt bereits im zeitigen Frühjahr. Bei einer Aussaat im März kann im Dezember mit den ersten Blüten gerechnet werden. Voraussetzung ist dabei, daß die Bodentemperatur zum Keimen bei 18 °C gehalten werden kann. Es ist günstig, wenn der Samen vorgekeimt wird. Er muß dazu etwa 48 Stunden im Wasserbad bei einer Temperatur von 20 °C quellen. Damit der Samen nicht im Wasser schwimmt, wird er zwischen den Handflächen gerieben, um die feste, wasserabweisende Hülle zu zerstören.

Nach dem Vorquellen ist sofort auszusäen. Dazu können Kisten oder Töpfe verwendet werden. Pro Topf legt man etwa 8 Samenkörner. Die Keimtemperatur sollte bei etwa 20 °C liegen, wobei sie nach dem Aufgehen auf 18 °C vermindert werden kann. Die Bodentemperatur liegt bei 13 °C am günstigsten. Die Keimdauer beträgt etwa zwei bis drei Wochen.

Ein Pikieren ist nur dann erforderlich, wenn die Sämlinge zu dicht stehen. Der richtige Zeitpunkt dafür ist, wenn sich das zweite Blatt entwickelt hat. Mit dem Pikieren entstehen Wachstumsstockungen und teilweise Ausfälle, so daß es günstiger ist, wenn im Kleinanbau Einzelkornaussaat erfolgt und sich die Sämlinge gleich am zukünftigen Standort entwickeln können.

Die Aussaat im Topf erweist sich auch in diesem Fall am günstigsten. Pro m² rechnet man mit einem Pflanzenbestand von etwa 200 Pflanzen.

Da sich die Stiele der Freesien nicht selbst halten, muß eine geeignete **Stützvorrichtung** angebracht werden. Werden die Freesien in Kisten angebaut, können Netze gespannt werden. In Töpfen oder anderen kleinen Pflanzgefäßen genügt es, wenn Stäbe mit Drahtringen angebracht werden.

Die Anzucht von Freesien aus Knollen beginnt im August. Sieben bis acht Fresienknollen werden in einen 14-cm-Topf oder in 15 cm hohe Holzkisten gesteckt. Damit die Knollen kühl stehen, deckt man sie mit feuchtem Torf ab. Wenn die Knollen ausreichend Wurzeln gebildet haben, wird die Torfschicht abgenommen. Vor allem in der Zeit der Blütenbildung sollen die **Temperaturen** zwischen 12 und 15 °C gehalten werden. Dieser Zeitpunkt tritt etwa nach der Bildung des 6. bis 7. Blattes ein. Die Bodentemperaturen sollten in dieser Zeit zwischen 14 und 25 °C gehalten werden.

Nach der Blüte benötigen die Freesienknollen eine **Ruhezeit.** Sie werden nur noch so lange gegossen, bis auch die Blätter gelb werden. Beim Anbau in Töpfen werden diese trocken und liegend unter dem Gewächshaustisch aufbewahrt. Bei allen anderen Anbauformen ist es besser, wenn die Knollen etwa 6 bis 8 Wochen nach der Blumenernte herausgenommen und kühl und trocken bis zum August aufbewahrt werden.

Blühfähige Knollen haben einen Durchmesser von etwa 3 bis 5 cm. Kleinere Knollen sollten aussortiert und gesondert ausgepflanzt werden. Anfallende Brutknollen pflanzt man Mitte Mai in Freilandbeete. Sie entwickeln sich bis zum Herbst zu blühfähigen Knollen.

Werden die Freesien in Kisten oder Töpfen angebaut, so ist eine doppelte Nutzung des Gewächshauses im Winter möglich, wenn gleichzeitig Chicoréewurzeln im Grundbeet zum Treiben eingeschlagen werden.

Levkoje (Matthiola incana annua)

Levkojen aus dem Anbau unter Glas und Folie haben als Schnittblumen besonders für die Zeit zwischen April und Juni Bedeutung. Von dieser Gattung werden die gefüllt blühenden bevorzugt. Leider enthalten die einzelnen Sorten einen gewissen Prozentsatz einfach blühender Formen. Es muß deshalb eine Auslese erfolgen.
Bereits im Sämlingsstadium kann man die einfachen Levkojen aussondern. Man erkennt sie an der dunkleren Grünfärbung der Blätter. Die Blätter der gefüllten Pflanzen sind gelbgrün bis gelb. Der Farbunterschied kann vergrößert werden, wenn die Sämlinge etwa 24 Stunden mit einem schwarzen Tuch abgedeckt werden.
Die Vermehrung erfolgt nur durch **Aussaat**. 1 g Saatgut enthält etwa 500 bis 600 Korn mit einer Keimfähigkeit von 80 bis 90 %. Als Aussaaterde eignet sich mit reichlich Sand gemischte Komposterde.
Der Samen wird gleichmäßig in den Saatgefäßen ausgestreut und mit Sand übersiebt. Bei Temperaturen von 16 bis 20 °C werden sie aufgestellt, bis die Keimblätter sichtbar werden. Danach ist die Temperatur auf 12 °C zu vermindern, damit die Sämlinge nicht zu lang werden.
Wenn die Keimblätter voll entwickelt sind, ist zu pikieren. Der Abstand im Pikierkasten beträgt etwa 4 cm. Die Pikiererde kann die gleichen Bestandteile aufweisen wie die Aussaaterde, wobei sie mit etwas Torf angereichert werden sollte. In den Pikierkisten wird obenauf eine 1 cm starke Schicht sandiger Komposterde geschüttet. Sie bewirkt, daß sich in der obersten Schicht keine Feuchtigkeit hält und sich damit keine Krankheitserreger entwikkeln können.
Das **Pikieren** der Jungpflanzen in kleine Töpfe ist vorteilhaft, da sich somit besser Wurzelballen herausbilden können. Ist der Topf durchwurzelt, werden die Pflanzen ausgepflanzt. Der Pflanzabstand beträgt 15 cm × 15 cm. Die Temperaturen sollen auch weiterhin nicht über 12 °C ansteigen, da sonst die Einzelblüten einen größeren Abstand bekommen und damit minderwertig werden.
Mit steigender Lichtintensität ist auch das Gießen zu verstärken. Bei Februaraussaaten kann im Mai mit der Blüte gerechnet werden. Die Stiele werden mit der Wurzel gezogen, wenn der größte Teil der Einzelblüten gut entwickelt ist. Damit wird das schnelle Welken eingeschränkt.

Orchideen (Orchidaceae)

Die schönsten Blüten mit exotischem Reiz entwickeln die Orchideen. Der Formen- und Farbenreichtum ist erstaunlich und fasziniert den Betrachter. Sie sind wertvolle und haltbare Schnittblumen. Die Vielzahl der verschiedenen Arten reicht bis weit über 30000. Die hauptsächlichsten Heimatgegenden sind Amerika, Ost- und Westafrika und weite Gebiete Asiens. Selbst in Europa gedeihen 182 Arten, wovon 55 auf dem Gebiet der DDR und der BRD beheimatet sind. Die Wachstumsbedingungen entsprechen dem jeweiligen Ursprungsland und reichen vom tropischen über subtropi-

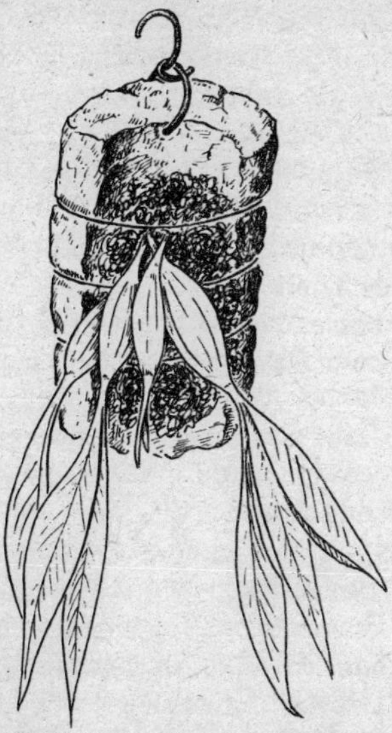

Abb. 157 Orchideenpflanze an einem Rindenstück

sches bis hin zum gemäßigten Klima. Der überwiegende Teil beansprucht das feuchte und warme subtropische und tropische Klima. Die Lichtbedürfnisse der einzelnen Arten sind sehr unterschiedlich. Einige gedeihen in der Dämmerung der tropischen Regenwälder und andere dagegen in den lichtüberfluteten Savannen und Steppen. Für den Anbau dieser bezaubernden Pflanzen sind heizbare Anbauräume unerläßlich, wobei auch Anbauräume mit künstlichem Licht unter bestimmten Bedingungen genutzt werden können.

Neben Gewächshäusern können auch sehr gut Pflanzenfenster und Vitrinen in Anspruch genommen werden. Die richtige Temperatur und Luftfeuchte kann in einem Pflanzenfenster aber nur gehalten werden, wenn es vom Wohnraum mit einer verschiebbaren Glasscheibe getrennt ist (siehe Pflanzenfenster).

Die Auswahl der für den jeweiligen Standort bestimmten Arten und die Zusammenstellung von Pflanzengemeinschaften erfordert Sachkenntnisse und ausreichende Erfahrung. Es ist unerläßlich, spezielle Literatur zu studieren und sich mit Fachexperten zu beraten. Die **Anzucht** der Pflanzen erfolgt überwiegend aus Samen, wobei auch die vegetative Vermehrung möglich ist. Beide Methoden sind kompliziert und langwierig. Für den Anfänger ist zu empfehlen, daß er sich bereits fertige Jungpflanzen kauft. Jungpflanzen lassen sich akklimatisieren, dagegen können blühfähige Pflanzen Wachstumsstockungen erleiden.

Gepflanzt werden Orchideen in Töpfe, Lattenkörbe und an starke Rindenstücke, an die das Kultursubstrat mit Draht gebunden wird. Das Kultursubstrat ist eine Mischung aus schwer verrottenden Bestandteilen. Geeignet sind Farnwurzeln, Torfmoos, Buchenlaub, Rindenabfälle und ähnliche Stoffe. Auch PVC-Borsten (Biolaston) und Schaumpolystyrolabfälle lassen sich verwenden. Als Drainage für Tontöpfe werden Tonscherben und Ziegelsplitt verwendet. Das Kultursubstrat muß luftdurchlässig sein und stauende Nässe verhindern. Der *p*H-Wert soll eine leicht saure Reaktion zeigen. Über die Düngung sollte man sich in spezieller Fachliteratur informieren.

Das Pflanzen erfolgt, indem die Wurzeln vorsichtig mit dem Substrat um-

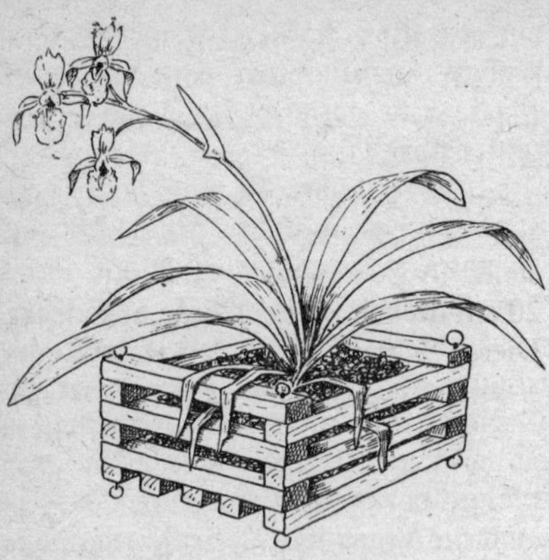

Abb. 158 Orchideenpflanze im Lattenkorb

wickelt und mit Draht an der Unterlage festgebunden werden. Pflanzkörbe können aus Holzleisten und Draht gefertigt werden. Tontöpfe und perforierte Plastgefäße eignen sich ebenfalls.

Verfrühen von Zwiebel- und Knollengewächsen

Gladiolen (Gladiolus-Hybriden)

Allgemein bekannt für den Anbau im Freiland sind Gladiolen in den verschiedensten Farben. Sie sind nicht winterhart und werden aus Knollen herangezogen.

Um Gladiolen zu verfrühen, ist eine **Vorbehandlung** im beheizten Gewächshaus notwendig. Man wählt die Knollen einer frühblühenden Sorte, die gesund und stark genug sind, um mit Sicherheit einen oder zwei Blütentriebe zu bringen. Sie werden 4 Wochen vor der Behandlung im Gewächshaus in einem Lagerraum bei Temperaturen von 18 bis 20 °C aufbewahrt. Eine Vorkultur erfolgt in Töpfen mit einer Größe von 7 bis 9 cm. Auch Pikierkisten sind für diesen Zweck geeignet.

Die Pflanzgefäße werden bis zur Hälfte mit feuchtem Torf gefüllt und die Gladiolenknollen fest hineingedrückt. Nachdem eine starke Wurzelbildung erkennbar ist, werden die Knollen mit feuchtem Torf abgedeckt. Bis zum Austrieb können die Pflanzgefäße bei Temperaturen von 16 bis 20 °C auch in dunkleren Räumen untergebracht werden. Mit beginnendem Austrieb werden die Knollen in ein Gemisch aus sandiger Komposterde eingetopft. Nach dem Umtopfen wird die Erde nur mäßig feucht gehalten. Sind die Töpfe gut durchwurzelt, dann sollte eine schwache Volldüngerlösung verabreicht werden. Bis zum Auspflanzen wird das wöchentlich wiederholt.

Der richtige Zeitpunkt für das Eintopfen der Gladiolen ist der Monat März, dann kann im Mai nach Beendigung der Frostperiode ausgepflanzt werden. Wird das beschriebene Verfahren zur Verfrühung verwendet und gleichzeitig der übliche Freilandanbau durchgeführt, so erhält man über einen größeren Zeitraum verteilt blühende Gladiolen.

Garten-Tulpen

Eine ebenso bekannte und ansprechende Frühjahrsblume ist die Tulpe. Sie entwickelt sich aus der Tulpenzwiebel, die den Winter über im Boden verbleibt. Die Vermehrung erfolgt über die entstehenden Brutzwiebeln.

Sollen Tulpenzwiebeln getrieben werden, müssen sie in große Töpfe oder

Kisten gelegt werden. Als Kulturerde wird eine mit etwas Torf gemischte sandige Lehmerde verwendet. Auf eine Düngung kann verzichtet werden, da die Zwiebeln die benötigten Nährstoffe enthalten. Der obere Teil der Zwiebel mit der künftigen Triebspitze soll unbedeckt bleiben. Zur Förderung der Wurzelbildung wird der Boden gut gewässert. Das Einräumen in den Treibraum erfolgt etwa 3 bis 4 Wochen vor dem gewünschten Blühzeitpunkt. Die günstigste Temperatur zum Treiben liegt bei 20 bis 25 °C. Wenige Tage vor dem Schnitt werden die Temperaturen um 3 bis 4 °C vermindert. Die Blüten entfalten sich durch diese Maßnahme besser und sind länger haltbar.

Narzissen (Narcissus)

Für die Schnittblumengewinnung gehören die Narzissen zu den wichtigsten Frühjahrsblühern. Narzissen werden durch die Anzucht aus Brutzwiebeln vermehrt. Im Freiland werden sie im August bis September gesteckt. Die Tiefe beträgt je nach Größe der Zwiebeln bis zu 20 cm. Bereits im März des folgenden Jahres kann man die ersten Triebspitzen entdecken, und bei günstiger Witterung entfalten sich im April die ersten Blüten. Wer aber schon wesentlich früher Narzissen zum Blühen bringen möchte, muß die Zwiebeln treiben.

Für die Frühtreiberei werden die Zwiebeln im September bis Mitte Oktober in Töpfe oder Kisten gepflanzt, wobei der obere Teil der Zwiebel sichtbar bleiben muß. Die Zwiebeln können ganz dicht aneinander stehen. Die bepflanzten Gefäße werden gründlich gewässert und im Freiland eingeschlagen. Dazu wird die Erde etwa 15 cm tief ausgehoben. Der Einschlag wird mit einer 2 cm dicken Schicht Sand bedeckt, damit eine Trennschicht zur übrigen Erde entsteht. Anschließend wird mit einer 20 cm dicken Schicht Erde abgedeckt. Diese Schicht muß mit Laub oder ähnlichem Material gegen Frost geschützt werden. Stalldung ist dafür ungeeignet.

Je nach gewünschtem Blühtermin werden die Gefäße aus dem Einschlag in den Treibraum gebracht. Die Entwicklung bis zur Blüte dauert dann noch etwa 3 bis 4 Wochen. Es ist dabei zu beachten, daß die Blütenknospe außerhalb der Zwiebeln schon fühlbar sein muß. Ist das nicht der Fall, so treibt die Zwiebel nur Blätter. Die günstigste Treibtemperatur liegt zwischen 15 und 18 °C bei ausreichenden Lichtverhältnissen. Für die so verkürzte Entwicklung der Narzissen wird auch dementsprechend ausreichend Feuchtigkeit im Boden benötigt. Es ist deshalb dafür zu sorgen, daß die Erde nicht trocken wird.

Das Einstellen in Frühbeete, die nur durch die Sonneneinstrahlung erwärmt werden, ermöglicht eine Verfrühung, wobei der Termin kurz vor dem Blühtermin der Freilandnarzissen liegt.

Krokus (Crocus) und Schneeglöckchen (Galanthus)

Viel Freude bereiten auch die Vorfrühlingsblumen Schneeglöckchen und Krokus. Sie sind das Signal, daß die Natur nach ihrem Winterschlaf zu erwachen beginnt.

Die kleinen Knollen des Krokus und die Zwiebeln der Schneeglöckchen können ebenfalls früher zum Blühen gebracht werden, wenn sie wie die Narzissen im zeitigen Herbst in Töpfe gepflanzt werden. Die Töpfe gräbt man am besten im kalten Frühbeetkasten ein und holt sie zu Beginn der Treiberei an einen etwas wärmeren, sonnigen Standort.
Die Entwicklung bis zur Blüte vollzieht sich etwas schneller als bei den Narzissen. Es ist auch möglich, die Töpfe an das Fenster eines nicht übermäßig geheizten Wohnraumes zu stellen. Somit kann man sich selbst eine kleine Vorfreude auf den nahenden Frühling verschaffen.

Treiben von Gehölzen

Eine weitere Möglichkeit, die Atmosphäre des Frühlings in den Wohnraum zu übertragen, ist das Treiben von Gehölzen. Besonders dafür geeignet ist der Flieder. Man kann Ballen oder auch abgeschnittene Zweige zum Treiben aufstellen. Die Anbauräume unter Glas und Folie werden nur wenige Wochen beansprucht, jedoch muß eine gründliche Vorbereitung im Freiland erfolgen. Man sollte deshalb die **Zweigtreiberei** im Kleingewächshaus bevorzugen. Die Zweige werden in eine Nährlösung mit 0,08 % Kaliumaluminiumsulfat (Alaun), 0,03 % Kaliumchlorid und 0,02 % Natriumchlorid eingestellt. In dieser Nährlösung wird noch etwas Zucker aufgelöst. Die Dauer der Treiberei beträgt 3 bis 4 Wochen. In der ersten Woche sind relativ hohe Temperaturen von 28 bis 30 °C zu halten. In den folgenden Wochen genügen Temperaturen um 18 °C. Die Fliederzweige können für Schmuckzwecke verwendet werden, wenn etwa drei Viertel der Blütenrispen aufgeblüht sind.
Neben Flieder lassen sich noch eine ganze Reihe anderer Gehölzarten treiben. Sehr oft wird auch im kleinen oder größeren Umfang *Forsythia* getrieben. Es genügt bereits, wenn die Zweige in vorgewärmtem Wasser in der Wohnung aufgestellt werden. Ausreichend Licht und Temperaturen um 20 °C garantieren, daß nach etwa 10 Tagen die ersten Blüten sichtbar werden. Auf die Qualität der Blütenzweige kann mit einer Nährlösung Einfluß genommen werden. Beim Obstbaumschnitt anfallende Zweige eignen sich ebenfalls gut zum Treiben. Es sollte dabei darauf geachtet werden, daß diese Zweige auch genügend Blütenknospen besitzen.
Blühende Kastanien- und Rhododendronzweige sind für Schmuckzwecke attraktiv. Besonders für die Zeit um Ostern und für die Maifeierlichkeiten werden auch Birken- und Lärchenzweige getrieben.

Anzucht von Sommerblumen und Stauden für das Freiland aus Samen

Für eine ganze Reihe von Sommerblumen und Stauden ist eine Vorkultur unter Glas und Folie notwendig. Die Kulturanleitung für die jeweilige Art und Sorte ist dem Aufdruck auf der Samentüte zu entnehmen.
Die Anzucht der Jungpflanzen kann in ähnlicher Weise erfolgen, wie es bereits bei den Gemüsejungpflanzen beschrieben wurde. Am günstigsten ist auch hier die Verwendung von Saatge-

fäßen und Pikierkisten. Sie können auf Stellagen und Arbeitstischen aufgestellt werden.
Die **Raumtemperaturen** für die Jungpflanzenanzucht sollten tagsüber je nach Lichteinfall mindestens 10 °C betragen und nachts 2 bis 3 °C nicht unterschreiten. Die Saatgefäße werden bis zum Aufgang der Samen mit einer Glasscheibe abgedeckt. Damit wird die für das Keimen nötige Bodenfeuchtigkeit erhalten.
Treiben die Sämlinge nach den Keimblättern das erste Blatt, ist unbedingt zu pikieren. In den meisten Fällen genügt es, wenn man die Sämlinge in Pikierkisten umsetzt. Bei einigen Pflanzen ist es besser, wenn sie in Töpfe vereinzelt werden. Sie können damit als Ballenpflanze ins Freiland gepflanzt werden.
Das **Pikieren** erfordert Vorsicht. Einige Sämlinge sind in diesem Stadium noch so klein und empfindlich, daß sie nicht mit den Fingern gefaßt werden können. Man verwendet für sehr kleine Sämlinge ein spitzes Pikierholz und eine kleine Pinzette aus Holz. Bei der weiteren Pflege ist auf ausreichende Feuchtigkeit zu achten, jedoch kann zuviel Feuchtigkeit zu Fäulnis am Stengelgrund führen.
Die einzelnen Arten und Sorten sind mit Stecketiketten zu kennzeichnen. Außerdem sollte auch das Datum der Aussaat aufgeführt werden. Wer optimale Bedingungen ermitteln möchte, kann auch ein Buch über die Anzucht führen.

Anzucht aus Stecklingen

Bei verschiedenen Pflanzen erhält man aus Stecklingen sehr schnell kräftige Jungpflanzen, z. B. aus Chrysanthemen und Nelken. Aus Stecklingen vermehrte Pflanzen weisen alle Merkmale der Mutterpflanze auf.
Als **Stecklingserde** eignet sich eine Mischung aus gleichen Teilen Lehm, Sand und Torf.
Krautige Stecklinge von Chrysanthemen und Dahlien kann man z. B. aus jungen Seitentrieben gewinnen. Sie werden in einer Länge von 5 bis 8 cm dicht unter einem Blattknoten geschnitten und am besten in Kisten im warmen Gewächshaus gesteckt. Bodenwärme fördert die Wurzelbildung. Sobald sich ausreichend Wurzeln gebildet haben, werden sie in nährstoffreichere Anzuchterde verpflanzt. Von Usambaraveilchen, Sansevierien und anderen schneidet man Blattstecklinge. Rexbegonien können vermehrt werden, indem die Blätter flach auf die Erde gelegt werden und man die größeren Blattrippen einschneidet. An den Schnittstellen bilden sich Wurzeln und später kleine Pflänzchen. Weitere Methoden sind die Anzucht aus Wurzelschnittlingen und Stammstecklingen. Für die Gartenfreunde sind die verschiedenen Methoden der Anzucht von Jungpflanzen aus Stecklingen ein weites und interessantes Betätigungsfeld. Ein Versuch lohnt sich immer und erweitert auf jeden Fall den Erfahrungschatz.

Quellenverzeichnis

[1] *Schrader; Franke:* Kleiner Wissensspeicher Plaste. VEB Deutscher Verlag für Grundstoffindustrie, Leipzig 1970

[2] *Autorenkollektiv:* Praktikus, VEB Fachbuchverlag, Leipzig 1966

[3] Magazin für Haus und Wohnung, 5/77, VEB Verlag für Bauwesen

[4] *G. Vogel:* Gemüseproduktion unter Glas und Plasten, VEB Deutscher Landwirtschaftsverlag, Berlin 1977

[5] *F. Böhmig:* Neuzeitliche Technik im Gartenbau, Neumann Verlag, Radebeul 1958

[6] *E. Miessner:* Der Gartenbau Band II, Deutscher Bauernverlag, Berlin 1955

[7] *H. Kuchling:* Physik, VEB Fachbuchverlag, Leipzig 1967

[8] *Autorenkollektiv:* Ratgeber für die Gemüseproduktion unter Glas und Plasten, VEB Deutscher Landwirtschaftsverlag, Berlin 1969

[9] *P. Kaiser; K.-P. Zierholz:* Rechtsfragen im Garten, VEB Deutscher Landwirtschaftsverlag, Berlin 1977

[10] *M. Drews:* Optimales Klima für Gurken und Tomaten, Gärtnerpost 25, 1977

[11] *Th. Geissler; E. Baumann:* Grundlagen der Gemüseproduktion, VEB Deutscher Landwirtschaftsverlag, Berlin 1978

[12] *Autorenkollektiv:* Grundlagen der Zierpflanzenproduktion, VEB Deutscher Landwirtschaftsverlag, Berlin 1978

[13] *R. Buro; W. Meißner; J. Reinhold; K.-H. Vanicek:* Freude am Garten, VEB Deutscher Landwirtschaftsverlag, Berlin 1978

[14] *M. Ernst:* Gemüsebau im Garten, VEB Deutscher Landwirtschaftsverlag, Berlin 1979

[15] *J. Lanák; K. Šimko; G. Vanek:* Pflanzenschutz im Garten, VEB Deutscher Landwirtschaftsverlag, Berlin 1972

[16] *R. Höhn:* Blumenfibel, VEB Deutscher Landwirtschaftsverlag, Berlin 1968

[17] *F. Böhmig:* Rat für jeden Gartentag, Neumann Verlag, Radebeul 1974

Übersicht über die Verkaufseinrichtungen für industriell hergestellte Kleingewächshäuser

Für die Bezirke Rostock und Schwerin:
VdgB-BHG Ribnitz-Damgarten
BT Bad Sülze
2594 Bad Sülze

Für Berlin und die Bezirke Neubrandenburg, Frankfurt (Oder) und Cottbus:
VdgB-BHG Berlin
Abteilung Gartenbau
1147 Berlin-Mahlsdorf
Hönower Str. 14

Für die Bezirke Halle, Potsdam, Leipzig und Magdeburg:
VdgB-BHG Köthen
Abteilung Versand
4370 Köthen
Bahnhofstr. 1/2

Für die Bezirke Dresden, Karl-Marx-Stadt, Erfurt, Gera und Suhl:
VdgB-BHG Glauchau
Abteilung Gärtnereibedarf
9632 Neukirchen (Pleiße)
Dänkritzer Str. 7

Anhang

Gemüsesorten für den Anbau unter Glas und Folie (Stand 1988)

Gemüseart	Sorte	Nutzungsart	Pflanztermin
Fruchtgemüse			
Gurken	Saladin	F, S	E. April, in beheizbaren Einrichtungen auch früher
	Polo	F, S	s. Saladin
Tomaten	Harzfeuer	S	E. April
	Tamina	S	E. April
	Hellperle	S	E. April
Gemüsepaprika	Sonnenpreis	S	E. April
Blatt- und Stielgemüse			
Kopfsalat	Muck	F, H	A. März und A.–M. Sept.
	Divalo	F	M.–E. Febr.
	Verna	F, H	A. März und A.–M. Sept.
Chicorée	Pegasus	T	Aussaat M. Mai–A. Juni
Winterendivien	Escariol Grüner	H	Aussaat ins geräumte Frühbeet bis A. Juli
Gartenkresse	Glattblättrige	F, S, H	Aussaat ganzjährig möglich
Petersilie	Gärtnerstolz	F, H, T	s. Kulturbeschreibung
Kohlgemüse			
Blumenkohl	Delfter Markt	F, H	A. März und M.–E. Aug.
	Früherernte	F, H	A. März u. M.–E. Aug.
Kohlrabi	Delikateß, Weißer	S	M. April
	Frühweiß	F	A. März
	Speck, Blauer	H	E. Aug.
Zwiebelgemüse			
Schnittlauch	Welta	T	s. Kulturbeschreibung
Wurzel- und Knollengemüse			
Radies	Korund	F, H	Aussaat ab E. Febr. und A. Sept.
	Ilka	H	Aussaat A. Sept.
Rettich	Runder Weißer	F	Aussaat ab E. Febr.
	Ostergruß	F	Aussaat ab E. Febr.
Möhre	Marktgärtner	F	Aussaat M. Febr.
	Gonsenheimer Treib	F	Aussaat M. Febr.

F = Frühjahr, S = Sommer, H = Herbst, T = Treiberei; A = Anfang, M. = Mitte, E. = Ende

Sachwortverzeichnis